PERSPECTIVES ÉCONOMIQUES : DÉVELOPPEMENT ET RENAISSANCE DE LA RD CONGO

Collection Actes et manuels LMD/Kin
Fondée et dirigée par Kodjo Ndukuma Adjayi

La collection assure la publication d'écrits de portée universitaire à l'usage des étudiants, des chercheurs et des professionnels dans différents domaines de spécialité, de technicité, d'interdisciplinarité et de nouveauté des connaissances. Elle recueille les fruits des conférences, colloques, ateliers et travaux d'expertises, en restant ouverte au monde académique, au secteur pro, aux corps des métiers. Avec des comités spécifiques de lecture par ouvrage, elle conjugue intellectualisme et phénoménisme, en appui du savoir théorique et du savoir-faire pour les parcours LMD, la recherche ou le service à la communauté. Elle se présente comme un carrefour didactique de toutes disciplines : psychologie et éducation, sciences et technologies, homme et société, agronomie et environnement, arts et lettres, économie et gestion, politique et administration, droit...

Déjà parus

Miguel DA COSTA, *Geopolítica da RD Congo*, 2022.
Miguel DA COSTA, *Géopolitique de la RD Congo*, 2022.

Sous la direction de
**Léonard Santedi Kinkupu, Daniel Ngoy Boliya
et Kodjo Ndukuma**

PERSPECTIVES ÉCONOMIQUES : DÉVELOPPEMENT ET RENAISSANCE DE LA RD CONGO

L'Harmattan

5-7, rue de l'École-Polytechnique ; 75005 Paris

http://www.editions-harmattan.fr/

ISBN : 978-2-14-025962-3
EAN : 9782140259623

*

Coordination du Colloque

Recteur de l'UPC : Prof. Mgr Daniel NGOY BOLIYA
Recteur de l'UCC : Abbé professeur Léonard SANTENDI

Supervision du Colloque

Secrétaire général académique de l'UPC : Professeur Dr MAMPUNZA MA MIEZI
Secrétaire général académique de l'UCC : Professeur Jean ONAOTSHO KAWENDE

Comité scientifique du Colloque

Professeur Kodjo NDUKUMA, UCC/UPC, président
Professeur Sébastien KALOMBO, UPC, membre
Professeur Hippolyte MIMBU, UCC, membre
Professeur André KABASELE, UCC, membre
Professeur Dédé ALIANGO, UPC, membre

Comité logistique et communication du Colloque

Professeur Edgar MAKUNZA, UCC, membre
Professeur Claudine, TSHIMANGA, UCC, membre
Professeur David KUTANGILA, UPC, membre
Professeur Henry MWAYILA, UPC, membre
Professeur Philémon MUAMBA MUMBUNDA, UCC, membre

Secrétariat du Colloque

Prof Esther N'LANDU, Assistante du Secrétaire général académique, UPC
M. Déo MAKUTU, UCC, Assistant scientifique du Recteur, UCC
Mme Patricia MUSSAMBA, Assistante en communication du Recteur, UCC

Les vues et positions exprimées dans leurs communications par les auteurs sont les leurs et ne reflètent pas la position statutaire des universités sur les questions en présence, et ne doivent être considérées comme telles. Les ouvrages, articles, citations et autres exemples mentionnés sont à titre de référence et d'information scientifiques.

SOMMAIRE

INTRODUCTION

Présentation du Colloque

Professeur abbé Léonard SANTEDI
Recteur de l'Université catholique du Congo

Le 30 juin 2020, la République démocratique du Congo, notre cher pays, a célébré les 60 ans de son accession à la souveraineté nationale et internationale. Ce jubilé de diamant constitue un événement capital et vital pour la nation. En effet, au-delà de son aspect festif, ce jubilé est un « Kairos », une occasion propice, un moment favorable pour évaluer la marche de la nation et dégager de nouvelles orientations et des engagements fermes en vue de regarder résolument vers l'avenir. Mais on ne regarde pas l'avenir comme on regarde passer les véhicules. L'avenir, on le prépare, on le construit sinon on le subit. Nous avons donc rendez-vous avec l'histoire. Nous sommes à un tournant décisif pour l'avenir du pays.

Pour construire cet avenir de la RDC, le peuple congolais tout entier est appelé à mobiliser ses énergies créatrices, innovatrices en vue de l'instauration d'un nouvel ordre social susceptible de répondre à ses aspirations les plus profondes. Devant cette tâche, les forces intellectuelles en général, les universités en particulier, ont une responsabilité historique. Elles sont appelées à partir de leurs recherches fines et fignolées, de leurs analyses pointues et pointillées, à mettre en lumière les acquis de ces soixante ans d'indépendance, à relever les dérapages qui ont émaillé notre parcours, et à dessiner de nouvelles perspectives pour le développement intégral et la renaissance du pays.

L'Université en effet est appelée à contribuer efficacement au développement intégral de la société. Par-delà son rôle classique de vivier du savoir et de la formation, l'Université est davantage ce germoir de la pensée, ce haut lieu où s'élaborent les principes et les stratégies de développement. L'Université peut aider à former un arsenal d'outils intellectuels, éthiques et spirituels pour maîtriser la société, l'organiser et y vivre en harmonie, car la science, le savoir n'acceptent pas la fatalité ni la futilité mais s'efforcent de construire librement l'avenir. Envisagée ainsi, cette la science est un moyen d'empêcher le fatalisme de l'avenir. Celui-ci n'est plus un destin à subir, mais un projet à réaliser, une tâche à accomplir, un défi à relever.

C'est pour répondre à cette exigence que l'Université catholique du Congo (UCC) et l'Université protestante au Congo (UPC) ont organisé ce colloque sur le thème capital à plus d'un titre : « Développement et renaissance de la RD Congo : perspectives politiques, économiques et socioculturelles ».

Ce colloque vise à dresser un bilan et à dessiner des perspectives aux plans politique, économique et socioculturel. Il est vrai qu'un regard superficiel et une lecture hâtive du parcours de la RDC font le gros plan sur l'accumulation des échecs et des erreurs. La misère indéniable de la majorité de la population semble laisser peu de place à l'espoir. Mais s'agit-il vraiment des seuls regards et lectures possibles ? L'historien Léon de Saint Moulin, témoin de la post-colonie congolaise, ne s'est jamais lassé d'écrire que les trois quarts des réalisations au Congo ont été accomplies après l'indépendance.

Quel bilan dresser scientifiquement de ces années de gestion politique, économique, socioculturelle et religieuse du Congo par les Congolais(es) ? En 60 ans, la RDC a perdu beaucoup dans le classement mondial des économies et des sociétés modernes. Il importe donc de resituer le pays dans le concert des nations, face aux mutations et enjeux contemporains du monde qui appellent des réformes multisectorielles. Quelle est la politique de développement qui inspire et coordonne la gestion publique et les activités quotidiennes ? Comment l'Université congolaise pourra-t-elle devenir un outil efficace au service de la renaissance de la RDC ? Quel Congo léguer à la postérité au Congo ? Ces questions nous interrogent et ces interrogations nous questionnent.

Pour répondre à ces questions lancinantes dans une approche évaluative et une offre de perspectives meilleures, les organisateurs de ce colloque placé sous le haut patronage de Son Excellence Monsieur le président de la République, chef de l'État, ont fait appel à la crème de l'intelligence congolaise, en déployant les réflexions autour de trois axes : l'axe politique et juridique, l'axe économique et éthique, et l'axe social et culturel.

L'attelage des conférences présente une architectonique de toute beauté : deux matinées pour des travaux en plénière et deux après-midis pour des travaux en atelier. Une matinée pour la cérémonie d'ouverture et un après-midi pour la cérémonie de clôture. Trois conférences dans l'après-midi pour chaque perspective et quatre conférences en matinée. Le menu concocté pour ces conférences offre une gamme prodigieusement variée des thèmes.

Dans l'axe juridique et philosophico-politique, on proposera de penser ou repenser la souveraineté de la RDC (Prof. Mabaka), de s'interroger au sujet des démocrates sans démocratie (Prof. Ongendangenda), de relire l'histoire des prédations en RDC des origines à nos jours, d'examiner les dérivés et défis congolais (Prof. Onaotsho), ainsi que les véritables enjeux des découpages territoriaux (Prof. Munayi).

On abordera également dans cette perspective les questions de la société de l'information (Prof. Kodjo Ndukuma) en RDC et de la requalification de la communication d'État 60 ans après (Prof. Kayembe). Deux juristes de renom proposeront des communications de grand intérêt d'une part sur la

Constitution, pour quoi faire (Prof. Jean-Louis Esambo), et d'autre part sur les crises institutionnelles en RDC de 1960 à nos jours (Prof. Eugene Banyaku).

Pour l'axe économique, le grand économiste congolais Mabi Mulumba nous offrira une réflexion sur la politique économique de la RDC depuis l'indépendance et les perspectives d'un développement durable. On notera également d'une part les réflexions sur la politisation des entreprises du secteur public (Prof. Bakangela), sur la PME (Prof. Makunza) et sur l'entreprise publique en RDC (Prof. Okana) et d'autre part des réflexions sur révolution du système fiscal (CT Ngoma), sur le commerce extérieur (Prof. Sumata) et sur les questions démographiques (Prof. Mika).

Dans l'axe socioculturel, on abordera notamment les questions incontournables de l'éducation comme facteur des puissances politiques et économiques (Prof. Mimbu), de la recherche scientifique et du rôle de l'Université congolaise dans le développement de la RDC (Prof. Musibono), les questions de la santé avec le professeur Dr Muyembe, de l'éthique pour le nouvel homme congolais et de la mission de l'Église dans la transformation de la société congolaise...

La conférence inaugurale est réservée au grand historien congolais Isidore Ndaywel. L'histoire est incontournable pour penser l'avenir, car il n'y a pas d'avenir sans souvenir. Le souvenir est à l'homme ce que la sève est à l'arbre : sa source vitale. Si nous ne savons d'où nous venons, comment saurons-nous où aller ? Le professeur Ndaywel nous proposera justement un regard prospectif pour vivre le devenir du Congo, pour être les bâtisseurs de ce Congo plus beau qu'avant.

Chacune des contributions de ce colloque voudrait apporter sa pierre à cette construction projetée, ouvrir une porte, jalonner une route, ébaucher un plan, rassembler des matériaux, crayonner des perspectives ou silhouetter des paysages dans les lointains.

Dans cette perspective, nous souhaitons que les ateliers qui seront organisés soient de véritables lieux de la disputation au sens médiéval du terme, c'est-à-dire, des lieux d'un débat riche et enrichissant, fécond et fécondant et dynamique et dynamisant, vivant et vivifiant ; des lieux de créativité et d'inventivité, c'est-à-dire des lieux d'éclosion d'une manière de penser et d'agir orientée vers la production communautaire de nouvelles logiques sociales, de nouvelles structures d'action et de nouvelles possibilités de vie pour inventer la RDC de nos rêves, le Congo de nos aspirations, le Congo de solidarité et du bonheur partagé.

Nous souhaitons un fructueux colloque à tous et demandons au Seigneur, le Maître des temps, des circonstances, de nous conduire à bon port pour la plus grande gloire de Son nom et l'avenir radieux, pimpant, scintillant et flamboyant de la RD Congo.

Fait à Kinshasa, le 16 décembre 2020.
L'Abbé Recteur de l'UCC

Catalogue des autres thématiques politiques (vol. 1) et socioculturelles (vol. 3) du Colloque

Volume I : Perspectives politiques

1. Philémon MUAMBA	60 ans après, quel bilan pour le vouloir vivre ensemble en RDC
2. Bernard LUTUTALA	66 ans de l'université, une quête permanente de notoriété et de reconnaissance sociopolitique
3. Eugène BANYAKU	Les crises institutionnelles en RDC, de 1960 à nos jours
4. Jean ONAOTSHO	Dérives et défis politiques congolais. Regard rétroprospectif pour la renaissance de la RDC
5. Kodjo NDUKUMA	Des télécoms précoloniales à la société contemporaine de l'information en RD Congo : une histoire d'antan et de notre temps
6. Jean-Pierre LODI	Gouvernance éthique dans un État éthique : préalables pour le développement socioéconomique en RD Congo
7. Richard ONGENDANGENDA	Démocrates sans démocratie ? Difficile odyssée de la cohérence en politique
8. Thomas MUNAYI	Les véritables enjeux des différents découpages territoriaux dans le Congo indépendant 1960-2015

Volume III : Perspectives socioculturelles

1. Ghislain TSHIKENDWA	Penser la renaissance de la RD Congo à partir de ses crises…Cas de la crise 1960-1965
2. Isidore NDAYWEL	Vivre le devenir de la RD Congo
3. Dieudonné MUSIBONO	Rôle de l'Université congolaise dans le développement de la RDC avec un environnement opulent et une population indigente
4. Fohle LYGUNDA	De la transformation de l'éducation à l'éducation de la transformation en RDC : une approche missiologique
5. Hippolyte MIMBU	L'éducation, facteur de la puissance politique et économique des nations. Pourquoi les mesures destinées au redressement et à l'amélioration de la qualité de l'enseignement n'ont pas été appliquées ?
6. Liz VIBILA	Éducation théologique protestante. Évaluation et perspectives
7. Odette SANGUPAMBA	Impact de l'informatique dans le développement durable de la RD Congo
8. Sébastien KALOMBO	Une éthique pour le nouvel homme congolais : contribution à l'émergence d'une nouvelle société africaine
9. André LOBO	L'État congolais et la consommation de la recherche scientifique : contribution à l'étude de fondement juridique pour un nouveau paradigme
10. Esther N'LANDU	Les apologistes des premiers siècles sont-ils ennemis des césars ? Retour aux origines, sur un incontournable filigrane d'Église et État

CONFÉRENCES SUR LES PERSPECTIVES ÉCONOMIQUES DU COLLOQUE

Du paysannat indigène au mouvement paysan. Essai d'analyse historico-systémique de l'évolution de l'encadrement agricole et de l'organisation rurale en RD Congo

Grégoire NGALAMULUME TSHIEBUE

Introduction

Au lendemain de l'euphorie des indépendances africaines, l'agronome français René Dumont a publié un ouvrage doté d'un certain pouvoir d'invocation : *L'Afrique noire est mal partie* (Dumont, 1962). Alors qu'à cette époque, l'Afrique noire n'avait pas encore connu de troubles et conflits majeurs comme l'on en connaît aujourd'hui, il y a lieu de se demander si René Dumont était un visionnaire ou un prophète de malheur pour cette partie du continent.

Concrètement, près de 60 ans après, cette prophétie est en train de se réaliser. La région compte le plus grand nombre de pauvres de la planète (56 % du total de personnes extrêmement pauvres dans le monde[1]) (Banque mondiale, 2018) et bon nombre de sous-alimentés (22,8 % de la population) (SOFI 2019), de même que les guerres civiles et intercommunautaires avec des drames humanitaires inouïs. Et pourtant, l'image ainsi que les données concrètes de l'Afrique noire ne pouvaient donner lieu à des prédictions alarmistes en ce début de la décennie 1960[2].

Le 30 juin 1960, le Congo belge a accédé à sa souveraineté nationale et internationale. Au 30 juin 2020, déjà 60 ans se sont écoulés depuis l'avènement de cet événement majeur. Soixante ans en effet représentent un âge adulte impliquant une réelle maturité dans sa vie. C'est donc un moment qui nécessite de revisiter le chemin parcouru, de prendre la mesure des défis

---

[1] En 2018, sur les 736 millions de personnes vivant en extrême pauvreté, 413 millions étaient en Afrique subsaharienne.

[2] À titre d'exemple, en 1962, le PNB de la RDC était au même rang mondial (85e) que Taïwan alors que celui du Soudan pointait à la 99e place comme la Corée du Sud. Mais, quelques années après, en 1966, Taïwan était déjà au 38e rang et la Corée du Sud à la 44e place et depuis les années 2000, ces deux pays asiatiques font partie du groupe des 20 premiers alors que leurs homologues africains du début des années 1960 sont à la traîne.

aux plans politique, économique et social, afin d'arrêter les voies et moyens d'offrir un meilleur avenir à la progéniture[3]. Ce moment est propice pour faire un bilan et en tirer des leçons conséquentes. Qu'en est-il sur le plan de l'encadrement des masses paysannes et rurales ?

En effet, l'histoire de l'encadrement agricole et rural en RD Congo est longue, trouble et assez riche d'enseignements. Elle part formellement de 1885, date d'appropriation du territoire par le roi des Belges Léopold II avec l'installation de l'État indépendant du Congo (EIC) après sa découverte par Henri Morton Stanley.

Qu'il s'agisse de l'épisode de l'EIC (1885-1908) ou de l'étape du Congo belge (1908-1960), toute cette période coloniale coïncide avec la phase d'introduction, de développement et d'expansion du mode de production capitaliste au Congo-Kinshasa, ce qui ne peut aller sans conséquence notables tant sur l'agriculture locale que sur les agriculteurs (Peemans, 2011 ; Ngalamulume 2011). Cette expansion a lourdement pesé sur la paysannerie, le colonisateur ayant tout mis en œuvre pour s'assurer le contrôle des ressources naturelles et pour créer la force de travail « libre » indispensable au fonctionnement normal du système (Ndaywel, 2011).

Dans ce cadre, la politique de paysannat indigène a été testée peu avant la Seconde Guerre mondiale et généralisée dans les années 1940 avec des objectifs à la fois agronomiques, économiques et sociaux (Dubois, 1952). Il s'agissait d'encourager la production agricole indigène et en conséquence, les revenus ruraux, et de stabiliser et organiser la vie rurale traditionnelle, en vue de permettre une amélioration des conditions de vie et de travail en milieu rural, d'une part ; et de poursuivre de manière apaisée les objectifs d'accumulation étatique colonialiste grâce à l'augmentation de la productivité des ruraux, d'autre part.

Après l'accession du pays à l'indépendance en 1960, le secteur agricole et rural connaîtra des fortunes diverses à cause de plusieurs facteurs à la fois internes et externes. Si les politiques menées au cours des premières décennies ont permis un certain encadrement, bien que dirigiste, du monde rural, la fin des années 1980 consacrera un début d'émancipation et d'autoprise en charge par les acteurs paysans et ruraux, suite à l'abandon progressif de l'État de ses charges naturelles dans le secteur agricole et rural induit par les politiques néolibérales d'ajustement structurel (Ngalamulume, 2016 ; 2013). Depuis, les acteurs ruraux se réveillent, multipliant des initiatives qui tendent à accréditer la thèse de la naissance d'un mouvement paysan au Congo ; mais, avec quels résultats ?

Notons que multiplication des organisations ne rime pas toujours avec capacité d'action et d'influence sur les décisions ou même incarnation d'un contre-pouvoir. Ces initiatives et les dynamiques qu'elles impulsent et qui les accompagnent témoignent néanmoins de la vitalité du monde rural

[3] Félix-Antoine Tshisekedi Tshilombo, président de la RD Congo ; discours à la Nation, 29 juin 2020.

congolais et de sa capacité à s'organiser pour résoudre ses problèmes dans un contexte d'autoprise en charge individuelle et collective, même de manière limitée. Dans ce sens, elles constituent un espace privilégié d'organisation de la résistance aux diverses forces négatives, tendant à insécuriser les conditions d'existence de leurs acteurs.

Bien qu'encore fragile et à géométrie variable à travers le pays, ce mouvement canalise les diverses aspirations paysannes et mobilise ses membres autour des causes qui leur sont communes, même si c'est avec des spécificités territoriales. Les défis à relever restent toutefois immenses.

Ce texte se propose de revisiter de manière historique et systémique l'évolution complexe de l'encadrement agricole et de l'organisation rurale en RD Congo, en identifiant les divers acteurs de cette évolution, en analysant les multiples interactions entre acteurs et contextes, les différents effets et enjeux sur la dynamique du développement rural endogène de même que leurs causes multiples. Cela conduira à tirer des leçons qui permettraient de proposer des pistes pour un encadrement rural judicieux et approprié.

Il s'inscrit dans un cadre global des réflexions que nous menons depuis quelques années sur le développement agricole et rural en RD Congo. La méthodologie de sa production est essentiellement fondée sur la revue de la littérature existante, sur l'observation des faits à l'échelle nationale et les diverses analyses en rapport avec nos activités d'enseignement, de recherche et d'accompagnement du mouvement non gouvernemental en RD Congo.

1. La politique de paysannat indigène au Congo belge

Au cours de la seconde phase de la colonisation (1908-1960 : Congo belge), le gouvernement colonial a pris un certain nombre de mesures dans le but de redresser le secteur agricole et améliorer ses performances pour en faire un ressort réel de l'économie (Malengreau, 1952). Le modèle belge reposait dans un premier temps sur des piliers essentiels comme le colonat et la recherche agronomique ainsi que le développement du paysannat indigène par la suite (Sladden, 1952).

Le colonat s'attelait au développement des entreprises agricoles modernes, à produire presque exclusivement des produits d'exportation (coton, huile de palme, thé, café, hévéa), à couvrir les intérêts des entreprises privées et ceux des entreprises agro-industrielles sur toute l'étendue de la colonie. Toutes ces entreprises étaient aux mains des colons qui avaient la charge du secteur des cultures de rente destinées à l'exportation. La loi coloniale exigeait que les indigènes produisent aussi certains produits agricoles industriels pour la vente. Les grandes concessions agricoles appartenant aux colons étaient ainsi financées par le mécanisme du crédit au colonat (Ngalamulume, 2011).

Ce n'est qu'après la Première Guerre mondiale que le gouvernement colonial commença à travailler pour développer l'agriculture traditionnelle, aux mains des autochtones. En vue de faciliter l'approvisionnement des centres miniers en produits alimentaires, une politique des cultures imposées, qualifiées d'obligatoires à caractère éducatif – qui existait déjà à l'époque de l'État indépendant – a été réinstaurée par le décret de 1917, puis inscrite à l'Article 45h du décret du 5 décembre 1933. Elle permit selon ses concepteurs d'améliorer la situation alimentaire et hygiénique des populations ainsi que l'augmentation de la production par l'instauration d'une plus grande discipline de travail. Ainsi par exemple, de 1917 à 1947, la production du coton graine passa de 60 tonnes à 116 353 tonnes, celle du riz de 15 000 tonnes à 88 707 tonnes (Malengreau, 1952 : 193).

Le décret du 20 mai 1933 réglementa de manière très précise les cultures obligatoires tant du point de vue de la production (il précise les régions où les paysans doivent planter de 10 à 15 palmiers par personne et par an), que de la commercialisation (organisation de monopoles régionaux d'achat des fruits de palme par les usiniers). Aussi, il a interdit les feux de brousse et en 1937, des travaux de reboisement et de lutte contre l'érosion se sont ajoutés aux obligations de l'Article 45h du décret du 5 décembre 1933. Les cultures obligatoires étaient ainsi considérablement étendues. Les superficies de coton sont passées de 70 000 hectares en 1933 à 375 000 hectares en 1944. Entre 1939 et 1943, les superficies obligatoires de palmier augmentaient de 18 000 à 35 000 hectares, celles de riz de 50 000 à 132 000 et celles de manioc de 157 000 à 340 000 (Van De Putte, cité par Peemans, 1997a, 46).

Cette politique est allée de pair avec la structure de la réforme agraire basée sur le regroupement des villageois en « paysannats ». La réalisation de cette politique était garantie par la présence des « moniteurs agricoles » qui avaient le droit d'imposer des amendes en cas de non-respect des quotas imposés. L'imposition de ces amendes et dans certains cas même, l'utilisation de châtiments corporels (la« chicote ») expliquent une méfiance qui, en milieu rural, existe encore vis-à-vis des représentants locaux du pouvoir. La politique fut soutenue par les recherches de variétés et méthodes culturales provenant de l'Institut national pour l'étude et la recherche agronomique au Congo (INEAC). Cet Institut fut considéré à l'époque comme le meilleur organisme de recherche agronomique tropical dans le monde, avec un budget autonome supérieur à celui de la colonie (République du Zaïre, 1989).

Par ailleurs, les sociétés privées, cotonnières principalement, recevaient du gouvernement des crédits destinés à l'acquisition des intrants et une aide pour la transformation et la commercialisation des produits agricoles. Elles contribuèrent ainsi largement au développement de l'infrastructure de plusieurs domaines (routes, écoles, dispensaires…) et à la création d'emplois (Maurel, 1992 ; Corbion, 1952).

Durant cette époque, le secteur agricole considéré comme prospère fournissait une part significative des produits d'exportation et offrait un bon cadre d'expansion économique. Cependant, aucun Congolais n'était pratiquement chargé de la gestion des entreprises agricoles publiques ou privées, ni formé dans ce domaine. Concrètement, l'agriculture coloniale mit l'accent principalement sur les produits industriels et d'exportation dont les exploitations étaient entièrement entre les mains des colons. La production vivrière qui était essentiellement l'apanage des autochtones en vue d'approvisionner les populations des centres miniers et industriels en produits alimentaires n'a retenu l'attention des gouvernants que plus tard.

1.1. Le paysannat indigène (native agricultural settlement)

Avant l'arrivée du colonisateur et même au cours d'une partie de la colonisation, l'agriculture autochtone revêtait la forme nomade ; l'agriculteur exploitait une terre défrichée jusqu'à fléchissement du rendement des cultures et l'abandonnait pour aller en cultiver une autre. Abandonnée à elle-même, la parcelle se régénérait sous l'effet d'une longue période de jachère reconstituant les caractéristiques physiques, chimiques et biologiques initiales.

Avec la colonisation belge (Malengreau, 1952), il y eut nécessité d'augmenter le volume de la production, de faire face aux besoins toujours croissants en vivres et en matières premières (plantes industrielles) destinées à l'exportation, et l'équilibre fut rompu. À une longue jachère régénératrice du sol fit place un repos de quelques années seulement. L'appauvrissement des terres devenait source d'appauvrissement et de sous-alimentation des cultivateurs, ce qui entraînait un exode vers les centres, vers les camps des travailleurs et l'abandon des campagnes dans le souci de trouver mieux ailleurs. Les agriculteurs qui restaient attachés à leurs villages se trouvaient astreints à un nomadisme plus grand pour se tirer d'affaire. Dans ces conditions, la concentration des populations en villages importants ne fut plus possible, de même le contrôle et la discipline de travail imposé en souffraient faute de personnel suffisant à cause de la dispersion. Les villages se morcelèrent, chaque capita émigrant vers des terres plus riches, où la même exploitation ne faisait que répéter les situations connues auparavant.

Pour trouver une solution, il importait de maintenir le paysan dans son milieu coutumier en lui assurant un minimum de sécurité, de bien-être, de prospérité et de progrès. Pour cela, il fallait transformer les méthodes d'exploitation entraînant le nomadisme en un système agricole basé sur la conservation de la fertilité des terres. D'où l'idée de stabiliser les cultivateurs et de les grouper dans une région déterminée afin de pouvoir exercer une surveillance ininterrompue et une éducation par une assistance continuelle avec un minimum de personnel et un maximum d'efficacité. La contiguïté des terres cultivées allait permettre d'introduire, tôt ou tard, la monoculture encore inconcevable à l'échelle individuelle alors que le regroupement des paysans allait créer de meilleures conditions pour une action sociale en profondeur (Malengreau, 1952).

Le paysannat a donc été la thérapie de choc concoctée pour résoudre ces difficultés. Mais on se rendit bien vite compte du fait que la question ne revêtait pas uniquement un caractère agricole mais que pour la faire accepter par l'indigène généralement prudent, elle réclamait certaines solutions parmi lesquelles l'étude du régime foncier qui s'imposait dans toute sa réalité (Sladden, 1952 ; Fresco, 1982). La dénomination « paysannat indigène » s'applique « à une forme d'organisation de l'économie rurale dans laquelle, avec le concours des pouvoirs publics, des groupes de familles indigènes mettent systématiquement en valeur et exploitent rationnellement, pour leur compte, des terres où ils s'établissent à demeure » (Staner, 1955, 4).

1.1.1. Formes, but et évolution de paysannats

Les paysannats installés au Congo revêtirent diverses formes. Celles-ci se ressemblent par un trait commun, d'importance capitale : c'est la poursuite de l'objectif consistant à créer une masse paysanne stable, heureuse et prospère, selon les initiateurs. Cet objectif a une portée à la fois agronomique, sociale et économique. Ainsi fallait-il pour cela rechercher l'évolution de l'agriculture indigène et non pas son bouleversement (Soyer, cité par Dubois, 1952). Le but du paysannat était donc double ; « d'une part, encourager la production agricole indigène afin d'éviter que la population rurale ne se transforme en prolétariat dans les plantations européennes et, d'autre part, stabiliser et organiser la vie rurale traditionnelle. Cela devait se faire par la limitation de l'itinérance et la sédentarisation des cultures » (de Schlippé, 1986, 18).

Toutes les formes du paysannat recherchent le maintien du Congolais sur les terres de son clan. La recherche de sols propices fait donc toujours suite à une étude approfondie du régime foncier local (Sladden, 1952).

Quatre formes essentielles de paysannat ont été recensées :

- le paysannat indigène à lotissements individuels (*individual small holding*) où le paysan reçoit un bloc de terre individuel, borné, comportant un certain nombre de soles (famille *sensu stricto*). Il y défriche chaque année une sole de surface invariable ;
- le paysannat indigène à lotissements individuels sur terres collectives où le paysan reçoit chaque année dans la sole commune une parcelle de surface proportionnée au potentiel de travail de sa famille au moment de la répartition ;
- le paysannat indigène à lotissement collectif où des paysans d'un même clan ou sous-clan cultivent en commun les terres dont ils disposent (formule collectiviste) ;
- et enfin, la méthode dite « Turumbu » expérimentée à la station INEAC de Yangambi, qui est un système de rationalisation des pratiques culturales bantoues.

Il semble donc clair que le but poursuivi dans l'installation des paysannats ne se limitait pas à l'obtention de résultats agricoles satisfaisants et à l'amélioration des conditions de vie dans les milieux ruraux, mais aussi à l'éducation des paysans. Il va alors de soi dans ces conditions que la formule individualiste recueillait plus l'assentiment du colonisateur qui tenait à une action éducative plus marquée, plus sûre.

L'intervention des autorités coloniales dans le paysannat se focalisait dans les domaines comme l'éducation et l'hygiène des masses rurales, la fourniture des intrants (semences, outillage), la vulgarisation de méthodes culturales, la lutte contre les ennemis des cultures, l'introduction de la mécanisation et des engrais, l'organisation de la vente des produits (action coopérative, crédit, financement) en limitant au minimum nécessaire le nombre d'intermédiaires et en contrôlant le profit, l'amélioration de la présentation des produits par la standardisation, la conservation des produits (désinsectisation, construction de magasins, de silos), et la création des caisses d'égalisation des cours ou de compensation. À l'exception de la mécanisation et de la fertilisation artificielle qui n'ont pu être tentées que plus tard pour la première et de manière limitée pour la seconde, les autres moyens ont été utilisés avec un succès variable.

Comme l'a proposé l'ingénieur agronome Soyer (cité par Dubois, 1952) dans l'une de ses notes, il ne fallait pas, dans le souci du pratique, du réalisable, bouleverser l'agriculture indigène, car celle-ci est basée – même pour les plantes introduites – sur une expérience réelle. Il fallait donc tenir compte de la technique indigène et poursuivre plus son évolution que sa transformation, en la rationalisant par la codification de ses principes en respectant ses bases, car elle est mieux adaptée à l'homme, au climat, au sol et à la plante que les méthodes européennes – ou même les caricatures de ces dernières – que certains souhaiteraient introduire.

Les essais réalisés avec succès par l'INEAC à Gandajika dans le Kasaï à partir de 1936, à Bambesa dans l'Uélé à partir de 1942 et à Yangambi ont permis, grâce à des résultats agronomiques et économiques satisfaisants, la mise en pratique de ce système sur une plus vaste échelle, à travers la colonie après la Seconde Guerre mondiale, et son inscription au plan décennal de développement du Congo belge (1949-1959) (Staner, 1955 ; Malengreau, 1952 ; De Schlippé, 1986). Les sociétés cotonnières s'en emparèrent vers les années 1941-1942 et s'occupèrent désormais de l'encadrement des paysannats indigènes pour résoudre les difficultés de réduction constante du nombre de planteurs dans les villages, d'envahissement de la savane dans les zones forestières et d'épuisement du sol dû à des cultures désordonnées, ce qui précipita la généralisation du système dans la colonie. L'approvisionnement en petit outillage et en intrants agricoles essentiels était assuré par les sociétés cotonnières.

1.1.2. Rôle des coopératives dans l'évolution économique et sociale des paysannats

Face à la collectivisation intégrale proposée par certains, la majorité des acteurs ont penché pour l'organisation coopérative comme formule avantageuse pour les milieux ruraux sur le plan économique et professionnel. La coopérative offrait ainsi, aux yeux de plusieurs, d'énormes avantages et semblait répondre aux exigences de l'état d'évolution de la société indigène. Elle permettrait d'éveiller l'individualité dans le cadre des groupements anciens, car elle peut assurer à ses membres l'éducation professionnelle en les entraînant petit à petit à examiner leurs intérêts et ainsi les amener graduellement à participer à la gestion des intérêts commerciaux. Elle pourrait se charger de l'achat, de la préparation, de la commercialisation et de la vente sur place ou au loin des produits de la terre (Henry, 1952).

La formule coloniale privilégiait que les paysannats soient complétés par les coopératives à fonctions multiples ayant pour mission d'assurer la vente des produits de la culture mais aussi de fournir à leurs membres les moyens de production indispensables, d'organiser l'usage collectif de certains outils coûteux, à grand rendement. La coopérative était donc considérée par le colonisateur comme un complément idéal et nécessaire au paysannat qui ferait tomber les entraves économiques qui paralysent les paysans.

Par ailleurs, il importe de signaler qu'en matière de financement du monde rural, le Crédit agricole indigène existait depuis 1941. Il fut légalement institué à travers le « Fonds spécial de Crédit agricole indigène ». Il consentait des prêts en vue du développement des cultures et de l'élevage, de la récolte, de la préparation et de la conservation des produits de la culture et de l'élevage et de l'amélioration des conditions matérielles dans lesquelles s'effectuent ces activités (Corbion, 1952). Toutefois, les colons, craignant la concurrence, firent pression sur l'administration pour restreindre son financement et pour obtenir le rejet de la plupart des dossiers. L'administration justifiait son attitude en invoquant l'absence de propriété privée de la terre, donc de garantie hypothécaire, des revenus annuels modiques par rapport au remboursement (Maurel, 1992).

1.2. Les effets du paysannat indigène sur les conditions de vie et de travail des paysans colonisés

La politique de paysannats indigènes a été présentée comme l'une des mesures phares et l'une des réformes importantes dans le secteur agricole durant l'époque coloniale. Toutefois, sa plus-value sociale et économique dans la vie des paysans bénéficiaires reste relativement discutable.

Georges Balandier (1982) note que les sociétés en situation coloniale sont fortement soumises aux contraintes de l'ambiguïté et de l'ambivalence. Il intervient un véritable effet de grossissement, et le décalage entre les apparences de la réalité sociale et cette réalité elle-même en est d'autant accentué. Aussi, les sociétés ne sont jamais ce qu'elles paraissent être ou ce qu'elles prétendent être. Elles doivent, en conséquence, être considérées à deux niveaux au moins : l'un, superficiel, présente les structures « officielles », si l'on peut dire ; l'autre, profond, permet d'accéder aux rapports réels les plus fondamentaux et aux pratiques révélatrices de la dynamique du système social.

À partir de là, l'on peut noter certains indicateurs, comme la liberté de choix et d'action des indigènes, qui posent énormément de questions. À ce niveau, il est prouvé que les actions développées l'ont été par imposition au nom de la mission « civilisatrice » du colonisateur et sans négociation préalable avec les paysans autochtones pour susciter leur adhésion ; ce qui a entraîné la résistance (active ou passive selon les cas) de ces derniers, manifestée à travers diverses réactions : révoltes, indifférence, fuite de milieux ruraux, caches ou bouillie de semences, dissimulation de cultures, etc. À partir du moment où le bénéficiaire ne participe pas à la définition des actions, même si c'est pour son bien, il y a lieu de se demander si ces actions contribuent à son bonheur selon ses propres normes ou selon les normes du concepteur.

Ensuite, les méthodes utilisées, notamment l'imposition, la répression et la torture sous couvert de discipline de travail, posent de sérieux problèmes sur le plan de l'appropriation. L'histoire nous apprend que les succès récoltés en termes de superficies, de rendements ou de production ne sont que relatifs et superficiels, les paysans s'adonnant aux différentes activités par contrainte, par peur de représailles et non par motivation et conviction profondes. Les conflits d'acteurs ont été au cœur de toute cette évolution tumultueuse à travers les logiques diverses et variées des acteurs. Ainsi, les paysans pouvaient développer des pratiques d'évitement et de réaction masquée, par exemple le boycottage des cultures à travers la cache des semences ou leur destruction (par la bouillie par exemple). L'insécurité devenait dans ces conditions permanente au niveau paysan avec la peur du lendemain, car en cas de non-réalisation des objectifs (superficies, tonnage) ou de découverte par les encadreurs de telles pratiques, la punition pouvait être très forte.

Par ailleurs, les modèles proposés contribuaient à la destruction des mécanismes habituels de sécurisation : érosion du lien social par la promotion des pratiques économiques individualistes, goût effréné du profit… Les modes de vie des gens ont été mis à mal et profondément bouleversés. La nouvelle insécurité foncière créée par la réquisition des terres et leur affectation provisoire selon les critères de production de masse a déstabilisé le rapport historique des autochtones à la terre : lieu de repos des ancêtres et de rencontre avec eux, de cérémonies coutumières et religieuses.

Aussi, le déclin des relations de voisinage (mariages, échanges, guerres entre villages) a accompagné l'essor des relations lointaines, à l'échelle de la province et même de toute la colonie (exode des travailleurs, commercialisation des produits, liens entre la ville et la campagne). En même temps, les liens ethniques ont reculé peu à peu au profit des relations économiques ; la zonation tribale a cédé du terrain devant la formation de régions économiques complémentaires (Maurel, 1992).

Ainsi, la capacité d'initiative et de réflexion, la personnalité, l'autonomie d'action des paysans autochtones ont été sérieusement détériorées et n'ont pas été développées ; l'on a davantage accru la dépendance et la main tendue, les colonisateurs devant penser pour les paysans, tout leur distribuer, vendre pour eux, gérer pour eux, les diriger…sans pour autant les initier à s'essayer. Ces pratiques ont eu un impact négatif sur le plan du développement jusqu'à ce jour. Georges Balandier (1982) a été sans équivoque à ce sujet. Pour lui, le Congolais s'est trouvé lancé dans un circuit économique dont il n'avait ni la maîtrise, ni la connaissance. La stimulation y opère surtout sous la forme de la contrainte directe ou indirecte. L'obligation de réunir des signes monétaires, laquelle s'accentue rapidement, sort le paysan de ses activités traditionnelles, lui imposant de donner une place toujours croissante aux productions agricoles ou de cueillette destinées au « secteur colonial », ou à devenir provisoirement salarié. Brutalement, le villageois a été projeté dans un système économique auquel rien ne le préparait et à l'intérieur duquel il se trouve en position inférieure. Les possibilités de vente dépendent essentiellement des variations du marché extérieur et des prix que veulent bien concéder les factoreries en sachant que le besoin de numéraire agit en leur faveur.

En outre, Jean-Philippe Peemans (1997a) note que le colonat, et donc, les petits et moyens colons européens (dont le nombre est passé de 400 en 1930 à près de 2 000 en 1938), disséminés dans les campagnes, étaient fort opposés à cette politique, craignant non seulement la concurrence dans l'accès aux ressources entre paysans africains et eux, mais aussi la rareté de la main-d'œuvre ainsi que la hausse de niveau des salaires en milieu rural en cas de succès de la politique ; d'où ils se sont mis à la combattre.

Certains analystes (Maurel, 1992) relèvent les difficultés d'appréciation de l'importance du paysannat à cause de la crise agraire qui l'a accompagné alors que d'autres (de Shlippé, 1986) soulignent le danger d'un développement agricole pleinement productiviste, ne tenant pas compte de la dimension sociale à l'instar du Sud-Soudan où l'administration coloniale britannique témoignait de préoccupations sociales plutôt qu'économiques. Là, des services administratifs, culturels et sociaux furent mis en place sans tenir compte du manque de revenus de la région.

Toutefois, l'amélioration des conditions de vie et de travail qui a été observée pendant ce temps n'a été que fonctionnelle à la logique économique du colonisateur dans l'exploitation des ressources, les paysans devant être dans de bonnes conditions physiques et sociales pour que leur rendement soit supérieur et le bénéfice à en tirer élevé en termes d'impôt, de production, de volume de travail (Balandier, 1982).

Faut-il rappeler que les méthodes fortes utilisées à l'époque ont laissé des stigmates sur le terrain du développement jusqu'à ce jour, les paysans devenant plus regardants à l'égard de l'administration publique et de toute initiative nouvelle tendant à l'amélioration de leurs conditions de vie et de travail.

Même si le paysannat remplaça d'abord la contrainte policière par des formes plus souples, moins voyantes, compatibles avec l'exode rural et les transformations de la mentalité paysanne dans le sens d'une plus grande résistance à la coercition, les revenus monétaires en paysannat restaient toutefois très bas, surtout en début de l'opération ; mais grâce au paysannat, l'administration coloniale essaya de créer une classe de cultivateurs plus ou moins propriétaires du sol, attachés à la colonisation (Maurel, 1992).

Concluons ce propos avec Jean-Philippe Peemans (1997a) en notant que la politique du paysannat n'a pas pu, au niveau global, modifier la situation mise en place par la politique d'indigénisation et des cultures obligatoires. Contrairement au système japonais dans ses colonies, particulièrement à Taïwan, dont les performances en termes d'augmentation de la production étaient le fait de la mise en œuvre d'une certaine révolution verte (augmentation de la productivité, de l'usage d'engrais, de l'irrigation, de semences sélectionnées et de la mise en place d'un encadrement reposant à la fois sur les agronomes de la métropole et sur les associations de fermiers qui, au nombre de plusieurs milliers, assuraient la diffusion des innovations), la croissance de la production en milieu paysan au Congo belge entre 1930 et la fin de la colonisation est due essentiellement à l'extension des superficies. Pour la plupart des cultures, les progrès de productivité sont restés dérisoires au niveau paysan du fait de non-usage ou de l'usage très limité d'intrants et méthodes performants : engrais, irrigation, etc. À partir de là, nous pouvons conclure que la crise agraire que connaît le Congo après 1960 n'est pas que circonstancielle. Elle a des racines historiques dans le système colonial, même si son ampleur a été masquée par l'euphorie des années d'or de la dernière décennie avant l'indépendance. À cette époque, l'État colonial a réalisé des transferts importants vers les régions rurales, pour y développer en vertu de sa nouvelle politique *welfariste* un système d'éducation élémentaire et de santé publique d'une ampleur incontestable.

2. Du paysannat indigène au mouvement paysan : faits saillants, enjeux et défis

2.1. Tentatives de contrôle et d'encadrement étatique de la production agricole et de sa commercialisation (1960-1980)

Depuis l'accession du pays à l'indépendance, le secteur agricole a connu de fortes perturbations.

Les premières années de l'indépendance ont été caractérisées par une politique de fixation des prix selon les modalités du décret du 20 mars 1961. Celui-ci institua des prix minima à la production, et, le cas échéant à tous les stades de distribution à travers la fixation de marges bénéficiaires maximales aussi bien au niveau national que provincial. Les modifications de cette politique en octobre 1967, avec l'avènement du Zaïre-monnaie, consacrèrent un système de prix minima au départ de l'exploitation agricole, et des prix minima aux producteurs de noix de palme, de riz, de maïs, de manioc, d'arachide et du coton furent fixés par les ministères compétents pouvant être une référence minimale pour les autorités provinciales (République du Zaïre, 1985).

Les troubles politico-économiques et sociaux qui ont suivi l'indépendance avaient entraîné la baisse de la production agricole, les plantations, les exploitations d'élevage et les entreprises agro-industrielles ayant subi des dégâts énormes. La baisse a continué jusqu'en 1965. À partir de 1966, la « paix et la sécurité retrouvées » auraient dû encourager un redémarrage des activités agricoles et stimuler de nouveaux investissements dans le secteur des entreprises modernes, mais la relance n'a pas été aussi facile (République du Zaïre, 1989).

En vue de relancer le développement du secteur, le « premier Plan de relance agricole » fut initié à l'issue de la création de la commission de planification en 1970. L'agriculture fut alors proclamée « priorité des priorités » en vue de l'objectif « 80 ». Mais, aucun mécanisme effectif n'a été mis en place, et les ressources tant humaines que financières ont fait défaut, ce qui n'a pas permis l'exécution de ce plan (Peemans, 1997b, 129).

En 1973, la mesure de la fameuse « zaïrianisation » fut annoncée. Celle-ci visait à céder aux nationaux toutes les petites et moyennes exploitations agricoles, commerciales et de transport appartenant aux étrangers (Département de l'Agriculture, 1989). Alors que cette politique était liée, selon les initiateurs, aux efforts de redressement de la nation, l'acquisition de ces entreprises s'est déroulée d'une manière si désordonnée qu'elle entraîna très rapidement leur effondrement et leur liquidation, sans avoir atteint les objectifs de départ. Les causes principales de cette situation demeurent le clientélisme dans l'attribution de nouvelles entreprises, l'inexpérience, et la mauvaise gestion de la plupart des nouveaux propriétaires. Très souvent, les nouveaux propriétaires liquidaient tout l'actif sans réinvestir, empochant ainsi toutes les recettes et laissant les entreprises s'effondrer. L'infrastructure de transport, l'un des éléments indispensables au développement de l'agriculture, s'est aussi sérieusement détériorée (Ngalamulume, 2011).

Fin 1974, les mesures de « radicalisation » qui « étendent le contrôle du secteur public sur les grandes exploitations agricoles étrangères (non protégées par le Code d'investissement de 1969, base de la coopération avec les nouveaux investisseurs internationaux) » (Peemans, 1997b, 129) viennent amplifier le phénomène avec la nationalisation de ces entreprises. Le gouvernement devait ainsi contrôler directement leur gestion. La responsabilité de la commercialisation a été confiée aux offices paraétatiques mais ceux-ci manquaient de fonds et de dirigeants expérimentés pour être en mesure de remplacer valablement les anciennes structures.

La création de cette multitude d'offices de commercialisation au cours des années 1970 matérialisa, si besoin en était, la volonté du jeune Zaïre de contrôler et d'encadrer la production ainsi que la commercialisation de certains produits agricoles avec une préférence manifeste, comme au temps de la colonie, pour les cultures de rente.

Ainsi furent créés tour à tour : l'Office national des fibres textiles (ONAFITEX) en 1971, l'Office national du café, devenu Office zaïrois du café (OZACAF) et l'Office national du développement de l'élevage (ONDE) en 1973, l'Office national du bois (ONB), celui de développement du sucre (ONDS), celui du caoutchouc naturel (ONCN), des oléagineux (ONO), celui des céréales (ONACER) et celui de la pêche (ONP) en 1974. La création de ces offices amorce donc une tentative d'intégration du surplus agricole à l'accumulation étatique centralisée.

D'autres entreprises appelées aussi à jouer un rôle important dans la production et la commercialisation des produits agricoles furent créées. Il s'agit de l'Économat du Peuple en 1967, du Domaine agro-industriel présidentiel de la N'sélé (DAIPN) en 1973, sans oublier les Palmeraies du Zaïre (PALMEZA), les Cacaoyers du Zaïre (CACAOZA), la Société forestière et commerciale (FORESCOM) et la Cotonnière du Zaïre (Mastaki, 2006).

La plupart de ces agences furent rapidement dissoutes à la fin des années 1970. L'ONACER a été remplacé, en 1978 par l'Office national de promotion des produits vivriers (ONAPV), chargé de proposer des mesures d'ordre économique et technique concernant la promotion des produits vivriers et l'encadrement technique des paysans avant que celui-ci ne soit à son tour aboli en 1982 et remplacé par la Direction des marchés, prix et crédits de campagne au sein du ministère de l'Agriculture (République du Zaïre, 1989).

Ces politiques de mobilisation du surplus agricole exporté par contrôle de la structure de commercialisation ont, selon plusieurs analyses, atteint assez rapidement leurs limites, tant du point de vue de l'utilisation du surplus que de sa formation. En ce qui concerne l'utilisation, l'effort d'industrialisation auquel il devait contribuer s'est enlisé dans un ensemble de problèmes inextricables d'origine externe et interne. Quant à la formation du surplus, ni les structures de production, ni les rapports entre l'État et la paysannerie n'ont jamais été fondamentalement modifiés pour permettre sa réelle maximisation. L'intervention des Offices perturba les circuits de distribution sans avoir les moyens de s'y substituer à cause du manque de fonds et de moyens de transport. Par conséquent, la production commercialisée diminua fortement, y compris celle des cultures vivrières. Une grande partie de la paysannerie se replia, au milieu des années 1970, sur l'autoconsommation. Il en résulta une hausse vertigineuse des prix sur les marchés urbains, alimentant une spéculation effrénée au bénéfice du commerce qui reprit rapidement son rôle. L'échec de la tentative de mobilisation centralisée du surplus agricole aggrava donc la crise agraire au Zaïre à partir de 1975, dans un contexte de crise généralisée (Ngalamulume, 2016 ; 2011 ; Peemans, 1997b).

Parallèlement aux Offices de commercialisation, un certain nombre de programmes nationaux, au total quatre dans un premier temps, furent créés pour pallier les insuffisances de l'Institut national pour l'étude et la recherche agronomique (INERA). Ces programmes qui devaient s'occuper de la recherche agronomique et de la mise au point des variétés performantes étaient axés sur les cultures vivrières de grande consommation (manioc, riz, maïs, légumineuses alimentaires). Il s'agit du Programme national maïs (PNM) créé en 1972, du Programme national manioc (PRONAM), créé en 1974, du Programme national légumineuses (PNL) en 1980 et du Programme national riz (PNR). Vinrent plus tard le Programme national semences et le Programme national engrais (République du Zaïre, 1989).

En novembre 1975, étant donné de sérieux problèmes économiques résultant de la stagnation et de la baisse de la production dans les entreprises zaïrianisées et nationalisées, l'on décida de rétrocéder une part importante des droits de propriété et de gestion à leurs anciens propriétaires. Ces derniers étaient autorisés à reprendre 60 % de participations dans leurs entreprises, le reste revenant soit au gouvernement, soit aux citoyens zaïrois, soit aux enchères publiques. L'exécution de cette mesure débuta en 1976. Certains des expatriés anciens propriétaires sont revenus et d'autres pas.

Comme la situation économique continuait à se détériorer et que la production agricole stagnait, le Conseil exécutif initia en juin 1976 un programme national de production agricole visant une autosuffisance alimentaire. Une « nouvelle politique de cultures imposées » à la fois mal élaborée et mal exécutée fut adoptée mais ne produisit pas les résultats attendus. Déjà en vigueur depuis l'époque coloniale (depuis 1917, renforcé par le décret de 1933) et repris par l'arrêté départemental n° 748/BCE/AGRI/76, le système des cultures imposées demandait à chaque homme adulte valide, occupé dans l'agriculture, de cultiver une superficie (entre un demi et un hectare généralement) des principales cultures vivrières et commerciales courantes dans sa région. Étant donné que ce système fait du moniteur agricole plus un contrôleur de superficies avec pouvoir d'imposer des amendes en cas de non-réalisation des objectifs qu'un encadreur technique de paysans, il est permis de dire, à la suite de Louise Fresco (1982), que le système des cultures imposées encourage une production agricole extensive et est à la base d'une réduction des rendements par hectare et par personne.

Depuis la fin des années 1970, plusieurs plans de développement se sont succédé. S'ils connurent un certain succès sur le plan politique, ils ne parvinrent malheureusement pas à éradiquer la pauvreté des masses congolaises et assurer la sécurité alimentaire.

Il est question entre autres de :

- Plan Mobutu, 1979-1981 ;
- le Programme agricole minimum (PAM), 1980 ;
- le Plan de relance agricole, 1982-1984 ;
- le Programme intérimaire de réhabilitation économique, 1983-1985 ;

- le Plan quinquennal avec dans le volet agricole, le Programme d'autosuffisance alimentaire (PRAAL), 1986-1990 ;
- le Plan directeur du développement agricole et rural, 1991-2000 ;
- *le Programme triennal minimum, 1997-1999, ainsi que le Plan national de relance du secteur agricole et rural (PNSAR), 1997-2001 ;*
- le Programme multisectoriel d'urgence, de réhabilitation et de reconstruction (PMURR), 2002-2010 ;
- le Document de la stratégie de croissance et de réduction de la pauvreté (DSCRP), 2006-2016 ;
- Plan national d'investissement agricole (PNIA), 2013-2020 ;
- Programme volontariste agricole (PVA), 2018-2020 ;
- Plan national de relance agricole, dès 2020.

Si ces plans et programmes ont eu à établir dans une certaine mesure un diagnostic des problèmes du secteur agricole congolais et à proposer des pistes même générales pour les résoudre, l'on note néanmoins une absence criante de vision claire, et donc, de politique adéquate et cohérente en matière de développement agricole et rural depuis l'indépendance. Plusieurs contradictions et facteurs expliquent les faibles performances de différents plans (Ngalamulume, 2016 ; 2011 ; Makala Nzengu, 2009 ; PNUD/UNOPS, 1997), notamment : le désinvestissement dans l'agriculture à la suite des mesures controversées de zaïrianisation de 1973 et de nationalisation (1974), reflétant la perte de confiance des investisseurs privés, confiance qui n'a toujours pas été rétablie ; les changements incessants de gouvernements et de leurs animateurs ayant pour conséquence un éternel recommencement, les nouveaux arrivants n'ayant pas la maîtrise des anciens dossiers, et voulant souvent faire table rase de la situation passée, en reprenant tout à zéro ; la détérioration profonde des infrastructures existantes (réseau de transport intérieur, stockage et conservation des produits) et des services d'aide à l'agriculture, notamment la recherche, la vulgarisation, la fourniture d'intrants, le crédit, l'enseignement agricole ; l'absence de moyens importants, résultant de la modicité du budget alloué au secteur agricole (moins de 2 % du budget national) ; la mauvaise gestion tant des services étatiques que des projets de développement agricole entraînant des distorsions dans l'affectation des ressources ; les politiques macro-économiques inappropriées fondées sur la politique de contrôle de la commercialisation et des prix, combinée avec des importations de produits alimentaires bon marché afin de conserver au plus bas les prix à la consommation en milieu urbain ; sans oublier les réformes en rapport avec l'ajustement structurel ayant entraîné des effets pervers dans le secteur agricole et rural.

Dans la plupart des cas, les solutions retenues ont été standards, négligeant ou reléguant au second plan les préoccupations véritables et les réalités et spécificités propres à chaque milieu et centre de production. Dans ces conditions, leur impact, s'il n'a pas été négatif partout, ne pouvait être que très limité.

2.2. L'émergence de ce qui pourrait être qualifié de « mouvement paysan » (1980 à nos jours)

À partir de la fin des années 1980, les villages congolais bougent ; on y assiste à un foisonnement des initiatives paysannes. Les paysans se regroupent, forment des associations de diverses natures, basées sur l'entraide et la solidarité en vue d'alléger la charge du travail agricole (défrichement, labour, semis, entretien, récolte) et de résoudre des problèmes communs (commercialisation, techniques culturales, habitat, soins de santé, éducation des enfants, routes de desserte agricole, etc.).

Bien que frappés par la pauvreté malgré les immenses potentialités agricoles du pays, les paysans, victimes d'inégalités de toutes sortes (de revenus, de possibilités, de pouvoir, de ressources, de considération) et d'insécurisation d'autres acteurs, ne croisent pas les bras. Ils essaient de se mobiliser, de s'organiser et de se prendre en charge en expérimentant diverses pratiques et initiatives pour relever les défis qu'ils affrontent et briser les cercles vicieux de la pauvreté et de l'insécurisation.

Mais multiplication des organisations ne rime pas toujours avec capacité d'action et d'influence sur les décisions ou même incarnation d'un contre-pouvoir. Ces initiatives et les dynamiques qu'elles impulsent et qui les accompagnent témoignent néanmoins de la vitalité du monde rural congolais et de sa capacité à s'organiser pour résoudre ses problèmes dans un contexte d'autoprise en charge individuelle et collective, même de manière limitée. Dans ce sens, elles constituent un espace privilégié d'organisation de la résistance aux diverses forces négatives, tendant à insécuriser les conditions d'existence de leurs acteurs.

Reconnaissons toutefois que les associations ne naissent pas avec la crise issue de l'application des programmes d'ajustement structurel dans les années 1980. Celle-ci a simplement entraîné des réactions paysannes dans le sens de la visibilité et de l'amplification de leurs initiatives. Des pratiques associatives et communautaires ont existé depuis des siècles, sinon des millénaires et font partie intégrante de l'imaginaire quotidien et des stratégies de vie ou de survie des populations locales. Elles rentrent dans leurs stratégies d'adaptation aux conditions et contraintes du milieu. Loin d'être une importation coloniale, voire une conséquence de la crise, la vie associative est une donnée historique, liée aux modes de vie et de pensée, aux pratiques culturelles, magico-religieuses des populations locales.

2.2.1. Une quête sans relâche d'identité paysanne malgré les contraintes

Depuis toujours, la paysannerie congolaise se bat pour forger son identité et s'affirmer comme acteur.

Déjà à l'époque coloniale, les luttes et les mobilisations paysannes étaient présentes, bien qu'étouffées ; elles n'ont jamais été totalement écrasées. Pour faire face aux mesures coloniales d'exploitation et de contrôle des ressources naturelles, recourant à l'exploitation de la paysannerie par la contrainte : expropriation/appropriation par l'État de toutes les « terres vacantes », exploitation par les grandes entreprises capitalistes, imposition en travail et en argent, recrutement forcé, esclavage, cultures obligatoires ; les paysans réagissaient parfois par des révoltes, souvent mal connues, noyées parfois dans le sang. Ils répondaient souvent aux actions imposées au nom de la mission « civilisatrice » par la résistance (active ou passive) à travers diverses réactions : révoltes, indifférence, fuite de milieux ruraux, caches ou bouillie de semences, dissimulation/boycottage de cultures, résistance du pouvoir coutumier.

Prenant en compte la capacité de blocage de ses actions par les paysans autochtones, le colonisateur instaura la politique de paysannats indigènes consistant au regroupement des villageois en des lotissements. Celle-ci visait la déstructuration et la fragilisation des initiatives locales basées sur le lien social et s'accompagna de la mise en place des « coopératives indigènes » dirigées et surveillées par les colonisateurs (Ngalamulume, 2011).

Globalement, on peut dire que si la période coloniale a paralysé la paysannerie congolaise, elle n'est pas parvenue à la casser, notamment parce que dans beaucoup de régions, elle a gardé l'accès à la terre, et le contrôle des terres communales.

L'accession du pays à l'indépendance n'a pas sensiblement perturbé les dynamiques organisationnelles présentes sur le terrain au cours des premières années. Le mouvement coopératif s'est poursuivi et même amplifié au cours des décennies 1960 et 1970, après les troubles et conflits interethniques du début des années 1960. Au cours de cette période, l'on a assisté, d'une part, à un mouvement associatif suscité et soutenu par les pouvoirs publics dans leur souci de contrôle des masses rurales, et d'autre part, à un mouvement associatif endogène représenté essentiellement par les dynamiques et organisations informelles à la base. Dans le premier cas, les pouvoirs publics ont agi à travers les coopératives dans des villages d'abord, puis des brigades agricoles rurales, d'autre part. Ces brigades organisaient les activités agricoles et l'encadrement de la jeunesse dans le cadre du parti-État.

Le parti-État, omniprésent sur toute l'étendue du pays, accomplissait ainsi ses missions de contrôle et d'encadrement. D'autres organisations et mouvements parallèles étaient découragés, réprimés et interdits, de peur qu'ils n'organisent la contestation contre le pouvoir. En face de la logique du pouvoir, les réseaux de sociabilité mis en place depuis des siècles ont continué à accompagner les producteurs locaux et les ruraux à la base dans leur vie quotidienne à travers des structures informelles (tontines, mutuelles, groupes d'entraide, organisations paysannes). Elles ont été soutenues dans leur action par endroit par les organisations confessionnelles. Ce contexte particulier serait à la base de la faiblesse de mobilisations collectives avant les années 1980 au Congo-Zaïre par rapport à l'Afrique de l'Ouest (Poncelet *et al.*, 2006).

À partir des années 1980, la situation a progressivement changé. L'application des programmes d'ajustement structurel a engendré de nombreuses distorsions dans le circuit des biens et des services et la faible performance des services publics, détériorant ainsi les conditions de vie des populations. En présence de ce que Peemans (1997b) qualifie d'« espace social vide », vu le retrait, la déliquescence et l'effacement de l'État, de nouvelles dynamiques émergent et/ou se consolident pour tenter de combler ce vide. Les populations abandonnées, enclavées et isolées réveillent ainsi leur instinct communautaire, mettant en exergue leurs modes collectifs d'organisation et d'action pour se prendre en charge.

La libéralisation de la vie politique à travers le processus de démocratisation lancé en 1990 a davantage boosté l'éclosion des dynamiques associatives. Encouragées par les agences de coopération internationale soutenant les « acteurs non étatiques », les organisations locales découvrent cette voie d'accès aux fonds de la coopération et donc, à la rente du développement.

2.2.2. Les OP se mobilisent, le mouvement paysan se consolide

Grâce aux réseaux de sociabilité et de réciprocité, les paysans congolais ont réussi à survivre au contrôle politico-économique de la production et de la commercialisation, bref, à l'encadrement public du développement rural (Peemans, 2011). Depuis quelques années maintenant, leurs initiatives se multiplient, s'organisent, se structurent, se consolident, devenant des acteurs incontournables du développement du pays. Certaines de ces organisations se spécialisent, augurant de la mise en place des filières agricoles et prenant en charge des pans entiers de la production ou de la commercialisation. Désormais, les Organisations paysannes OP, Unions, Réseaux, Fédérations et Confédérations paysans voient le jour dans la majeure partie des villages ; les leaders paysans émergent et prennent la parole. Tout le monde à quelque niveau que ce soit sait qu'ils existent et qu'il faut désormais faire avec eux et compter sur eux ; ce qui n'était pas le cas il y a quelques années.

Avec l'appui des partenaires au développement[4], la structuration du mouvement paysan est désormais une réalité, même si certains coins sont plus avancés que d'autres. L'action des ONG du secteur et des plateformes paysannes aînées dans l'accompagnement, la structuration et la fédération des OP à la base est dans ce sens déterminant.

---

[4] À titre d'exemple, les ONG belges ont mis en place l'alliance Agri Congo chargée d'appuyer les OP en vue d'augmenter leur poids politique, à travers le renforcement de leurs structures et de leur structuration provinciale et nationale.

Dans les onze anciennes provinces, le dynamisme est variable mais l'effort de fédération des initiatives paysannes est bien visible partout. Au Katanga, le mouvement paysan reste faible à cause de la prééminence de l'agriculture plus ou moins industrielle de grands fermiers et sociétés. Toutefois, des efforts existent pour canaliser les initiatives paysannes. Au Nord-Kivu, FOPAC (Fédération des organisations des producteurs agricoles du Congo) et LOFEPACO (Ligue des organisations des femmes paysannes du Congo) sont deux grandes plateformes paysannes regroupant la grande majorité des OP dont certaines sont présentes dans plusieurs territoires comme SYDIP (Syndicat de défense des intérêts paysans). Au Maniema, il y a des structures faîtières comme l'UPKA (Union paysanne pour le progrès de Pangi-Kailo-Kasongo-Kabambare), UWAKI (Umoja wa Wanawake Wakulima wa Kivu/Maniema) et un mouvement impulsé par le CRONGD et CARITAS. Au Sud-Kivu, FOPAC, UWAKI et FOP (Fédération des organisations paysannes) sont les grandes organisations faîtières paysannes. À l'Équateur, COPADE (Convention paysanne pour le développement de l'Équateur) comprend des Unions et des Fédérations paysannes des agriculteurs, éleveurs et pêcheurs de la province. En Province orientale, UPDKIS (Union paysanne pour le développement de Kisangani) regroupe une vingtaine de collectifs des paysans et éleveurs, à côté des OP caféières et cacaoyères de l'Ituri. Elles ont pu mettre en place la Fédération des organisations des producteurs agricoles de la Province orientale (FOPAPO).À Kinshasa, il existe différentes organisations de maraîchères, de pêcheurs et de riziculteurs : le Comité des riziculteurs du Pool Malebo, la Fédération des pêcheurs du Pool Malebo, l'Union des coopératives maraîchères de Kinshasa (UCOOPMAKIN). Ces structures ont pu mettre en place la Fédération des paysans producteurs agricoles de Kinshasa (FEPPAKIN) en juillet 2013.

Au Bas-Congo, la Force paysanne FOPAB initiée par le CRONGD a fusionné avec la dynamique FOPAC pour mettre sur pieds la Force paysanne du Kongo central, FOPAKO. Il y a d'autres dynamiques comme le Regroupement des producteurs agricoles du Mayombe, REPAM, la Coopérative cacao Mayumbe COCAMA, la Fédération des producteurs de l'huile de palme de Mayombe (FEPOPAL). Au Kasaï-Occidental, il existe le Réseau paysan pour le développement durable REPAD à Mweka regroupant cinq Unions du territoire dont l'Union des organisations paysannes pour la production et la commercialisation du maïs UOPCM. Dans la ceinture verte, les OP maraîchères ont constitué l'Association des maraîchers de la ceinture verte de Kananga, AMCVK alors que dans le territoire de Dibaya, les OP ont formé l'Union des producteurs du riz pour le développement de Dibanda (PRORIDI). Au niveau provincial, la Fédération des OP du Kasaï-Occidental (FFEDOP) est fonctionnelle. Au Kasaï-Oriental, l'effort de fédération a abouti à la mise sur pied de l'UPPEKOR (Union des plateformes de planteurs et éleveurs du Kasaï-Oriental) comprenant les unions paysannes de différents territoires et de la Fédération des OPA du Kasaï-Oriental

(FOPAKOR). Dans le Bandundu, la Fédération des organisations paysannes et agricoles du Bandundu, FOPABAND, regroupe les diverses dynamiques paysannes de la province.

Les mobilisations paysannes ont été manifestes dans le processus du vote du Code agricole congolais. Initiée depuis 2008, la Loi portant principes fondamentaux relatifs à l'agriculture n'a pu être votée et promulguée qu'en 2011. Son entrée en vigueur prévue à partir de juin 2012 n'a jamais été effective, faute de mesures d'application. Tout au long du processus, les OP sont restées mobilisées, maintenant la pression sur les hommes politiques, notamment les députés et sénateurs. Grâce à leurs plaidoyers, certaines des notions importantes comme « agriculture familiale », « fonds national pour le développement de l'agriculture », « sécurité alimentaire », au départ ignorées, ont pu figurer dans le texte (*La Voix du paysan congolais*, 2011). Cette loi revêt une importance cruciale pour l'agriculture et pour le monde rural. Depuis plusieurs décennies, le secteur naviguait à vue et ne disposait d'aucune loi-cadre pouvant réglementer ses rapports et activités. Alors qu'elle n'est pas entrée en vigueur, la loi est déjà en révision au Parlement pour revisiter l'Article 16 jugé problématique. Cet article relatif à l'acquisition des terres agricoles est jugé discriminatoire quant à leur attribution et leur retrait à l'égard des investisseurs étrangers réunis au sein de la Fédération des entrepreneurs du Congo (FEC) qui s'en sont plaints à plusieurs reprises. Les organisations paysannes restent mobilisées et insistent sur le non-bradage des terres communautaires à l'occasion de cette révision.

La mobilisation paysanne a culminé avec l'organisation de deux carrefours nationaux paysans à Kinshasa (novembre-décembre 2010 ; octobre 2011) regroupant les représentants du monde rural de plusieurs provinces. Ces carrefours sont des moments privilégiés d'affermissement des liens paysans, d'analyse des préoccupations du monde rural et d'échange d'expériences. Des recommandations y sont formulées à l'endroit de différents acteurs en vue de l'amélioration de la situation de l'agriculture et de l'agriculteur.

Les actions et préoccupations paysannes sont principalement relayées par quelques publications spécialisées : *Agripromo*, *La Voix du Congo profond*, le *Journal des CARG*, *La Voix du paysan congolais*, etc. dont la dernière est très active ces dernières années. Il faut aussi saluer la naissance de l'Association des journalistes agricoles du Congo, AJAC, spécialisée dans la recherche, la collecte, le traitement et la diffusion de l'information liée à l'agriculture et au monde rural.

Ces événements traduisent une évolution notable vers le professionnalisme du mouvement paysan congolais.

Toutefois, lorsque nous parlons de la vitalité associative en milieu paysan congolais, nous devons reconnaître que ce mouvement est encore jeune et n'est pas très bien consolidé dans beaucoup de provinces. Aussi, il y a une diversité de situations et d'associations sur terrain, avec des logiques multiples et parfois divergentes et contradictoires. L'amateurisme est encore fort présent, avec des logiques opportunistes et même des velléités individualistes et séparatistes dans certains coins, ce qui limite davantage leur efficacité. Il s'agit donc d'un espace très hétérogène, très atomisé avec des acteurs très divers, de poids très différents. Leurs objectifs sont multiples, touchant tous les domaines de la vie villageoise et ne visant pas uniquement la seule activité agricole, même si certaines associations plus spécialisées commencent à émerger ces dernières années, grâce aux appels incessants à la professionnalisation, à la spécialisation par produits avec la mise en œuvre des filières agricoles porteuses. À certains moments, il peut même paraître difficile de différencier une ONG d'une OP. Pire, certaines ONG ne veulent pas de l'émancipation des OP qu'elles tiennent à garder sous leur tutelle pour des raisons stratégiques.

2.2.3. Difficulté de parler d'une voix au niveau national

Au plan national, l'on note un déficit de consensus sur la création et l'adoption d'un cadre unique de représentation et de défense des intérêts paysans. Avant le premier carrefour paysan, il existait sur la scène nationale deux grandes dynamiques : la FOPAC et la COPACO (Confédération paysanne du Congo) (Van Hoof, 2011). Nous pouvons y associer l'Union nationale des agriculteurs du Congo (UNAGRICONGO). La FOPAC, très implantée à l'est d'où elle est née (Nord-Kivu), s'est présentée comme chef de file en inspirant et orientant la structuration du mouvement paysan dans d'autres provinces. À l'extérieur du pays, elle est affiliée à des plateformes paysannes régionales comme « Eastern Africa Farmers Federation, EAFF » et le COMESA. La COPACO, issue du Bandundu, bien implantée à l'ouest et dans la capitale Kinshasa, essaie à son tour d'attirer et de chapeauter des OP de différentes provinces. Elle est membre de PROPAC (Plateforme régionale des organisations paysannes et de producteurs d'Afrique centrale) et du mouvement international Via Campesina.

Le premier carrefour a recommandé la mise en commun des efforts pour la création d'une structure unique. Un cadre de concertation nationale des paysans producteurs agricoles, CNAPAC, regroupant les représentants de toutes les tendances a même été mis en place en avril 2011. À l'issue des discussions qui se sont poursuivies après le 2e carrefour paysan, il a été créé le 25 octobre 2011 la Confédération nationale des producteurs agricoles du Congo, CONAPAC pour remplacer le CNAPAC. Curieusement, la COPACO, pourtant partie prenante dans le cadre de concertation, s'est désolidarisée pour poursuivre sa route, estimant qu'elle était déjà une confédération et qu'elle ne voyait pas l'opportunité d'adhérer à une nouvelle ! Derrière ce désistement transparaissent clairement le conflit de leadership et l'éternelle bipolarisation géopolitique Est-Ouest[5]. Les

[5] Il faut noter que c'est le président de FOPAC (Nord-Kivu) qui a été élu président de CONAPAC.

divergences continuent plus sur la forme, car pour des causes communes, les deux plateformes se mettent ensemble et harmonisent leurs vues.

2.2.4. Mobilisations autour des causes communes

Les paysans congolais sont confrontés aux mêmes défis avec toutefois certaines spécificités territoriales. Ces défis sont plusieurs ; il faut les affronter avec lucidité et efficacité, pour éviter à l'agriculture paysanne congolaise de patauger :

- Les circuits de distribution et de commercialisation des produits agricoles sont déstructurés et suffisamment délabrés, entraînant le faible accès des paysans aux marchés intérieurs et étrangers.
- La pression foncière reste vive dans différentes provinces avec le phénomène accaparement des terres agricoles. Avec la forte démographie dans certaines provinces, l'accumulation des terres souvent non mises en valeur par les élites militaires, politiques et économiques prive de nombreux paysans d'espaces pour leur agriculture, ce qui alimente les conflits et même les rébellions dans les provinces de l'est. Les entreprises minières, les parcs nationaux, les réserves classées, les sociétés agro-industrielles, les sociétés forestières… dépossèdent les populations paysannes de leurs terres et forêts en en accaparant des millions d'hectares. Si les chefs coutumiers, les chefs de terre…font la loi sur les terres dans les villages, dans les centres urbains par contre, les paysans maraîchers sont victimes d'une urbanisation incontrôlée et des constructions anarchiques.
- La modicité du budget alloué au secteur agricole. Malgré les ambitions affichées par les différents gouvernements de relever la part du secteur agricole dans le budget national pour rencontrer les attentes du Protocole de Maputo signé en 2003 invitant les signataires africains à relever la part du secteur agricole dans leurs budgets respectifs à hauteur de 10 % en vue de combattre l'insécurité alimentaire, et l'élaboration du Plan national d'investissement agricole PNIA (2013-2020) chiffré à plus de 5 milliards USD, la situation est demeurée inchangée.
- L'aide et les importations alimentaires massives asphyxient et paralysent la production locale par les distorsions dans les prix et la concurrence déloyale. Chaque année, ces importations consomment des millions de dollars, sinon pas moins d'un milliard qui pouvait soutenir la production locale en vue d'une réelle sécurité alimentaire.
- L'insécurité reste vive dans plusieurs contrées du pays avec la présence des groupes armés (est), contraignant les paysans à fuir leurs champs et productions.
- La présence d'un cadre légal d'exercice de l'activité agricole. Bien que promulguée, la formulation des mesures d'application de la loi

agricole tarde encore. Les paysans doivent patienter pour voir se concrétiser ses mesures phares.

- D'autres défis énormes : dépendance à l'égard des semences importées ; tracasseries administratives, policières, fiscales ; fragilité de la structuration paysanne et absence de consensus au niveau national ; déficit de professionnalisation ; faible considération du paysan ; méconnaissance et faible valorisation des savoirs paysans, etc. constituent des créneaux de la lutte et des mobilisations paysannes à l'échelle locale et nationale.

En guise de conclusion

Il ressort de cette analyse que la crise agraire que connaît le Congo actuellement n'est pas que circonstancielle. Elle puise sa substance dans la longue trajectoire historique. Tous les pouvoirs publics que le Congo a connus et qui se sont succédé ont, d'une manière ou d'une autre, fait subir des contraintes aux masses paysannes et villageoises, participant ainsi à l'insécurisation de leurs conditions d'existence (physique, sociale). D'où le fait que ces populations sont restées de plus en plus regardantes, voire méfiantes à l'égard des actions étatiques.

Pour renverser la tendance, il importe de mettre en place des actions de sensibilisation, d'organisation et de structuration, de renforcement des capacités des organisations et groupements paysans en vue d'une réelle autopromotion rurale.

Des approches d'intervention conciliant efficacité et durabilité sont utiles en vue du renforcement des capacités d'analyse, de réflexion, de décision et d'action des ruraux paysans.

Bibliographie

BALANDIER G., 1982, *Sociologie actuelle de l'Afrique noire*, Quadrige/PUF, Vendôme.

BANQUE MONDIALE, 2018, *La Pauvreté extrême dans le monde*, Groupe de la Banque mondiale, Washington.

CLÉMENT J., 1952, « Étude relative au paysannat indigène », *Contribution à l'étude du problème de l'économie rurale indigène au Congo belge, Numéro spécial du Bulletin agricole du Congo belge*, vol. XLIII, pp. 135-157.

CORBION P., 1952, « Le Crédit agricole indigène au Congo belge », *Contribution à l'étude du problème de l'économie rurale indigène au Congo belge, Numéro spécial du Bulletin agricole du Congo belge*, vol. XLIII, pp. 53-56.

DEMUNTER P., 1975, *Masses rurales et luttes politiques au Zaïre*, Anthropos, Paris.

DE SCHILPPÉ, P., 1986, *Écocultures d'Afrique (shifting cultivation in Africa)*, traduit de l'anglais par F. Onclincx, M. Favart, et H. Dupriez, Terres et vie, L'Harmattan, Nivelles-Paris.

DUBOIS G. L. D., 1952, « Politique agricole en milieux ruraux au Congo belge », *Contribution à l'étude du problème de l'économie rurale indigène au Congo belge, Numéro spécial du Bulletin agricole du Congo belge*, vol. XLIII, pp. 29-37.

DUFUMIER M., 2004, *Agricultures et paysanneries des tiers mondes*, Karthala, Paris.

DUMONT R., 1962. *L'Afrique noire est mal partie*, Paris, Seuil.

FAO, FIDA, OMS, PAM et UNICEF, 2019, *L'État de la sécurité alimentaire et de la nutrition dans le monde (SOFI 2019). Se prémunir contre les ralentissements et les fléchissements économiques*, Rome, FAO.

FRESCO L., 1982, « Des cultures imposées aux cultures encadrées. Le système des cultures imposées revu dans le cadre de la relance agricole », *Zaïre-Afrique*, n° 161, janvier 1982, pp. 19-24.

MAKALA NZENGU P., 2009, *Politiques publiques et gestion du secteur agricole et rural en République démocratique du Congo*, Kinpress, Kinshasa.

MALENGREAU G., 1952, « Les lotissements agricoles au Congo belge », *Contribution à l'étude du problème de l'économie rurale indigène au Congo belge, Numéro spécial du Bulletin agricole du Congo belge*, vol. XLIII, 193-218 pp.

MAUREL A., 1992, *LeCongo, de la colonisation belge à l'indépendance*, Paris, L'Harmattan.

NDAYWEL È NZIEM I., 2011, *Histoire du Congo, des origines à nos jours*, Suisse, Parole Silence.

NDAYWEL È NZIEM I., 1998, *Histoire générale du Congo. De l'héritage ancien à la République démocratique*, De Boeck & Larcier s.a. Paris, Bruxelles.

NGALAMULUME TSHIEBUE G., 2016, *Le Développement rural en RD Congo : quelles réalités possibles ?*, Academia-L'Harmattan, Louvain-la-Neuve, 206 p.

NGALAMULUME TSHIEBUE G., 2013, « République démocratique du Congo : le défi de la structuration paysanne à l'échelle nationale », CETRI, *État des résistances dans le Sud – Les mouvements paysans*, vol. XX (2013), n° 4, 79-86 pp.

NGALAMULUME TSHIEBUE G., 2011, *Politique agricole et sécurité alimentaire au Congo-Kinshasa. Évolution historique, enjeux et perspectives*, Éditions universitaires européennes, Berlin, 188 p.

PEEMANS J. P., 2011. « Les acteurs du développement rural en RDC et la place du monde paysan : une approche historique », *Communication au colloque « Quelle politique agricole mettre en œuvre pour accroître la sécurité alimentaire en RDC »*, Gembloux (consulté 7 décembre 2011).

PEEMANS J.-P., 1997a, *Crise de la modernisation et pratiques populaires au Zaïre et en Afrique*, L'Harmattan, Paris.

PEEMANS J.-P., 1997b, *Le Congo-Zaïre au gré du XXe siècle : état, économie, société : 1880-1990*, L'Harmattan, Paris.

PONCELET M. *et al.*, 2006, *Les ONG en villes africaines. Études de cas à Cotonou (Bénin) et à Lubumbashi (RDC)*, Academia Bruylant, Louvain-la-Neuve.

RépubliqueduZaïre, ministère de l'Agriculture, Pêche et Élevage, 2001, *La Relance de l'agriculture congolaise : politique et stratégies de développement du secteur agricole et rural*, Kinshasa.

République du Zaïre, Département de l'Agriculture, 1989, *Les principales politiques agricoles du Zaïre. Rapport provisoire*, Kinshasa, février 1989.

République du Zaïre, Département de l'Agriculture et du Développement rural, 1987, *Situation actuelle de l'agriculture zaïroise*, Kinshasa.

République du Zaïre, Département de l'Agriculture, 1985, *Évaluation des effets des mesures de la libéralisation des prix agricoles aux producteurs et de réajustement monétaire de septembre 83*, Kinshasa.

SLADDEN G. E., 1952, « Évolution possible du paysannat indigène au Congo belge », *Contribution à l'étude du problème de l'économie rurale indigène au Congo belge, Numéro spécial du Bulletin agricole du Congo belge*, vol. XLIII, 7-27 pp.

STANER P., 1955, *Les Paysannats indigènes du Congo belge et du Ruanda-Urundi*, Publication de la Direction de l'agriculture, des forêts et de l'élevage, Bruxelles.

VAN HOOF F., 2011, *Changer l'agriculture congolaise en faveur des familles paysannes*, Alliance Agri Congo, Pays-Bas.

WILLAERT M., 1952, « Les coopératives indigènes au Congo belge », *Contribution à l'étude du problème de l'économie rurale indigène au Congo belge, Numéro spécial du Bulletin agricole du Congo belge*, vol. XLIII, 85-123 pp.

Environnement et biodiversité en RD Congo : perspectives pour le développement

Sinaseli TSHIBWABWA
Claudine TSHIMANGA MBUYI
Ndiadia KABONGO

Introduction

Le capital naturel de la RD Congo est l'un des plus importants de la planète. Traiter de son environnement et de sa biodiversité et de leur contribution au développement du pays nous impose de brosser d'abord son tableau physionomique.

- Avec ses 2 344 885 m^2, ce pays s'étale entre 13°50'de latitude Sud et 5°30' de latitude Nord, 12°15' et 31°15' de longitude Est. Cent pour cent de ce territoire appartient au domaine public (Loi n° 73-021 du 20 juillet 1973 portant régime des biens, régime foncier et immobilier et régime des sûretés). Il constitue un vaste patrimoine collectif, appartenant à chaque fille et chaque fils du Congo et dont la gestion est confiée à l'État.
- De par sa position à cheval sur la ligne de l'Équateur et la diversité de son relief, on y trouve des ressources climatiques variées réparties en trois types climatiques (le climat équatorial, le climat tropical humide et le climat tropical à longue saison sèche) et deux variantes régionales (le climat littoral et le climat de montagne).
- Sur ce territoire vit une ressource humaine diversifiée estimée actuellement à 105 000 000 d'habitants[1], répartis en 450 ethnies, parlant 212 dialectes et langues dont les quatre principales sont : le *Cilubà*, le *Kikongo*, le *Lingala* et le *Swahili*. À ces ethnies et dialectes est associée une grande et riche diversité culturelle.
- Les ressources en sols sont aussi très variées. Elles sont regroupées en deux catégories : les *sols ferrallitiques* largement représentés dans

[1] Donnée démographique à prendre avec réserve car résultant des manipulations des données et des opérations de l'Institut national de la statistique (INS) à partir d'informations assez vieilles :l'étude sociodémographique de Kinshasa de 1967, le recensement électoral de 1970, le recensement scientifique de la population de 1984 et les estimations de l'INS de 2003 et 2004.

l'ensemble du pays et les *sols volcaniques* dans sa partie est. Ces sols offrent des terres arables dont la superficie est estimée à plus de 80 millions d'hectares, pouvant faire de la RD Congo le grenier de l'Afrique.

- D'énormes ressources en eau douceconstituées en un dense réseau hydrographique organisé autour de trois fleuves : le Chiloango, le Congo et le Nil. Le fleuve Congo, long de 4 320 km, forme un immense bassin de 3,75 millions de km^2. Sa position à cheval sur l'Équateur et la répartition presque homogène de ses affluents dans les deux hémisphères lui assurent un débit régulier de 40 000 m^3 d'eau par seconde. Cette dernière caractéristique fait de lui le fleuve le plus régulier du monde. Ces ressources en eau douce représentent plus de la moitié des ressources en eaux douces de l'Afrique et 13 % du potentiel hydroélectrique mondial (avec les chutes d'Inga) pouvant faire du Congo une puissance mondiale en matière d'énergie hydroélectrique.

Ainsi, le Congo, connu comme un scandale géologique, apparaît aussi comme un « don du fleuve Congo » ou un scandale en ressources en eau douce et un scandale de la diversité biologique. Pour illustrer cette évidence, le Fonds mondial pour la nature (WWF[2,3,4,5,6,7]) a subdivisé la surface terrestre émergée dela RD Congo en *écorégions*ou *régions écologiques*(fig. 1, planche I), véritableoutil pour les programmes de conservation de la biodiversité (faune et flore) et une base pratique pour les

---

[2] D. M. OLSON, E. DINERSTEIN, E. D. WIKRAMANAYAKE, N. D. BURGESS, G. V. N. POWELL, E. C. UNDERWOOD, J. A. D'AMICO, I. ITOUA, H. E. STRAND, J. C. MORRISON, C. J. LOUCKS, T. F. ALLNUTT, T. H. RICKETTS, Y. KURA, J. F. LAMOREUX, W. W. WETTENGEL, P. HEDAO, K. R. KASSEM, « Terrestrial ecoregions of the world: a new map of life on Earth », *Bioscience*, 51(11), 2001, pp. 933-938.

[3] D. M. OLSON, E. DINERSTEIN, R. ABELL, T. ALLNUTT, C. CARPENTER, L. MC CLENACHAN, J. D'AMICO, P. HURLEY, K. R. KASSEM, H. STRAND, M. TAYE, M. THIEME, *« The Global 200: A representation approach to conserving the earth's distinctive ecoregions »*, Washington DC, Conservation Science Program, World Wildlife Fund-US, 2000.

[4] J. G. WASSON, A. CHANDESRIS, H. PELLA, Y. SOUCHON, « Définition des hydroécorégions françaises. Méthodologie de détermination des conditions de référence au sens de la directive cadre pour la gestion des eaux », *Rapport Cemagref Lyon BEA/LHQ et MATE/DE*, 2001, p. 68.

[5] M. L. THIEME, R. ABELL, N. D. BURGESS, B. LEHNER, E. DINERSTEIN, D. M. OLSON, G. TEUGELS, A. TOHAM-KAMDEM, M. L. J. STIASSNY, and P. SKELTON, *Freshwater Ecoregions of Africa and Madagascar: A Conservation Assessment*, Washington DC, Island Press, 2005, p. 483.

[6] R. ABELL, M. L. THIEME, C. REVENGA, M. BRYER, M. KOTTELAT, N. BOGUTSKAYA, B. COAD, N. MANDRAK, S. CONTRERAS BALDERAS, W. BUSSING, M. L. J. STIASSNY, P. SKELTON, G. R. ALLEN, P. UNMACK*et al.*, « Freshwater Ecoregions of the World: A New Map of Biogeographic Units for Freshwater Biodiversity Conservation », *BioScience*, vol. 58, nº 5,2008, pp. 403-414.

[7] J. G. WASSON, A. CHANDESRIS, H. PELLA, Y. SOUCHON, « Définition des hydroécorégions françaises. Méthodologie de détermination des conditions de référence au sens de la directive cadre pour la gestion des eaux », *Rapport Cemagref Lyon BEA/LHQ et MATE/DE*, 2001, p. 68.

institutions universitaires et de recherche scientifique, les ONG en environnement et les organismes gouvernementaux pour la gestion des ressources[8], l'étude environnementale de l'écosystème et l'analyse des risques. Ces écorégions sont donc définiescomme des *« unités biogéographiques, terrestres ou aquatiques, hébergeant des communautés et des espèces naturelles »*. Elles sont identifiées par similitudes géologique, physiographique, de climat, de l'hydrologie, des sols, de la distribution de la faune et de la végétation et de l'utilisation des sols. Ainsi, on distingue trois types d'écorégions en RD Congo : écorégions terrestres, écorégions d'eau douce[9,10]et écorégions marines(fig. 1, planche I).

A. Les écorégions terrestres de la RD Congo

Elles sont composées de :

1. Forêts de feuillus tropicales et subtropicales humides :

- Forêts de montagne du rift albertin ;
- Forêts équatoriales de la côte Atlantique ;
- Forêts guinéo-congolaises de la cuvette centrale ;
- Forêts marécageuses de l'est du Congo ;
- Forêts (de basses terres) du nord-est du Congo ;
- Forêts (de basses terres) du nord-ouest du Congo ;
- Forêts marécageuses de l'ouest du Congo.

2. Prairies tropicales et subtropicales, savanes arbustives :

- Forêt angolaise de Miombo ;
- Forêt centre-zambézienne de Miombo ;
- Savane est-soudanienne ;
- Fourré d'Itigi-Sumbu ;
- Mosaïque de forêt-savane boisée et herbeuse au nord de la cuvette centrale ;
- Mosaïque de forêt-savane boisée et herbeuse au sud de la cuvette centrale ;
- Mosaïque de forêt-savane du bassin du lac Victoria ;
- Mosaïque de forêt-savane de l'ouest du Congo.

---

[8]M. L. Thieme, R. Abell, N. D. *et al.*, 2005 (*op. cit.*).

[9] I. J. Harrison, P. A. Green, T. A. Farrell, D. Juffe-Bignoli, L. Sáenz, C. J. Vörösmarty, « Protected areas and freshwater provisioning: a global assessment of freshwater provision, threats and management strategies to support human water security », *Aquatic Conserv: Mar Freshw Ecosyst*, 26 (Supplement 1), 2016 ; 103-120.

[10]https://www.researchgate.net/profile/Melanie Stiassny /publication/309106357_ The_status_and_distribution_of_freshwater_ fishes/links/588a91c3aca2727ec1190c49/The-status-and-distribution-of-freshwater-fishes.pdf (consulté le 22 février 2021).

3. Prairies et savanes arbustives de montagne :

– Landes de montagnes Virunga-Ruwenzori.

4. Prairies et savanes inondées :

– Prairies zambéziennes inondées.

5. Les Mangroves :

– Mangroves d'Afrique centrale.

B. Les écorégions d'eau douce

Elles comprennent :

1. Côteouest équatoriale :

– Côte sud-ouest équatoriale.

2. Fleuve Congo :

– Hauts plateaux albertins ;
– Système Bangwelo-Moero ;
– Cours moyen du fleuve Congo ;
– Cuvette centrale ;
– Rivière Kasaï ;
– Cours inférieur du fleuve Congo (Kongo-Central) ;
– Rapides du cours inférieur du fleuve Congo (Kongo-Central) ;
– Lac Maï-Ndombe ;
– Pool Malebo ;
– Bassin de la rivière Oubangui (Congo soudanien) ;
– Grottes de Mbanza-Ngungu ;
– Lac Tumba ;
– Sous-bassin de l'Uélé ;
– Lac Upemba ;
– Cours supérieur du fleuve Congo (Lualaba) ;
– Rapides du cours supérieur du fleuve Congo.

3. Nilo-Soudan :

– Cours supérieur du Nil.

4. Grands lacs :

– Lac Tanganyika ;
– Lac Kivu ;
– Lac Édouard ;
– Lac Georges ;
– Lac Victoria.

C. ÉCORÉGION MARINE

Elle est représentée par le sud du golfe de Guinée.

Ces unités de base jouent un rôle capital dans la planification et l'organisation des programmes d'inventaire, dans la préservation, la protection de l'environnement et la biodiversité ainsi que dans leur exploitation rationnelle.

Des études complémentaires sur ces écorégions (WWF, 2001[11]) ont été réalisées en 2007 par un groupe d'experts réunis à Kinshasa[12]. Les travaux de ce groupe d'experts (dont le rapport a été produit en 2008) ont permis d'identifier les parcs nationaux, aires protégées et zones humides prioritaires pour des études d'inventaire de la biodiversité en RD Congo[13](fig. 2, planche I).

- À la diversité de ces écosystèmes correspond une extraordinaire diversité de la faune dont les estimations de grands groupes sont données dans le tableau 1 ci-dessous.
- **Enfin, les ressources minières (tableau 2) sont également variées** en RD Congo. Ses réserves minérales, estimées entre 24 et 38 000 milliards de dollars US, sont d'une importance stratégique pour l'économie nationale et mondiale, d'où la convoitise observée de la part des différents pays de la planète.

Tableau 1. Inventaire de la faune en RD Congo.

Groupe	Nombre d'espèces*	Espèces endémiques
Mammifères	415 - 421	28
Oiseaux	1086 - 1094	23
Reptiles	280 - 325	33
Amphibiens	216	53
Poissons	1069	325
Papillons	1300 - 5220	-
Invertébrés terrestres	544	-
Invertébrés aquatiques d'eau douce	1423	-
Invertébrées aquatiques marins	183	-

*Ces données sont des estimations tirées des documents récents du ministère de l'Environnement, Conservation de la Nature et Développement durable. Les énormes écarts observés entre ces chiffres poussent à penser qu'ils ne sont pas fiables. D'où la nécessité d'initier de nombreuses études

[11] A. TOHAM-KAMDEM *et al.*, eds., « A Vision for Biodiversity Conservation in Central Africa: Biological Priorities for Conservation in the Guinean-Congolian Forest and Freshwater Region», World Wildlife Fund, Washington DC, 2006, A, p. 52.

[12] S. TSHIBWABWA, coauteur de cet article, était membre de cette équipe.

[13] M. L. THIEME, A. SHAPIRO, A COLOM, U. SCHLIEWEN, N. SINDORF, A. TOHAM-KAMDEM (eds), *Inventaire rapide des zones humides représentatives en République démocratique du Congo,* Kinshasa, 2008, p. 60.

monographiques pour maîtriser les connaissances de terrain et nous approprier notre territoire dans ces domaines.

Tableau 2. Distribution spatiale des ressources minérales par province. (Liste non exhaustive[14])

Provinces	Espèces minérales
Bandundu	Argile, Coltan, Diamant, Kaolin, Pétrole
Bas-Congo	Aluminium, Argent, Bitume, Calcaire, Cuivre, Fer, Or, Pétrole, Plomb, Phosphore, Sodium, Soufre, Vanadium
Équateur	Diamant, Or, Pétrole
Kasaï-Occidental	Améthyste violet, Aquamarine, Argent, Brome de mercure, Calcaire, Cassitérite, Charbon, Chrome, Citrine, Cobalt, Coltan, Cuivre, Diamant, Fer, Grenat-almadin, Hématite, Kaolin, Manganèse,Nickel,, Nickel de chrome, Opale, Platine, Plomb, Pyrite, Pyrite doré, Quartz blanc, Quartz bleu, Quartz jaune, Quartz rouge, Topaze, Tourmaline verte opaque, Tourmaline verte transparente, Uranium, Wolframite, Zinc
Kasaï-Oriental	Argent, Calcaire, Chrome, Cobalt, Cuivre, Diamant, Étain, Fer, Kaolin, Nickel, Or, Pétrole, Talc,
Katanga	Améthyte, Argent, Argile, Berrylium, Bismuth, Cadmium, Calcaire, Cassitérite, Charbon, Cobalt, Cuivre, Émeraude, Étain, Fer, Géothermie, Germanium, Granite, Gypse, Kaolin, Lithium, Manganèse, Monazite, Nickel, Niobium, Or, Platine, Plomb, Saline, Saphir, Talc, Tantale, Tourmaline, Tungstène, Uranium, Wolfram, Zinc
Kinshasa	Argile, Grès arkosique, Kaolin, Silice
Maniema	Amblyogonite, Argile, Cssitérite, Columbium, Cuivre, Diamant, Étain, Fer, Kaolin, Lithium, Manganèse, Or, Pétrole, Plomb, Talc, Tantale, Wolfram
Province-Orientale	Argent, Argile, Cuivre, Diamant, Fer, Géothermie, Kaolin, Niobium, Ocre, Or, Pétrole, Platine, Schiste bitumineux, Talc
Nord et Sud-Kivu	Alumium, Amiante, Améthyste, Argent, Argile, Arsenic, Bastnaésite, Bentonite, Bérrylium, Bismuth, Calcaire, Cassitérite, Charbon, Cuivre, Diamant, Émeraude, Étain, Fer, Gaz méthane, Géothermie, Granite, Halite, Manganèse, Marbre, Monazite, Niobium, Or, Pétrole, Platine, Plomb, Tantale, Titane, Tourmaline, Travertins, Tungstène, Uranium, Zinc, Zirconium, Wolfram.

L'exploitation, la gestion et la protection de ces ressources naturelles semblent poser d'énormes problèmes dans ce pays. On est devant une situation paradoxale : d'une part, le Congo est doté de ces énormes ressources et, d'autre part, on observe une pauvreté indescriptible de sa population. Le paradoxe est encore plus frappant quand on constate que, d'une part, le pays s'est doté d'excellents instruments juridiques pouvant assurer la protection de l'environnement, une exploitation rationnelle de sa biodiversité pour un développement durable[15] et une stratégie et un plan d'action nationaux pour la biodiversité (2016-2020[16]) et, d'autre part, il n'y a aucune volonté politique de veiller à leur application ou leur exécution. Cette situation a mené à un triste constat, le pays ressemble à une terre abandonnée, sans maître, où le pillage des minerais enrichit une minorité congolaise et les compagnies multinationales étrangères[17,18] où la pollution

[14] C:/Users/Utilisateur/Desktop/ Nagoya%20Protocole/Ressources%20min% C3%A9rales%20de%20la%20RDC_Chabu.pdf (consulté le 18 février 2021).

[15] La Constitution nationale, Article 123, Point 15 ; Le Code minier ; La Loi nº 11/009 du 9 juillet 2011 portant principes fondamentaux relatifs à la protection de l'environnement.

[16] Ministère de l'Environnement, Conservation de la Nature et Développement durable, *Stratégie et plan d'action nationaux pour la biodiversité* (2016-2020), Kinshasa, octobre 2016, p. 90.

[17] S. MARYSSE et C. TSHIMANGA, « Les trous noirs de la rente minière en RDC », dans Marysse S. et J. Omasombo (eds), *Conjonctures congolaises 2013 : Percée sécuritaire, flottements politiques et essor économique*, Tervuren-Paris, Musée royal de l'Afrique centrale et L'Harmattan (coll. « Cahiersafricains 84 »), 2014, pp. 131-168.

du sol, des nappes phréatiques et des eaux de surface a atteint des niveaux alarmants[19,20], etc. La déliquescence des services de l'État a exposé pendant des décennies les richesses naturelles du pays à une exploitation informelle, chaotique, ayant des répercussions très graves et engendrant une économie de prédation finançant de nombreuses milices qui sèment la mort dans le pays (particulièrement dans sa région Est[21]).

Devant ce constat, les défis à relever sont énormes. Comment convertir ces immenses ressources naturelles en développement économique durable ? Comment, dans une telle situation, conjuguer la lutte contre la pauvreté et l'atteinte du développement durable, d'une part et, d'autre part, l'exploitation rationnelle, la gestion et la protection de ces ressources naturelles ?

En 2011, le PNUE s'interrogeait déjà en ces termes : *« La question la plus importante est de savoir comment promouvoir et maximiser les bénéfices issus de l'exploitation des ressources naturelles de la RDC tout en prenant en compte la faiblesse des capacités institutionnelles de l'État pour le contrôle de sa gestion durable et transparente, y compris les moyens de lutte contre la fraude et la corruption[22] ».*

En RD Congo, « Environnement et Biodiversité » sont deux termes qui ont connu depuis bientôt trois décennies un grand développement. On assiste d'ailleurs à la création des facultés qui leur sont dédiées dans de nombreuses universités et instituts supérieurs, et ce, surtout avec le changement de paradigmes en Occident : « *Paradigme biocentrique* versus *paradigme anthropocentrique*[23, 24] » et l'engagement planétaire pour lutter contre le changement climatique[25,26,27,28]. Malgré cela, les corrélations sont plutôt

---

[18] S. TSHIBWABWA, N. KABONGO, *Projet de barrage Grand Inga. Réfutation des arguments des activistes-opposants-enjeux cachés. Synthèse*, Virton, Belgique, Congo-C.R.I.T.E.R.E.-B., 2020, p. 92.

[19] S. TSHIBWABWA, « Impact de l'exploitation minière artisanale du diamant sur l'environnement dans les provinces du Kasaï : Pistes de solution », *Conférence Communauté congolaise d'Ottawa-Gatineau*, dimanche 6 juillet 2014, p. 17.

[20] S. TSHIBWABWA, « Eau-Secours-RD Congo : Journée mondiale de l'eau-2015 », in https://desc-wondo.org/fr/eau-secours-rd-congo-journee-mondiale-de-leau-2015-sinaseli-tshibwabwa/

[21] Pour plus de détails, lire le récent rapport de Me Grâce Tshiunza intitulé « Le parc des Virunga, la machine à détournement de fonds du système de Merode » du 1er mars 2021, in https://congo7newsrd.wordpress.com/…/tribune-pourquoi-jai-…/

[22] PNUE, *Évaluation environnementale post-conflit – Synthèse à l'intention des décideurs*, Kinshasa, Programme des Nations unies pour l'environnement, octobre 2011, 72 p.

[23] V. Yelle, « Acceptabilité sociale », 2014, in http://www.ledevoir.com/politique/quebec/465467/l-acceptabilite-sociale-un-concept-cynique ; in http://laforetacoeur.ca/blog/acceptabilite-sociale-definition-concept-aspects-relies-processus-jugement-individuel-partie-a/.

[24] G. H. STANKEY and B. SHINDLER, « Formation of social acceptability judgments and their implications for management of rare and little-known species », *Conservation Biology*, vol. 20, n° 1, 2006, 28-37.

[25] A. MAGNAN, *Changement climatique : tous vulnérables ?*, Paris, Coll. « Sciences durables », 2012, p. 66.

fatales : le nombre de diplômés en sciences de l'environnement est fortement corrélé avec le degré élevé de la détérioration des conditions environnementales[29,30], avec le nombre des ONG environnementales, avec la surexploitation de la biodiversité et l'atteinte à l'intégrité des aires protégées, etc.[31,32]

Dans le présent article, nous allons tenter de répondre aux principales questions suivantes :

- Comment la RD Congo a-t-elle géré ces équilibres naturels les 60 dernières années ?
- Quelles sont les actions que l'on pourrait initier dans les différents secteurs de l'environnement et biodiversité pour leur exploitation rationnelle et durable dans le projet de développement de notre pays ?
- Quelles sont les actions prioritaires pour corriger ou améliorer les conditions de notre environnement ?
- Quelles sont les perspectives d'avenir pour une exploitation rationnelle et durable de cette biodiversité ?

I. Environnement et biodiversité : concepts encore flous en RD Congo

Ces deux concepts demeurent encore flous, complexes, pas du tout ou mal vulgarisés dans notre société. Afin d'en avoir un entendement commun, nous rappelons ci-dessous leurs définitions scientifiques avec quelques exemples tirés de notre environnement :

1.1. Environnement

L'environnement est défini comme un ensemble d'éléments abiotiques et biotiques qui entourent les êtres vivants d'une même espèce (ou d'espèces

---

[26] COP21-21ᵉ Conférence des parties à laConvention-cadre des Nations unies sur les changements climatiques(CCNUCC), Paris, 30 nov. au 12 déc. 2015.

[27] P. KAPAGAMA IKANDO, « Les Universités congolaises face au défi de l'internationalisation pour un meilleur ancrage dans la société », *Conférence, Fac. Sciences sociales, Université évangélique en Afrique*, jeudi 9 mars 2017.

[28] M. N. A. MAINDO et P. KAPAGAMA IKANDO (dir.), *L'Université en chantier en RD Congo. Regards croisés sur la réforme de l'enseignement supérieur et universitaire*, Paris, Éd. Karthala, 2012, p. 232.

[29] S. TSHIBWABWA, « Impact de l'exploitation minière artisanale du diamant sur l'environnement dans les provinces du Kasaï. Pistes de solutions », *Conférence prononcée à l'intention de la communauté congolaise d'Ottawa-Gatineau*, dimanche 6 juillet 2014, p. 30.

[30] S. TSHIBWABWA, « Eau-Secours-Congo RD : Journée mondiale de l'eau-2015 », inwww.desc-wondo.org et http://www.assomar.org/2015/04/eau-secours/

[31] Société civile du Kivu et Beni-Lubero online (BLO), janvier 2021, Rapport d'enquête spéciale : Secret caché derrière les attaques répétées contre les gardes-parc des Virunga ; 5 p.Distribué par J. E. Muzani Nilabwe, Nilabwe@outlook.com

[32] S. TSHIBWABWA, N. KABONGO, 2020, préc.

différentes) présents dans un territoire homogène donné (*biotope*), ayant des conditions relativement constantes.

Ces populations d'espèces différentes forment des communautés biologiques ou *biocénoses*. L'ensemble dynamique formé par le biotope et la biocénose constitue un *écosystème, une unité fonctionnelle ou élément de base de l'environnement*. Les écorégions citées ci-dessus sont des exemples d'écosystèmes. Une mare, une rivière, un bois mort dans un champ, le corps humain avec ses milliers de bactéries, vers intestinaux et insectes (poux, morpions) qui le parasitent sont autant d'écosystèmes différents.

1.2. Biodiversité

La biodiversité est définie comme la variabilité des organismes vivants (plantes, animaux et microbes) qui existent sur la planète Terre ainsi que les complexes écologiques dont ils font partie, elle sous-entend la *diversité génétique*, la *diversité des espèces* et la *diversité des écosystèmes*[33,34,35,36](fig. 3, planche I).

À ces deux concepts, il faut ajouter celui indissociable *de développement durable* (ou *Écodéveloppement = Développement soutenable*[37]). Il est défini comme un développement qui répond aux besoins du présent sans compromettre la capacité des générations futures de répondre aux leurs. Le concept de besoins étant compris dans le sens des besoins des populations les plus démunies, les plus fragiles de nos communautés et en tenant compte de la capacité de l'environnement à y répondre présentement et dans le futur.

II. Bref aperçu historique des 60 ans de souveraineté dans le domaine de l'environnement et de la biodiversité

2.1. La gestion ancestrale du patrimoine naturel

Les royaumes et empires qui régnaient sur le territoire qui est devenu la RD Congo avaient développé des savoirs et savoir-faire qui leur avaient permis pendant des millénaires d'exploiter, avec parcimonie et sagesse, leur environnement et sa grande variété de ressources biologiques. Ces savoirs,

---

33 Conventions des Nations unies sur la biodiversité, Rio de Janeiro, juin 1992.

34 S.N. STUART, R. J. ADDAMS& M. D. JENKINS, *Biodiversity in Sub-Saharan Africa and its Islands. Conservation, Management and Sustainable Use*, IUCN, n° 6, Gland, Switzerland, 1990, p. 242.

35 C. LÉVÊQUE, « Le concept de biodiversité : de nouveaux regards sur la nature », *Natures-Sciences-Sociétés*, 2(3), 1994, pp. 243-254.

36 S. TSHIBWABWA, *Systématique des espèces africaines du genre Labeo (Teleostei, Cyprinidae) dans les régions ichtyogéographiques de Basse-Guinée et du Congo*, thèse de doctorat en sciences, Faculté des sciences, Université Notre-Dame de la Paix de Namur, Belgique, Éd. Presses universitaires de Namur, vol. 1 et 2, 1997, p. 530.

37 Y. GUILLAUD, *Biodiversité et Développement durable*, Unesco, Paris, Éd. Karthala, 2007, p. 248.

savoir-faire et ces techniques spécialement adaptées à un environnement qualifié d'hostile constituent notre patrimoine culturel. Dans ces sociétés anciennes, un arbre n'était coupé que pour répondre à un besoin (ex. construire sa maison, fabriquer une pirogue, guérir une maladie, etc.), un gibier n'était tué ou un poisson pêché que pour répondre aux besoins alimentaires de la famille. Donc, le prélèvement répondait strictement à ces besoins, il n'y avait pas de gaspillage, il n'y avait pas de pollution. Même les feux de brousse et la métallurgie du fer et du cuivre répondaient à cette loi naturelle : *« respect de l'environnement et sa biodiversité, don du Créateur »*. Les équilibres étaient respectés jusqu'à l'arrivée des Occidentaux.

2.2. La gestion dite moderne des ressources naturelles

Elle est particulièrement marquée par la création des parcs nationaux et des aires protégées. La RD Congo compte neuf parcs nationaux (fig. 4, planche I[38]) dont cinq sont classés *« Biens du Patrimoine mondial »* à cause de leur faune, leur flore et leurs paysages spécifiques, uniques au monde, 63 domaines de chasse et réserves naturelles (de faune et forestières[39,40]).

Il s'agit, avec une ou deux figures de l'espèce charismatique endémique et selon la date de création, de :

- le Parc national des Virunga (21 avril 1925) (fig. 5, planche II) ;
- le Parc national de la Garamba (17 mars 1938) (fig. 6, planche II) ;
- le Parc national de l'Upemba (15 mai 1939) (fig. 7, planche II) ;
- le Parc national de la Maïko (20 novembre 1970) (fig. 8, planche II) ;
- le Parc national de la Salonga (30 novembre 1970) (fig. 9, planche II) ;
- le Parc national des Kundelungu (1er mars 1975) (fig. 10, planche II et fig. 11, planche III) ;
- le Parc national de Kahuzi-Biega (22 juillet 1975) (fig. 12, planche III) ;
- le Parc marin des Mangroves(2 mai 1992) (fig. 13, planche III) ;
- le Parc national de la Lomami (19 juillet 2016) (fig 14, planche III).

La gestion de ces parcs, domaines de chasse et réserves naturelles de faune et de flore, a été confiée à l'Institut des parcs nationaux du Congo belge (IPNB) créé en 1934. Cet Institut deviendra successivement l'INCN, IZCN puis ICCN en 1997. Ces parcs et aires protégées sont plus ou moins

---

38 Ministère de l'Environnement, Conservation de la nature et Développement durable, 2016, Stratégie et Plan d'action nationaux de la biodiversité (2016-2020), 91 p.

39 S. TSHIBWABWA, « Quel avenir pour les parcs naturels en RD Congo ? Cas du Parc national de la Salonga », 2018,inwww.desc-wondo.org et http://www.assomar.org/2015/04/eau-secours/

40 https://www.iccnrdc.org/parcs.html (consulté le 23 février 2021).

bien gérés avec le concours des partenaires extérieurs[41,42,43,44].On pourrait cependant distinguer, de 1960 à ce jour, trois principales périodes.

2.2.1. La période de juin 1960 à juin 1980

Cette période est caractérisée par la gestion des structures et la consommation de l'héritage colonial. Elle correspond aussi à la création de quatre nouveaux parcs nationaux (Maïko, Salonga, Kundelungu et Kahuzi-Biega). La faible démographie, le respect des lois, le contrôle de toutes les activités anthropiques avaient permis de garder un environnement sain aussi bien dans les villages, les centres extra coutumiers que dans les villes. Le pays était cité en exemple, il était au même niveau de développement industriel et économique que le Canada. La monnaie nationale était une devise forte (1 zaïre=2 $US). Le tourisme dans les parcs, les jardins zoologiques et botaniques étaient développés, la chasse dans les réserves et domaines de chasse et la pêche étaient réglementées, les caniveaux étaient curés, les cantonniers entretenaient les routes ; le trafic des animaux et des plantes ornementales et médicinales était contrôlé ; les effluents des entreprises minières étaient traités avant d'être déversés dans les rivières ou dans la nature, les services d'hygiène et de voirie fonctionnaient à merveille dans les villes et centres urbains, l'eau potable était fournie à tous (distribution par la Regideso ou des compagnies minières dans les camps de leurs travailleurs, des bornes fontaines et des puits dans les villages même les plus reculés, etc.). Sur le plan scientifique, de nombreux travaux monographiques ont été publiés dans plusieurs groupes animaux et végétaux. Les laboratoires de recherche scientifique tournaient à presque plein rendement.

2.2.2. La période de juin 1980 à juin 1997

Elle est caractérisée par le déclin économique et ses innombrables conséquences dont le déclin de la gestion environnementale et de la biodiversité. Cette période est particulièrement marquée par un exode rural sans précédent, les campagnes se vident au bénéfice des villes et centres

---

[41] ICCN, 2012, Stratégie nationale de conservation de la biodiversité dans les aires protégées de la R.D. Congo. Avec l'appui de la Coopération allemande de développement, Kinshasa, 31 p.

[42] UICN, 2010, Parcs et réserves de la RD Congo. Évaluation de l'efficacité de la gestion des aires protégées, Gland, Suisse, 137 p.

[43] Rapport sur l'état des lieux de la biodiversité dans la RD Congo, 2014, Consortium Congo 2010 (Université de Kisangani, Musée royal de l'Afrique centrale, Institut royal des sciences naturelles de Belgique, Jardin botanique Meise) et le « Centre de surveillance de la biodiversité » de Kisangani. *1st International Conference on Biodiversity in the Congo Basin*, 6-10 juin 2014, Kisangani, 381 p.

[44] Ministère de l'Environnement, Conservation de la Nature et Développement durable, 2016, Stratégie et Plan d'action nationaux de la biodiversité (2016-2020), Kinshasa, 91 p.

urbains, l'agriculture est quasi abandonnée ; le pays est envahi par des ONG étrangères, les crises politiques se succèdent. C'est dans ce tableau sombre que sera créé le Parc marin des Mangroves à Moanda. Les autres parcs nationaux sont littéralement envahis par les armées étrangères, les réfugiés et les populations autochtones en quête d'une source sûre de protéines. La démographie grimpe, et avec elle, toutes les conséquences, notamment l'insécurité, la pollution, la détérioration des conditions de vie.

Au début des années 1990, face à la corruption endémique, le FMI (en février 1992) et la Banque mondiale (en juillet 1993) en vinrent à suspendre leur aide. L'inflation atteint 9 800 % en 1994, les prix en magasins changeant plusieurs fois par jour ! Dans ces terribles conditions socio-économiques, l'environnement et la biodiversité étaient le cadet des soucis des gouvernants.

2.2.3. La période de juin 1997 à juin 2018

Elle est caractérisée par des guerres et ses conséquences : une exploitation sauvage des ressources naturelles (Tshibwabwa S., 2018[45]), une destruction des parcs nationaux, une pollution des sols, des eaux (Tshibwabwa S., 2015[46]) (fig. 15, planche III), de l'air, un trafic des organismes charismatiques et endémiques de la biodiversité, un non-renouvellement du personnel scientifique et technique, etc.

Plusieurs auteurs ont produit des analyses plus détaillées sur les événements marquants chacune de ces trois périodes. Nous n'allons pas y revenir dans le cadre de cet article. Nous allons plutôt suggérer aux décideurs des actions prioritaires à initier dans certains secteurs de l'environnement, soit pour améliorer les conditions générales de vie de nos communautés, soit pour préserver notre environnement et sa riche biodiversité, soit encore pour leur exploitation rationnelle afin d'atteindre un développement durable.

III. Perspectives environnementales pour un développement durable

Dans ce paragraphe, nous allons énumérer et/ou développer brièvement ce que nous considérons comme des actions (à court, moyen et/ou long terme) à suggérer aux décideurs de notre pays pour tirer le meilleur profit de ces nombreuses ressources naturelles et améliorer les conditions de vie de la population.

---

45 S. TSHIBWABWA, 2018, *op. cit.*

46 S. TSHIBWABWA, « Eau-Secours-Congo RD : Journée mondiale de l'eau-2015 », 2015, inwww.desc-wondo.org et http://www.assomar.org/2015/04/eau-secours/

L'économie de l'environnement

Depuis la Conférence de Rio de Janeiro de 1992, plusieurs auteurs ont proposé des modèles pour traduire la biodiversité en termes économiques[47,48]. Ces modèles ont abouti à la règle *« pollueur-payeur »*, règle jamais ou maladroitement respectée dans notre pays (ex. cas de pollution des rivières de Kipushi, Lubumbashi et Kolwezi par les compagnies minières) (Tshibwabwa, 2015, *op. cit.*).

Nous avons emprunté à Lévêque C. (1994) le schéma ci-dessous afin de résumer le concept de biodiversité dans le cadre d'un développement durable. Ce concept comprend trois dimensions complémentaires : *écologique*, *économique* et *éthique* (les 3E). Des arguments sont avancés pour chacune de ces dimensions afin de convaincre les politiques et le public de la nécessité de préserver la biodiversité menacée par les actions anthropiques sur l'environnement.

Évaluation économique de la biodiversité par les économistes congolais

Il est indispensable pour la RD Congo de dresser une liste des principales fonctions jouées par nos écosystèmes naturels dans la survie de nos populations. Il est connu que par la fonction chlorophyllienne et la photosynthèse (*production de sucres et de matière vivante, d'oxygène, création de chaînes alimentaires*), les forêts jouent un rôle fondamental dans la mobilisation de l'énergie solaire, dans la régularisation du cycle de l'eau (*infiltration, évaporation, crues*), dans la régularisation du climat (*température, humidité, circulation de l'air*). Les forêts ont aussi une fonction de dépollution de l'air, de l'eau et du sol. Enfin, elles sont une meilleure protection des sols contre l'érosion. D'où l'importance d'évaluer *la valeur de la biodiversité et les coûts de sa conservation.* À l'instar de Lévêque & Glachant (1992), nos économistes, ensemble avec nos experts dans le domaine de l'environnement et biodiversité, devraient produire *un modèle congolais d'évaluation économique de la biodiversité* basée sur quatre catégories de valeurs : *la valeur d'usage* (comprenant les valeurs de consommation, de production et la valeur récréative), *la valeur d'option, la valeur d'existence* et *la valeur écologique.*

Évaluation des coûts de la conservation de l'environnement et sa biodiversité

Toujours en s'inspirant des modèles existants, nos économistes et nos experts dans ce domaine devraient se mettre ensemble pour produire *nos propres modèles d'estimation des coûts de la préservation des espèces*

---

47 A. M. GLACHANT, F. LÉVÊQUE, « La préservation des espèces : que peuvent dire les économistes ? », *Économie et Statistique*, n° 258-259, 1992, 113-119.

48 F. LEVEQUE, A. M. GLACHANT, « Diversité génétique », *La Recherche*, n° 239, janvier 1992, 114-123.

vivantes conformes à nos réalités en partant de l'outil privilégié de la conservation des ressources génétiques naturelles constitué par les différentes catégories d'aires protégées (parcs et domaines de chasse) et les écorégions identifiées précédemment. En effet, on note dans la littérature spécialisée que ces coûts varient d'un pays à un autre et ont été calculés par les Occidentaux : il est de 2 600 $/ha/an en France et de 10 $/ha/an en Tanzanie !

- Constitution d'une banque de matériel génétique pour toute notre biodiversité (musées de sciences et laboratoires spécialisés) ;
- Application des lois et contrôle plus strict de l'exploitation forestière :
  - Transformation locale de tous les produits ligneux avant l'exportation ;
  - Exploiter la filière du nanobois, un marché futur plus rentable ;
- Contrôle des revenus de l'exportation des poissons d'aquarium ;
- Contrôle des revenus de l'exportation des animaux de compagnie ;
- Contrôle des revenus de l'exportation des mues et venins de serpent ;
- Contrôle des revenus de l'exportation des boutures, bulbes et semences des plantes ornementales ;
- Contrôle des revenus de l'exportation et de l'exploitation des plantes médicinales ;
- Imposition d'une politique environnementale à chaque entreprise et définition des incitatifs ;
- Renforcement à partir du niveau élémentaire des programmes d'éducation en environnement et biodiversité fondés sur nos propres réalités ;

Création et/ou renforcement des centres de recherche en sciences naturelles

Il existe un gap énorme entre les actions du gouvernement et les connaissances réelles de notre biodiversité. Les derniers inventaires taxonomiques fiables datent de 70 ans (MECDD, 2016). Afin de combler ce gap, maîtriser et nous approprier la biodiversité du territoire congolais, il est fortement recommandé d'initier des programmes volontaristes de formation massive en sciences naturelles afin de mener des recherches monographiques sur tous les groupes animaux et végétaux vivant sur le territoire congolais. Ces programmes comprendront des domaines clés tels que la taxonomie animale et végétale, l'écologie, la conservation, la phytosociologie, la zoosociologie, la biotechnologie et la génomique, l'économie de la biodiversité, la formation technique d'une police des parcs et aires protégées, le tourisme et la chasse sportive, les activités anthropiques et ses impacts sur les écosystèmes, etc. La création d'un Fonds national de la recherche scientifique en biodiversité (FNRB) devrait être examinée.

Faire du tourisme un levier de financement de certains programmes de conservation en levant certains irritants administratifs (ex. visa d'entrée sur le territoire) et de nature sécuritaire

Création et/ou développement de l'industrie de l'environnement

C'est une industrie qui fournit des produits et services dans les domaines de l'environnement naturel (l'air, l'eau et le sol, les matières résiduelles), l'environnement urbain, l'environnement forestier, l'environnement industriel et minieret la gestion de l'environnement général et sa biodiversité.

Fig. 16 : Résumé du concept de biodiversité dans le cadre d'un développementdurable.

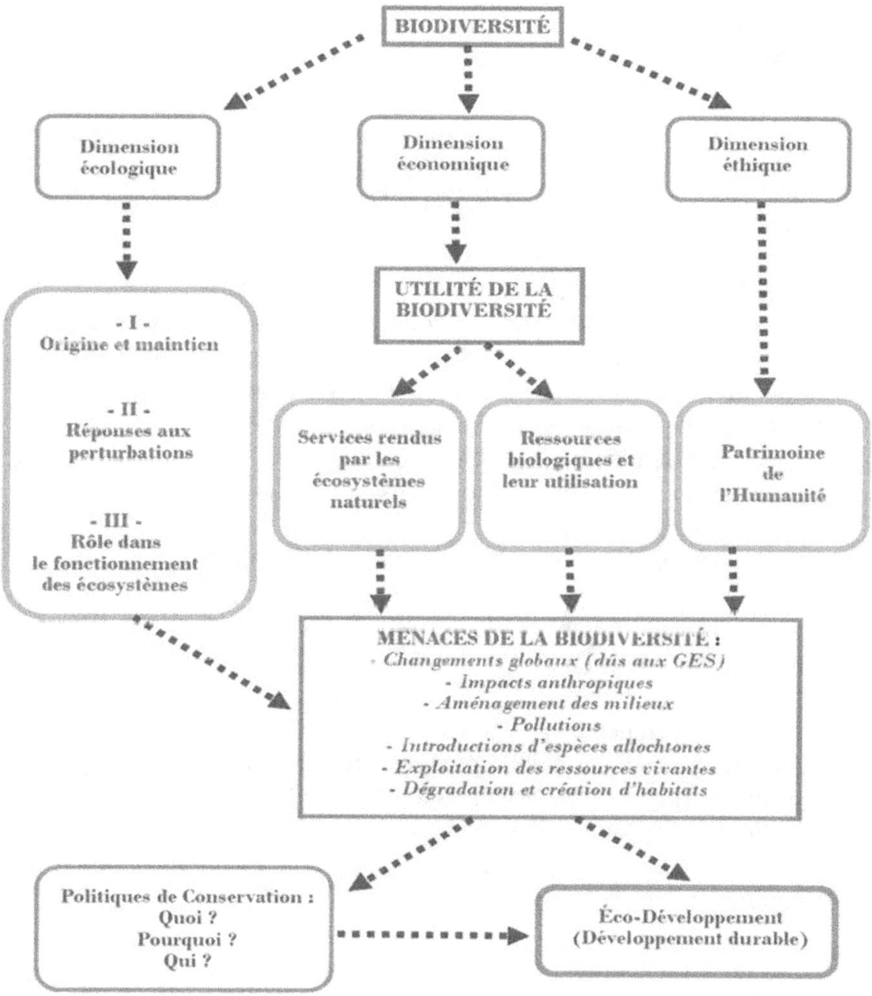

Source : Schéma adapté de C. Lévêque, 1994[49].

Elle est à créer et/ou à développer vu qu'ellepeut générer de gros chiffres d'affaires et des centaines de milliers d'emplois sur toute l'étendue de notre territoire et contribuer au développement durable.

À titre illustratif, nous pouvons citer des :

- agronomes ;
- biologistes ;
- chauffeurs des camions ;
- chimistes ;
- conducteurs de chariots ;
- conducteurs des machineries lourdes ;
- coordonnateurs de projets environnementaux ;
- géographes ;
- gestionnaires des jardins zoologiques et botaniques ;
- gestionnaires des parcs ;
- ingénieurs civils ;
- ingénieurs des bioressources ;
- ingénieurs en assainissement des eaux ;
- ingénieurs en assainissement des sols ;
- ingénieurs en environnement ;
- ingénieurs forestiers ;
- manœuvres dans les centres de collecte et tri des matières recyclables ;
- microbiologistes ;
- opérateurs de stations de filtration et de pompage de l'eau potable ;
- opérateurs de stations de traitement des eaux usées ;
- opérateurs de traitement de l'eau potable ;
- opérateurs d'usines de traitement des eaux usées ;
- techniciens de la faune ;
- techniciens de laboratoire de contrôle de la qualité ;
- techniciens en assainissement des eaux ;
- techniciens en chasse ;
- techniciens en écologie ;
- techniciens en foresterie ;
- techniciens en génie civil ;
- techniciens en laboratoire d'analyses environnementales ;
- techniciens en laboratoire de biologie ;
- techniciens en laboratoire de chimie ;
- techniciens en milieu naturel ;
- techniciens en pêche ;
- techniciens en pisciculture ;
- techniciens énergéticiens, etc.

---

[49] C. LÉVÊQUE, « Le concept de biodiversité. De nouveaux regards sur la nature », *Natures-Sciences-Sociétés*, 2 (3), 1994, pp. 243-254.

Quelques actions prioritaires pour l'amélioration des conditions de notre environnement

Tableau 3. Actions prioritaires pour l'environnement urbain.

ACTIONS	OBJECTIF	COURT TERME	MOYEN TERME	LONG TERME
I. ENVIRONNEMENT URBAIN				
* Recensement urbain	* Mettre au point une base pour tous les projets	x		
* Infrastructure et Distribution d'eau potable	* Hygiène et santé publique	x	x	x
* Voirie urbaine (immondices, caniveaux, mares urbaines,...)	* Hygiène et santé publique, collecte des immondices, collecte des matières recyclables	x	x	x
* Toilettes publiques	* Hygiène publique	x	x	x
* Eaux usées des centres urbains	* Collecte et traitement des eaux usées	x	x	x
* Entreprises extractives et la pollution des sols, des cours d'eaux et nappes phréatiques	* Mettre fin aux différents types de pollution par les entreprises extractives	x	x	x
* Production et distribution de l'électricité (Relancer le financement du Grand Barrage d'Inga, voir Carte en annexe)	* Diminuer la consommation du charbon et du bois de chauffe	x	x	x
	* Protéger ce qui reste de la forêt péri-urbaine			
	* Diminuer la pollution (émission des GES + bruit) due à l'utilisation des groupes électrogènes			
	* Améliorer la qualité de l'air			
	* Lutter contre l'insécurité			
	* Protéger la qualité des denrées périssables en installant des chambres froides sur tous les grands marchés			
* Espaces verts urbains	* Remettre aux villes leurs espaces verts	x	x	x
	* Créer de nouveaux espaces verts			
	* Reverdir les villes avec des essences locales			
* Pollution sonore	* Baisser fortement (voir Éliminer) ce type de pollution dans toutes villes usines, vieilles autos, églises, etc.	x	x	x
* Pollution de l'air et de l'atmosphère en milieux urbains	* Baisser fortement (voir Éliminer) les émissions des GES par des groupes électrogènes, engins motorisés, feux de brousse, utilisation de bois-énergie et charbon de bois, etc.	x	x	x
	* Élargir les principaux axes routiers afin de rendre fluide la circulation et diminuer les embouteillages, l'une des causes de la pollution de l'air avec des GES			
	* Relocaliser les cultures maraîchères situées le long de grands axes routiers, sources de diverses contaminations	x	x	x
* Transport collectif urbain et interurbain (Trains, Métros)	* Améliorer fortement la qualité de l'air, faciliter la mobilité des populations, Baisser fortement l'émission des GES	x	x	x
	* Construire des lignes de TGV (voir Carte en annexe) reliant tous les chefs-lieux des provinces		x	x
* Lutte contre les érosions en milieux urbains	* Récuperer les espaces perdus par érosion, planter des arbres et gazon (paspalum) par paliers	x	x	x

Tableau 4. Actions prioritaires pour l'exploitation forestière.

ACTIONS	OBJECTIF	COURT TERME	MOYEN TERME	LONG TERME
II. ENVIRONNEMENT				
2.1. Exploitation forestière				
* Diminuer la forte dépendance de la population au bois-énergie et charbon de bois	*Augmenter le taux d'électrification en fournissant de l'hydroélectricité (et d'autres énergies de substitution tel que les éolienne, le solaire)	x		
* Renforcer le contrôle et l'application de la loi et la réglementation en matière de l'exploitation forestiere et la gestion durable des forêts.	* Protéger la forêt	x	x	x
* Production des cartes de zonage et des plans d'utilisation des terres agricoles et forestières surtout le territoire national	* Instrument de contrôle et de facilitation du travail des agents de terrain		x	x
* Contrôle et réglementation de l'agriculture itinérante sur brulis	* Faire appliquer la loi afin de protéger la forêt	x	x	x
* Lutte contre l'implantation anarchique des carrières minières artisanales ou industrielles en zones forestieires		x	x	x
2.2 Dégradation des habitats naturels				
*Adaptation et Application de la législation en matière d'utilisation des feux de brousse pour la chasse du gros gibier	* Sauvegarder les habitats naturels pour cette génération et les générations à venir		x	x
	* Stopper la chasse abusive, illégale et non réglementée		x	x
*Former, équiper et motiver les garde-chasses	* Faire appliquer la loi sur la chasse	x	x	x
*Inventaire à la dimension du pays des habitats naturels dégradés	Connaissance exacte de ces habitats et leurs délimitations afin de proposer des actions appropriées pour y remedier	x	x	x
* Mettre un terme aux conflits armés se déroulant dans ces habitats et à la pauvreté généralisée de la population	* Mettre un terme à l'exploitation anarchique du bois d'oeuvre et de chauffe, du diamant,		x	x
	de l'or et du coltan favorisée par ces conflits et leurs cortèges de conséquences		x	x
*Former, informer la population sur les meilleures techniques de collecte des plantes alimentaires et médicinales	* Protéger et Assurer une exploitation durable de ces ressources		x	x
*Former et informer la population sur les meilleures méthodes culturales en adéquation avec les types de sols et leurs inclinaisons	* Protéger et Assurer une exploitation durable des sols		x	x
* Diminuer la forte dépendance de la population au bois-énergie	* (Cfr le point 2.1 ci-dessus)	x		
*Réglementer le déversement des déchets de tous genres, des polluants chimiques ou tout autre polluant toxique dans les systèmes aquatiques ou dans la forêt	* Sévir contre les entreprises artisanales et industrielles d'exploitation minière (Pollution par le mercure, les minerais radioactifs, les acides, etc.)	x	x	x

Tableau 5. Actions prioritaires pour le braconnage et la pêche

ACTIONS	OBJECTIF	COURT TERME	MOYEN TERME	LONG TERME
II. ENVIRONNEMENT (Suite)				
2.3. Braconnage				
* Former, équiper et motiver les gardes-chasses et les gardes des parcs nationaux	* Protéger la faune dans les aires protégées.		x	x
* Diffuser largement et vulgariser la législation sur la chasse en général et sur la chasse dans les aires protégées.			x	x
* Renforcer la filière de production de la viande de boucherie			x	x
* Application de la Loi sur la possession des armes à feu, obligation de déclarer de la			x	x
possession de ce type d'armes			x	x
* Campagne de récupération de ces armes et leurs munitions		x	x	x
* Mettre un terme aux conflits armés à la base de la prolifération des armes à feu				
2.4. Pêche				
* Application de la Loi sur la pêche	* Bien gérer les ressouces halieutiques et en assurer une	x	x	x
* Installer des unités de pêche sur les biefs ou les lacs poissonneux afin de donner l'exemple	exploitation durable		x	x
* Renforcer et équiper les écoles de pêche		x	x	x
* Former et informer les pêcheurs et installer la chaîne de froid pour la conservation des produits de la pêche		x	x	x
* Introduire la notion de quotas de pêche et organiser des campagnes sur le respect des filets à mailles réglementaires			x	x
* Inventaire des stocks des espèces cibles afin d'établir les quotas de prélement			x	x
* Former des spécialistes dans la gestion de la pêche				x
* Créer ou restaurer les écoles de pêche sur les biefs du Fleuve Congo et les lacs poissonneux	*Former des Techniciens pour une exploitation rationnelle	x	x	x
* Promouvoir la pêche industrielle sur le littoral maritime, et sur les grands lacs : Mai-Ndombe, Tumba, Édouard, Albert, Kivu, Tanganyika et Moëro.	et durable des ressources halieutiques	x	x	x
* Introduire et promouvoir la pêche récréative (sportive)		x	x	x
* Contrôle et application de la législation sur l'exportation des poissons d'aquarium (Aquariophilie)		x	x	x

Tableau 6. Actions prioritaires pour les aires protégées et espaces de conservations *ex-situ*.

ACTIONS	OBJECTIF	COURT TERME	MOYEN TERME	LONG TERME
II. ENVIRONNEMENT (Suite)				
2.5. Aires protégées et Espaces de Conservation ex-situ				
* Inventaire des Aires protégées sur le territoire national et leur réévaluation	* Définir des actions ciblées pour une meilleure protection, conservation et exploitation durab	x	x	x
* Inventaire des espaces de conservations ex-situ (Jardins botaniques, Jardins Zooloques)				
* Création d'une banque génétique de germoplasmes de toute notre biodivesité	* Connaissance exacte et conservation du mstock génétique de toute notre biodiversité selon les standards internationaaux			x
* Campagnes d'information pour impliquer les communautés locales	* Impliquer les communautés locales dans la gestion et la protection des aires protégées	x	x	
* Campagne de marketing pour rénabiliser ces aires protégées et espaces de conservation (Tourisme, écoles primaies, secondaires, professionnelles, instituts supérieurs et universités)		x	x	x
* Former un personnel qualifié pour la gestion des Aires protégées et des Jardins Botaniques et Zoologique	* Contrôle et protection des Aires protégées et Espaces de Conservation ex-situ		x	x
* Faire appliquer la Loi su les Aires protégées et et Espaces de Conservation ex-situ		x	x	x
* Motiver les gardes et tout le personnel				
* Création des filières de formations en Génie Biologique et en Bio-Prospection.	* Former des experts pour une meilleure connaissance et gestion de notre patrimoine naturel		x	x

Tableau 7. Actions prioritaires pour la maîtrise de la biodiversité et le changement climatique.

ACTIONS	OBJECTIF	COURT TERME	MOYEN TERME	LONG TERME
II. ENVIRONNEMENT (Suite)				
2.6. Vers la maîtrise et l'appropriation de la biodiversité du territoire congolais				
* Formation massive des Systématiciens Zoologistes et Botanistes	* Former une masse critique d'experts nationaux		x	x
* Campagne massive d'inventaires et recherches scientifiques sur les ressources naturelles	* Renouveller nos connaissances et reformuler les actions sur des fondements scientifiques		x	x
* Création des Musées de Sciences naturelles	* Constituer des herbiers, des collections de référence de toute la biodiversité			x
* Constitution des collections zoologiques et botaniques de référence			x	x
* Identification et Contrôle des espèces exotiques invasives introduites volontairement ou accidentellement	* Adapter des actions de contrôle des espèces exotiques			x
* Renforcer et équiper le Centre de Surveillance de la Biodiversité (CSB) de Kisangani et Installer ses succursales dans chaque province	* Accumuler les connaissances scientifiques			x
* Equiper le Service de diffusion des informations sur la biodiversité	* Informer et vulgariser les connaissances auprès de la population		x	x
* Multiplier des partenariats pour augmenter l'accès aux connaissances sur la biodiversité	* Renforcer nos capacités dans tous les secteurs de la biodiversité	x	x	x
* Recencement de toutes les ONG oeuvrant dans le domaine de la protection de la nature et Réévaluation de leurs activités environnementales en RDC	* Assainir ce secteur et assurer une meilleure collaboration pour un partenariat gagnant-gangant (Transfert de l'expertise)	x	x	x
2.7. Changement climatique				
* Lutte contre la déforestation	* Contribuer à la lutte contre le changement climatique	x	x	x
* Politique de Coupe/Reboisement dans toutes les exploitations forestières			x	x
* Former et équiper des garde-forestiers			x	x
* Application stricte de la Loi sur l'exploitation forestière	* (Cfr ci-dessus)			
* Mettre un terme à l'exploitation sauvage, illégale des essences forestières				
* Diminuer la consommation des énergies fossiles		x	x	x
* Fournir de l'hydroélectricité (ou autres formes d'énergies non polluantes) à toute la population.	* (Cfr ci-dessus)	x	x	x
* Initier des recherches sur les causes du changement climatique et ses impacts dans le pays				

Tableau 8. Actions prioritaires pour la biosécurité.

ACTIONS	OBJECTIF	COURT TERME	MOYEN TERME	LONG TERME
II. ENVIRONNEMENT (Suite)				
2.8. Biosécurité				
* Indentification des espèces exotiques	* Protéger les espèces autochtones		x	x
* Contrôle et suivi de ces espèces dans le milieu contaminé			x	x
* Renforcer l'expertise et équiper le Centre Nucléaire de Kinshasa pour des mesures appropriées dans l'extraction sécuritaire, le traitement et le transport des minerais radioactifs	* Déterminer le degré exact de pollution par les minerais radioactifs dans toutes les provinces	x	x	x
* Imposer des règles strictes à toutes les entreprises extractives en ce qui concerne les substances radioactives et cancérigènes	* Faire appliquer la Loi en cette matière		x	x
* Appliquer la Loi sur l'introduction des OGM dans le pays	* Établir une liste des OGM introduits dans le pays	x	x	x
* Contrôle et élimination des vecteurs de certaines maladies :	* Programme de lutte contre ces vecteurs (Santé publique)	x	x	x
**Maringouins, vecteur de l'onchocercose (cécité des rivières) ;				
** Mouche Tsé-tsé, vecteur de la trypanosomiase (maladie du sommeil)				
** Moustique femelle, vecteur du paludisme (Malaria)				
** Pétits mollusques d'eau douce, vecteurs de la schistosomiase (bilharziose)				
* Collecte et gestion des eaux usées et produits souillés des hôpitaux et laboratoires	* Hygiène publique		x	x

Tableau 9. Actions prioritaires pour les ressources humaines et démographie.

ACTIONS	OBJECTIF	COURT TERME	MOYEN TERME	LONG TERME
II. ENVIRONNEMENT (Suite)				
2.9. Ressources humaines et Démographie				
* Campagne de recencement scientifique de la population	* Obtenir des données démographiques réflétant la réalité (Cfr ci-dessus)	x	x	x
* Résoudre les problèmes d'alimentation, des soins de santé, d'éducation, de chômage, de logement, de l'eau potable, d'accès à l'électricité, de mobilité à travers tout le territoire national, se sécurité des personnes et des biens, etc	* Élaborer des programmes de développement plus proches de la réalité	x	x	x
* Garantir la sécurité et les meilleures conditions de vie dans tout le pays	* Protéger et conserver les cerveaux et la main-d'œuvre qualifiée au pays	x	x	x
* Baisser la pression démographique sur l'environnement et la biodiversité	* Conservation et Protection de la nature	x	x	x
* Renforcer les capacités de l'Institut National des Statistiques, un précieux outil de gestion et de planification	* Maîtriser la démographie	x	x	x

Tableau 10. Actions prioritaires pour le tourisme.

ACTIONS	OBJECTIF	COURT TERME	MOYEN TERME	LONG TERME
II. ENVIRONNEMENT (Suite)				
2.11. Tourisme				
* Supprimer toutes les pesanteurs qui freinent le développement du Tourisme : l'insécurité,	* Sécuriser tout le territoire	x	x	x
l'inexistence ds routes et voies ferrées, des structures d'accueil, main-d'œuvre spécialisée	* Investir dans la construction des routes, autoroutes et voies ferrées pour	x	x	x
	TGV (Voir carte en annexe 3)	x	x	x
	* Construire une chaîne d'hôtels pour favoriser le tourisme	x	x	x
* Promouvoir le Tourisme sur tout le territoire et dans le monde	* Permettre aux Congolais de découvrir la beauté de leur pays	x	x	x
	* Faire découvrir la RDC au monde entier	x	x	x
* Créer l'Institut de Hautes Études Touristiques et Protection de l'Environnment	* Former les experts du Tourisme et de la Protection de l'Environnement	x	x	x
* Créer l'Institut Supérieur de Tourisme	* Former une main d'œuvre spécialisée dans le Tourisme & Voyage	x	x	x
* Inventaire de tous les sites touristiques du territoire	* Améliorer les connaissances dans ce domaine	x	x	x
* Établir des circuits touristiques dans chaque province et en faire la promotion	* Promotion du Tourisme	x	x	x
* Investir dans les infrastrures touristiques dans tout le pays	* Idem	x	x	x

Conclusion

Cette étude avait pour principaux objectifs de présenter brièvement les riches ressources naturelles et la manière dont elles ont été gérées pendant les 60 années de souveraineté en RD Congo et de voir comment ces ressources pourraient contribuer au développement du pays. Ce travail a permis de montrer que la RD Congo, plus connue comme un *scandale géologique*, se révèle être un scandale en tout :

- scandale en ressource climatique ;
- scandale en ressource des terres arables ;
- scandale en ressource floristique ;
- scandale en ressource faunique ;
- scandale en ressource humaine ;
- scandale en ressource d'eau douce, etc.

À cela il faut ajouter son étendue, sa position à l'Équateur et sa position géostratégique au cœur de l'Afrique.

D'une manière générale, notre étude a aussi montré que ces ressources ont été gérées d'une manière chaotique pendant les 60 dernières années. Les conséquences de ce mode de gestion sont de plus en plus visibles dans le pays pour de nombreux observateurs :

- la pollution des eaux douces de surface et de la nappe phréatique,
- la pollution et l'érosion des sols,
- la surexploitation de la biodiversité pour la survie,
- la surexploitation de la forêt,
- la surexploitation des espèces charismatiques de la faune,
- la destruction des parcs nationaux par les miniers (Kundelungu, Virunga, Salonga, Garamba, etc.).

Donc, l'environnement et sa biodiversité ont été (et sont encore) les secteurs qui ont payé un lourd tribut pendant les années de crises multiformes qui ont traversé notre pays. En effet, face à la déliquescence des services de l'État et à l'enracinement d'une économie de prédation dans le pays, la population a été (et est encore) condamnée à retourner à son crédo originel : *la chasse et la cueillette !* Il suffit de visiter les marchés pour s'en rendre compte.

Malgré ce tableau sombre d'une gestion chaotique de l'environnement et sa biodiversité en RD Congo pendant les 60 dernières années, les auteurs entrevoient des perspectives meilleures pour l'avenir et suggèrent aux décideurs ce qu'ils considèrent comme un nouveau levier de l'économie nationale afin d'atteindre les objectifs du développement durable. Ils proposent d'abord la création de deux modèles :

- un modèle congolais d'évaluation économique de la biodiversité ;
- un modèle congolais d'estimation des coûts de la préservation des espèces vivantes conformes à nos réalités.

Les auteurs suggèrent ensuite la création et/ou le développement de l'industrie de l'environnement, génératrice de milliers d'emplois et d'un chiffre d'affaires pouvant concurrencer certains secteurs traditionnels à partir d'un financement modeste.

Vu l'étendue et la position de la R.D. Congo et vu l'importance et la diversité de ses ressources naturelles, ces modèles congolais pourraient être suggérés aux autres pays africains dans la vision de la solidarité africaine et, ultérieurement, celle d'un État fédéral africain.

Bibliographie

Ouvrages

GUILLAUD Y., *Biodiversité et Développement durable*, Unesco, Paris, Éd. Karthala, 2007, 248 p.

MAGNAN A., *Changement climatique : tous vulnérables ?*, Paris, Coll. « Sciences durables », 2012, 66 p.

MAINDO M. N. A. et KAPAGAMA IKANDO P. (dir.), *L'Université en chantier en RDCongo. Regards croisés sur la réforme de l'enseignement supérieur et universitaire*, Paris, Éd. Karthala, 2012, 232 p.

MARYSSE S. et TSHIMANGA C., « Les trous noirs de la rente minière en RDC », dans MARYSSE S. et J. OMASOMBO (eds), *Conjonctures congolaises 2013 : Percée sécuritaire, flottements politiques et essor économique*, Tervuren-Paris, Musée royal de l'Afrique centrale et L'Harmattan, Coll. « Cahiers africains 84 », 2014, pp. 131-168.

STUART S. N., ADDAMS R. J.&JENKINS M. D., *Biodiversity in Sub-Saharan Africa and its Islands. Conservation, Management and Sustainable Use*, IUCN, n° 6, Gland, Switzerland, 1990, 242 p.

THIEME M. L., SHAPIRO A., COLOM A., SCHLIEWEN U., SINDORF N., TOHAM-KAMDEM A.(eds), *Inventaire rapide des zones humides représentatives en République démocratique du Congo*, Kinshasa, 2008, 60 p.

THIEME M. L., *Freshwater Ecoregions of Africa and Madagascar: A Conservation Assessment*, Island Press, Washington DC, 2005.

THIEME M. L., ABELL R., BURGESS N. D., LEHNER B., DINERSTEIN E., OLSON D. M., TEUGELS G., TOHAM-KAMDEM A., STIASSNY M. L. J. and SKELTON P., *Freshwater Ecoregions of Africa and Madagascar: A Conservation Assessment*, Washington DC, Island Press, 2005, 483 p.

TSHIBWABWA S., KABONGO N., *Projet de barrage Grand Inga. Réfutation des arguments des activistes-opposants-enjeux cachés. Synthèse*, Virton, Belgique, Congo-C.R.I.T.E.R.E.-B., 2020, 92 p.

TSHIBWABWA S., KABONGO N., *Projet Transaqua-Transfert des eaux du bassin du fleuve Congo au lac Tchad – Ses conséquences et ses enjeux cachés*, Munich, Publications universitaires africaines, Institut africain d'études prospectives(INADEP)/Observatoire des ressources africaines en eau douce, Section IX, vol. 1, 2021, 104 p.

TSHIBWABWA S., *Systématique des espèces africaines du genre Labeo (Teleostei, Cyprinidae) dans les régions ichtyogéographiques de Basse-Guinée et du Congo*, thèse de doctorat en sciences, Faculté des sciences, Université Notre-Dame de la Paix de Namur, Belgique, Éd. Presses universitaires de Namur, vol. 1 et 2, 1997, 530 p.

Articles

ABELL R., THIEME M. L., REVENGA C., BRYER M., KOTTELAT M., BOGUTSKAYA N., COAD B., MANDRAK N., CONTRERAS BALDERAS S., BUSSING W., STIASSNY M. L. J., SKELTON P., ALLEN G. R., UNMACK P.*et al.*,« Freshwater Ecoregions of the World: A New Map of Biogeographic Units for Freshwater Biodiversity Conservation », *Bio Science*, vol. 58, n° 5,2008, pp. 403-414.

GLACHANT A. M., F. LEVEQUE, « La préservation des espèces : que peuvent dire les économistes ? », *Économie et Statistique*, n° 258-259, 1992, pp. 113-119.

HARRISON I. J., GREEN P. A., FARRELL T. A., JUFFE-BIGNOLI D., SÁENZ L., VÖRÖSMARTY C. J., « Protected areas and freshwater provisioning: a global assessment of freshwater provision, threats and management strategies to support human water security », *Aquatic Conserv: Mar Freshw Ecosyst*, 26 (Supplement 1), 2016, pp. 103-120.

LEVEQUE C., « Le concept de biodiversité. De nouveaux regards sur la Nature », *Natures-Sciences-Sociétés*, 2 (3), 1994, pp. 243-254.

LEVEQUE C., « Le concept de biodiversité : de nouveaux regards sur la nature », *Natures-Sciences-Sociétés*, 2(3), 1994, pp. 243-254.

LEVEQUE F., GLACHANT A. M., « Diversité génétique », *La Recherche*, n° 239, janvier 1992, pp. 114-123.

OLSON D. M., E. DINERSTEIN, E. D. WIKRAMANAYAKE, N. D. BURGESS, G. V. N. POWELL, E. C. UNDERWOOD, J. A. D'AMICO, I. ITOUA, H. E. STRAND, J. C. MORRISON, C. J. LOUCKS, T. F. ALLNUTT, T. H. RICKETTS, Y. KURA, J. F. LAMOREUX, W. W. WETTENGEL, P. HEDAO, K. R. KASSEM, « Terrestrial ecoregions of the world: a new map of life on Earth », *Bioscience*, 51(11), 2001, pp. 933-938.

OLSON D. M., E. DINERSTEIN, R. ABELL, T. ALLNUTT, C. CARPENTER, L. MC CLENACHAN, J. D'AMICO, P. HURLEY, K. R. KASSEM, H. STRAND, M. TAYE, M. THIEME, « The Global 200: A representation approach to conserving the earth's distinctive ecoregions », *Washington DC, Conservation Science Program, World Wildlife Fund-US*, 2000.

STANKEY G. H. and SHINDLER B., « Formation of social acceptability judgments and their implications for management of rare and little-known species », *Conservation Biology*, vol. 20, n° 1, 2006, pp. 28-37.

TOHAM-KAMDEM A. *et al.*(eds), « A Vision for Biodiversity Conservation in Central Africa: Biological Priorities for Conservation in the Guinean-Congolian Forest and Freshwater Region », *World Wildlife Fund, Washington DC*, 2006, A-52 p.

Rapports et textes officiels

Conventions des Nations unies sur la biodiversité, Rio de Janeiro, juin 1992.

COP21-21e Conférence des parties à la Convention-cadre des Nations unies sur les changements climatiques(CCNUCC), Paris, 30 nov. au 12 déc. 2015.

ICCN, 2012, Stratégie nationale de conservation de la biodiversité dans les aires protégées de la RD Congo. Avec l'appui de la Coopération allemande de développement, Kinshasa, 31 p.

KAPAGAMA IKANDO P., « Les Universités congolaises face au défi de l'internationalisation pour un meilleur ancrage dans la société », Conférence, Fac. Sciences sociales, Université évangélique en Afrique, jeudi 9 mars2017.

Constitution de la RD Congo du 18 février 2006.

Code minier congolais.

Loi n° 11/009 du 9 juillet 2011 portant principes fondamentaux relatifs à la protection de l'environnement.

Ministère de l'Environnement, Conservation de la Nature et Développement durable, *Stratégie et plan d'action nationaux pour la biodiversité* (2016-2020), Kinshasa, octobre 2016, 91 p.

PNUE, *Évaluation environnementale post-conflit – Synthèse à l'intention des décideurs*, Kinshasa, Programme des Nations unies pour l'environnement, octobre 2011, 72 p.

Rapport sur l'état des lieux de la biodiversité dans la RD Congo, 2014. Consortium Congo 2010 (Université de Kisangani, Musée royal de l'Afrique centrale, Institut royal des sciences naturelles de Belgique, Jardin botanique Meise) et le « Centre de surveillance de la biodiversité » de Kisangani. *1st International Conference on Biodiversity in the Congo Basin*, 6-10 juin 2014, Kisangani, 381 p.

TSHIBWABWA S., « Impact de l'exploitation minière artisanale du diamant sur l'environnement dans les provinces du Kasaï : Pistes de solution », Conférence prononcée devant la Communauté kasaïenne d'Ottawa-Gatineau, samedi 6 juillet 2014, 17 p.

UICN, 2010, Parcs et réserves de la RD Congo, Évaluation de l'efficacité de la gestion des aires protégées, Gland, Suisse, 137 p.

WASSON J. G., CHANDESRIS A., PELLA H., SOUCHON Y., « Définition des hydroécorégions françaises. Méthodologie de détermination des conditions de référence au sens de la directive-cadre pour la gestion des eaux », *Rapport Cemagref Lyon BEA/LHQ et MATE/DE*, 2001, 68 p.

Webographie

[C:/Users/Utilisateur/Desktop/Nagoya%20Protocole/Ressources%20min%]

[https://www.iccnrdc.org/parcs.html] (consulté le 23 février 2021)

[https://www.researchgate.net/profile/MelanieStiassny/publication/309106357_The_status_and_distribution_of_freshwater_fishes/links/588a91c3aca2727ec1190c49/The-status-and-distribution-of-freshwater-fishes.pdf] (consulté le 22 février 2021)

Société civile du Kivu et Beni-Lubero online (BLO), janvier 2021, Rapport d'enquête spéciale : Secret caché derrière les attaques répétées contre les gardes-parcs des Virunga ; 5 p., distribué par J. E. Muzani Nilabwe, Nilabwe@outlook.com

TSHIBWABWA S., « Eau-Secours-Congo RD : Journée mondiale de l'eau-2015 », in [www.desc-wondo.org] et [http://www.assomar.org/2015/04/eau-secours/]

TSHIBWABWA S., « Quel avenir pour les parcs naturels en RD Congo ? Cas du Parc national de la Salonga », 2018, in [www.desc-wondo.org et http://www.assomar.org/2015/04/eau-secours/]

YELLE V., « Acceptabilité sociale », 2014, in [http://www.ledevoir.com/politique/quebec/465467/l-acceptabilite-sociale-un-concept-cynique], in [http://laforetacoeur.ca/blog/acceptabilite-sociale-definition-concept-aspects-relies-processus-jugement-individuel-partie-a/]

[illegible] nationale [illegible]

[illegible] pour l'[illegible] [illegible] 2010 [illegible]

[illegible] 2010 [illegible] [illegible] 2012 [illegible]

[illegible]

La politique économique de la RDC : depuis l'indépendance et perspectives d'un développement durable

Evariste MABI MULUMBA

Introduction

Pour mieux décliner la politique économique de la RDC dans un contexte historique, nous nous sommes résolus de débuter notre analyse à partir de la décennie précédant l'accession du pays à l'indépendance.

Cette démarche s'avère inéluctable avant de faire l'inventaire des défis que la RDC doit relever pour s'engager dans un processus de développement durable.

Notre exposé s'articule de la manière ci-après :

1. L'état de la production durant la décennie précédant l'accession du Congo à l'indépendance
2. Les options fondamentales et la politique économique après 1960
   - 2.1. Introduction
   - 2.2. La politique économique de la Deuxième République et l'indépendance économique du pays
   - 2.3. Le résultat de cette politique économique censée renforcer l'indépendance économique du pays
   - 2.4. Conclusion
3. Le Programme d'ajustement structurel et la relance de l'économie
4. Situation prévalant avant l'entrée de la RDC en programme avec le FMI
5. État des lieux sur la politique économique du gouvernement après la reprise de la coopération avec les institutions de Bretton Woods
6. Les défis à relever par la RDC pour amorcer la trajectoire d'un développement durable
7. Conclusion

1. L'état de la production durant la décennie précédant l'accession du Congo à l'indépendance

Dans un document portant sur les orientations stratégiques pour la reconstruction économique au Zaïre, document publié en novembre 1994, la Banque mondiale synthétise de la manière ci-après l'état de la production durant la décennie précédant l'accession du Congo à l'indépendance :

1.1. Le plan décennal de développement pour la période 1950-1958 s'était soldé par des résultats palpables

Au cours de cette période, le PIB a augmenté en moyenne de 6,5 % en valeur réelle, la production minière de 64 % et celle des plantations industrielles s'était accrue de 140 %. La production des exploitations agricoles du type traditionnel a augmenté de 35 %, la production manufacturière avait presque quadruplé, le transport et le commerce avaient presque doublé et la production de l'énergie plus que triplé.

Il faut noter qu'une plus grande proportion des exportations minérales et agricoles a été traitée dans le pays.

Sur les 41 % du PNB qui représentaient en moyenne les exportations de marchandises, 32 % représentaient les produits agricoles et agro-industriels. En 1959, le Congo belge venait au deuxième rang dans le monde pour les exportations d'huile de palme.

1.2. Durant la période 1950-1958, l'investissement avait représenté 26 % du PNB, dont les trois cinquièmes d'origine privée

Les investissements privés étaient engagés dans l'extension et la modernisation des équipements miniers, les chemins de fer, le stockage et le transport du pétrole, les plantations et les installations manufacturières et à la construction des centrales hydroélectriques.

- Les transports et les services sociaux absorbaient les deux tiers de l'investissement public.
- L'investissement public en agriculture allait surtout à la recherche, à la vulgarisation et aux routes de desserte.
- La productivité de la main-d'œuvre s'était accrue avec l'introduction de nouvelles techniques de culture, ce qui a encouragé les employeurs à investir dans la formation de la main-d'œuvre.

1.3. La situation financière était solide

En 1958, l'encours de la dette n'atteignait pas 40 % du PNB, le service de la dette était inférieur à 10 % des exportations de biens et services et à 11 % des recettes budgétaires.

- Durant la période 1950-1958, les ¾ d'investissement en capital et plus de 90 % de l'investissement privé étaient financés par le pays lui-même.
- Durant la période 1950-1957, le budget ordinaire avait toujours été en excédent, couvrant 31 % des dépenses d'investissement public, s'y ajoutaient 21 % provenant de l'emprunt intérieur.
- Les excédents budgétaires ont contribué à renforcer les avoirs du Trésor en dépôts en devises auprès de la Banque centrale, à la fin de 1956, ces avoirs dépassaient les dépenses du budget ordinaire pour l'année.

Loin de nous l'intention d'exalter la période coloniale. Il faut cependant reconnaître qu'en matière de choix et d'orientation des investissements, de la gestion budgétaire et monétaire et globalement du fonctionnement de l'économie, cette gestion économique reste une référence.

2. Les options fondamentales et la politique économique après 1960

2.1. Introduction

Lorsque le Congo a conquis son indépendance le 30 juin 1960, le peuple congolais considérait ce résultat comme la réalisation d'une première étape de son combat, à savoir la conquête de l'indépendance politique, une étape préalable à l'accomplissement de l'indépendance totale.

En effet, l'objectif de l'indépendance totale devait se concrétiser avec la conquête de l'indépendance économique.

L'indépendance économique est une notion fuyante eu égard à l'univers économique mondial actuel qui devient de jour en jour interdépendant.

Toutefois, située dans le contexte des aspirations des années 1960, l'indépendance économique s'entend comme la prise en mains des commandes économiques par les décideurs nationaux, publics et privés, par le contrôle aussi bien du capital que de la gestion des entreprises opérant dans le pays et des secteurs stratégiques de l'économie nationale.

2.2. La politique économique de la Deuxième République et l'indépendance économique

Celle-ci reposait sur trois options fondamentales, à savoir :
- l'économie au service de l'homme ;
- l'indépendance économique ;
- l'économie mixte avec une ouverture aux capitaux extérieurs en attirant les investissements étrangers tout en diversifiant la provenance de ceux-ci.

Toutefois, la politique économique faisait jouer à l'État le rôle prépondérant dans le développement économique du pays. Celui-ci s'est attelé à cette tâche à travers la restructuration de son portefeuille au regard des options ci-après :

- l'affirmation de l'intervention de l'État dans les secteurs stratégiques et ceux délaissés par le privé en raison de leur faible rentabilité financière ou de leur rentabilité lointaine ;
- l'orientation des investissements vers l'élargissement du marché intérieur par la création des emplois et l'accroissement des revenus et par l'allocation des ressources additionnelles à la diversification économique ;
- l'adoption d'une gestion rationnelle à même de générer un volume significatif de ressources devant conforter le budget de l'État ;
- l'intensification de la formation des cadres aux techniques modernes de gestion pour en faire des éléments moteurs du développement national par une amélioration de leur capacité managériale.

La restructuration du portefeuille de l'État a été la résultante :

- *des nationalisations* : le cas de l'Union minière du Haut-Katanga, du secteur des assurances regroupées en une seule entreprise, la SONAS, de la Société de surveillance devenue l'OCC, du secteur de l'énergie avec la REGIDESO et la SNEL, etc. ;
- *de la création de nouvelles entreprises publiques* : la Compagnie maritime congolaise, la Régie des voies maritimes, l'OGEFREM, la RVA, Complexe sucrier de Lotokila, Banque de Crédit Agricole, Fonds de promotion industrielle, Hôtel KARAVIA, etc. ;
- *de la radicalisation-nationalisation* : il s'agit de la reprise dans le giron de l'État des entreprises autrefois zaïrianisées ;
- *de la création des entreprises d'économie mixte* : la SOFIDE, la CINAT, la MIDEMA, des sociétés pétrolières de distribution et de production, etc.

Le portefeuille de l'État congolais est suffisamment diversifié.

Il englobe tous les secteurs de la vie économique nationale : les mines, les finances, l'industrie, l'agro-industrie, le commerce, les transports, les services et les activités scientifiques.

Le seul contrôle de la Gécamines permit de mettre à la disposition du gouvernement l'essentiel des leviers de commande de l'économie congolaise. Les recettes d'exportations de cette entreprise représentaient plus de 60 % de l'ensemble de la valeur des exportations du pays. La Gécamines intervenait pour près de 65 % dans les recettes du budget en devises de la Banque centrale et pour une part variant entre 35 et 40 % dans les recettes du budget de l'État.

Pour compléter son action propre dans le domaine économique, le gouvernement de l'époque, dans l'intention d'accélérer le processus d'indépendance économique, prit, fin 1973, les mesures de zaïrianisation dont l'objectif était de transférer la responsabilité du développement économique du pays aux mains de nationaux en leur attribuant la propriété des entreprises appartenant aux étrangers. Cette décision hasardeuse connut un échec dont les méfaits se font encore sentir dans l'économie globale aujourd'hui.

La production agricole ne s'en est pas relevée jusqu'à nos jours.

2.3. Le résultat de cette politique économique censée renforcer l'indépendance économique du pays

- La zaïrianisation et la radicalisation ont donné le coup de grâce à l'agriculture du pays et au secteur commercial implanté dans les milieux ruraux et ont découragé les investissements privés aussi bien étrangers que nationaux.
- Les nouvelles unités de production réalisées dans le cadre du Code des investissements ont renforcé la dépendance de l'économie nationale vis-à-vis du commerce extérieur, car nécessitant des devises pour leur fonctionnement optimal.
- La Gécamines, épine dorsale de l'économie nationale, est tombée en faillite, victime d'une gestion prédatrice. Cette société qui exportait en 1989 près de 450 000 tonnes de cuivre avec des recettes en devises avoisinant 1,4 milliard de dollars ne produit aujourd'hui qu'à peine 5 000 tonnes avec des recettes d'environ 35 millions de dollars. Sa participation au budget de la Banque centrale est devenue nulle contre 865 millions en 1989.
- La Société de financement du développement (SOFIDE), créée pour mobiliser les ressources extérieures pour financer les investissements productifs, est aujourd'hui également en faillite, victime de l'instabilité du cadre macroéconomique caractérisée par l'inflation. En effet, ses prêts ayant été indexés et le risque de change incombant aux emprunteurs, ces derniers sont devenus insolvables ne pouvant pas faire face aux charges inhérentes au risque de change. Leur insolvabilité a entraîné celle de l'institution financière.
- Le secteur des entreprises publiques n'a pas répondu aux attentes. Il n'est pas exagéré d'affirmer que la plupart des entreprises publiques sont aujourd'hui virtuellement en faillite.
- Le recours imprudent à l'endettement extérieur a mis le pays en état de cessation de paiement. La République démocratique du Congo est surendettée. L'encours de sa dette extérieure s'élève à environ 13,1 milliards de dollars et le service de la dette absorbe à peu près un quart du total des dépenses. À la fin de 2008, la dette extérieure contractée ou garantie par l'État était estimée à 93 % du PIB, 150 % des exportations et 502 % des recettes publiques, aide étrangère non comprise. Après l'indépendance, en particulier durant la période 1973-

1974, le Zaïre s'est lancé dans une politique d'emprunts extérieurs publics massifs aux conditions de marché et incapables de générer le service des dettes engagées, le plus souvent pour financer des projets non économiques. Un petit nombre de grands projets négociés durant l'essor éphémère qu'ont connu les produits de base durant cette période sont en majeure partie responsables du problème de la dette. Ce sont, notamment, le barrage et la ligne de transport d'électricité d'Inga-Shaba, l'aciérie, Voix du Zaïre et le Centre du commerce international du Zaïre (CCIZ[1]). Ces investissements ont été gangrenés par une corruption à grande échelle.

Désormais, en prenant en compte le niveau de l'endettement du pays, toute action de relance économique n'a de chance de quelque succès qu'avec le concours de nos partenaires bilatéraux et multilatéraux, à la fois par l'allègement de leurs créances et par un apport de capitaux frais.

À cause de sa mauvaise gouvernance et des choix économiques inappropriés en matière d'investissements, le Congo est tombé sous la dépendance de ses bailleurs de fonds qui, pour récupérer leurs créances, l'ont confié bon gré mal gré au FMI avec toutes les obligations, contraintes et rigueur inhérentes au programme souscrit auprès de cette institution.

C'est dans cette dynamique que le Congo a signé différents programmes avec le FMI et la Banque mondiale et perdu son autonomie en matière de politique économique, financière et monétaire, car celle-ci est devenue concertée avec les partenaires jusqu'à l'apurement total de leurs créances.

2.4. Conclusion

Au lieu d'atteindre l'objectif d'indépendance économique, la gestion économique du pays s'est soldée par un résultat contraire, à savoir le renforcement de la dépendance économique du pays. Au lieu d'améliorer les conditions de vie de la population, elle l'a plutôt appauvrie. La preuve est que le revenu par tête d'habitant qui était de 377 dollars en 1956 est tombé aujourd'hui à moins de 100 dollars en dollar constant de 2000.

3. Le Programme d'ajustement structurel et la relance de l'économie

Le déficit de la balance des paiements et l'incapacité de rencontrer son service de la dette extérieure ont obligé le Zaïre à solliciter un concours financier auprès du FMI et un rééchelonnement de sa dette auprès des Clubs de Paris et Londres.

[1] Banque mondiale, *op.cit.*, p. 11.

La conditionnalité imposée par les créanciers du Zaïre de ces Clubs est de le voir préalablement entrer en programme avec le FMI et la Banque mondiale en signant un Programme d'ajustement structurel avec les institutions de Bretton Woods. Cela a été le cas à plusieurs reprises entre 1980 et 1990 et chaque fois, en plus d'un rapport financier, le Zaïre obtenait le rééchelonnement de sa dette.

Selon la Banque mondiale, entre « 1983 et 1989, le Zaïre a entrepris de façon intermittente et avec plus ou moins de succès, un programme de stabilisation et d'ajustement, lequel a fini par échouer par suite de carences de l'action gouvernementale et de la mauvaise gestion des dépenses publiques[2] ».

La responsabilité de ces échecs est en quelque sorte partagée avec les institutions de Bretton Woods tout en reconnaissant la responsabilité entière du pays. Néanmoins, cet éclairage s'impose pour des raisons d'objectivité.

En effet de 1983 à 1986, il est noté un dysfonctionnement majeur suite à l'application du programme. Près de 50 % du total des dépenses budgétaires était consacré au paiement de la dette extérieure et le Zaïre avait subi un transfert net de capitaux négatif. Ce qui avait fait négliger la maintenance des infrastructures et avait contribué à leur délabrement.

La finalité de la politique d'ajustement structurel est en premier lieu la stabilisation du cadre macroéconomique par la lutte contre l'inflation. Cet objectif atteint, on s'attend à l'amélioration du climat des affaires avec un cadre macroéconomique stable et prévisible constituant avec les réformes structurelles prévues une incitation aux investissements. Mais en réalité, les investisseurs n'étant pas persuadés de la durabilité de cette stabilisation étaient chaque fois restés dans l'expectative. Ce qui avait fait que la croissance attendue ne s'était pas concrétisée. C'est ainsi que le programme avait été suspendu en février 1990, et ce, jusqu'au mois de juin 2002, date de la signature du programme appuyée par la facilité pour la réduction de la pauvreté et croissance du FMI.

4. Situation prévalant avant l'entrée de la RDC en programme avec le FMI en 2002

- Entre 1991 et 2000, la baisse réelle ininterrompue du PIB s'est élevée en moyenne à 5,5 % par an.
- La prédominance des activités de survie fait que l'agriculture de subsistance représente 60 % du PIB en 1996 par rapport à 30 % en 1982.
- La balance des paiements est structurellement déficitaire. Le pays est surendetté et accumule de lourds arriérés de paiement avec l'extérieur.

---

[2] Banque mondiale, *Orientations stratégiques pour la reconstruction économique*, Zaïre, 4 novembre 1994.

Les exportations des biens et services sont tombées de 2,2 milliards de dollars en moyenne à 1,4 milliard en 1997.

La base du commerce extérieur s'est effritée d'année en année, au point que le pays qui jouissait d'un commerce extérieur diversifié vers les années 1950 s'est acheminé, de manière inéluctable, vers une monoproduction.

En 1950, les produits agricoles et miniers rapportaient respectivement 48,8 % et 51,2 % et en 1959, 42,8 % et 57,2 % des recettes en devises.

En 1997, les produits miniers 81,3 % et les produits agricoles 12 % et en 2000 les produits miniers 87 % et les produits agricoles 4 %.

À l'heure actuelle, en prenant les années récentes, on relève que les produits miniers représentent 93,8 % des recettes d'exportations en 2006 contre 4,1 % pour les produits agricoles et 96,4 % pour les produits miniers en 2007 contre 2,8 % pour les produits agricoles (Rapport BCC, 2007, p. 119), malgré la positivité du taux de croissance économique durant cette période. Donc la diversification de nos exportations grâce au développement agricole reste un problème majeur en songeant à l'objectif de la sécurité alimentaire.

- Les capacités des industries manufacturières ont été fortement réduites à la fois du fait d'une politique d'incitation insuffisante et des pillages perpétrés en 1991 et 1993.
- La faillite généralisée des entreprises publiques.
- Une dégradation continue des infrastructures essentielles.
- Une forte dégradation de l'investissement en ressources humaines.
- Les finances publiques sont totalement désordonnées :
  - La mobilisation des ressources budgétaires connaît une forte régression du revenu fiscal qui représente en gros 4 % du PIB en 1996 contre 11,1 % en 1988, 18,6 % en 1985 et 17 % en moyenne avant l'indépendance et une faiblesse des investissements publics qui sont tombés de 14 % du PIB en 1958 à 0,5 % en 1996.
  - Les déficits budgétaires devenus chroniques avaient revêtu un caractère structurel et étaient financés par un recours excessif aux avances de la Banque centrale. Il est noté par rapport à l'ensemble des dépenses publiques des taux de financement monétaire de 80 % en 1994, 50,48 % en 1997, 47,65 % en 1999 et 47,12 % en 2000.
  - Les taux d'inflation relevaient de l'hyperinflation. C'est ainsi qu'on note les taux ci-après : 8 827 % en 1993, 9 796,90 % en 1994, 483,7 % en 1999 et 511,2 % en 2000.
- Les taux d'investissement brut faibles : 8,5 % en 1997, 4,5 % en 2000.
- La faiblesse du taux d'épargne nationale : 3,7 % du PIB en moyenne.
- Au regard de son endettement extérieur, la RDC était un pays en cessation des paiements. Sa dette extérieure évaluée à 14 milliards de dollars américains avec des arriérés de paiements de l'ordre de

9,61 milliards de dollars en 2000 face à des recettes d'exportations de 823,5 millions de dollars.

5. État des lieux sur la politique économique du gouvernement après la reprise de la coopération avec les institutions de Bretton Woods

Depuis 2002, la RD Congo a mis en œuvre un programme économique comportant deux volets : des mesures d'assainissement budgétaire et monétaire devant stabiliser le cadre macroéconomique d'une part, et d'autre part, des réformes structurelles devant relancer les investissements et la production.

5.1.Les résultats des programmes de stabilisation

Le premier résultat a été la stabilisation remarquable des prix et du change accompagnée d'une succession de taux de croissance positifs sur une période de plus de dix ans. D'où un grand contraste avec la décennie allant de 1990 à 2001 où l'on a connu des taux d'inflation avoisinant 10 000 % en 1994 et une succession de taux de croissance négatifs.

Le second résultat a été l'achèvement satisfaisant de la première revue du programme économique du gouvernement signé le 11 décembre 2009, appuyé par la Facilité élargie de crédit (FEC) du FMI. Ce qui a permis à la RD Congo d'atteindre le point d'achèvement de l'initiative PPTE renforcée le 30 juin (pour le FMI) et le 1er juillet 2010 (pour la Banque mondiale) et de bénéficier de l'Initiative d'allègement de la dette multilatérale (IADM), avec un important effacement de la dette de 12,5 milliards de dollars américains. Ainsi, un des goulots d'étranglement majeur dans le financement du développement du pays a pu être aplani.

Il nous faut à ce niveau dissiper un malentendu concernant les économies réalisées au point d'achèvement, une part importante de la dette ayant été effacée, il est recommandé que les économies réalisées soient déployées en faveur des dépenses pro-pauvres (éducation, santé, infrastructures). Ces économies n'existent pas, la RD Congo, avec l'accord des créanciers, ne remboursait pas sa dette envers le Club de Paris (dont la dette s'élevait à 6,7 milliards de dollars).

5.2.Les réformes structurelles pour favoriser les investissements

C'est dans ce cadre qu'il a fallu clarifier les législations susceptibles d'assurer la sécurité juridique et judiciaire. Il a été notamment promulgué un nouveau Code d'investissement, un Code minier, un Code forestier, un nouveau Code du travail. Le résultat spectaculaire des retombées de la promulgation du Code minier a été la relance du secteur minier perceptible, notamment dans la province du Katanga et l'affluence des investisseurs internationaux. La production minière a connu une augmentation notable surtout pour ce qui est du cuivre et du cobalt, à la lecture des statistiques ci-après :

Évolution de la production du Cuivre et du Cobalt en tonnes

	2001	2002	2003	2004	2005	2006	2007	2008
Cuivre	37 845	26 311	16 359	18 995	26 389	99 121	235 742	335 066
Cobalt	11 637	11 865	7 341	8 851	8 234	15 384	41 464	42 461
	2010	2011	2012	2013	2014	2015	2016	2017
Cuivre	497 537	499 198	619 942	922 016	1 030 129	1 039 007	1 023 687	1 094 638
Cobalt	97 693	99 475	86 433	76 517	74 912	83 529	68 822	82 461

Source : BCC, Rapport annuel 2017.

Cependant, selon les experts de la Banque mondiale, la contribution du secteur au PIB, aux recettes de l'État et à l'emploi formel reste limitée. Les mêmes experts affirment que la fiscalité du secteur minier correspond aux normes internationales, mais le taux de recouvrement fiscal reste à améliorer. Si les bénéfices générés par les groupes industriels présents dans le pays sont difficiles à estimer, l'écart entre la valeur ajoutée domestique et la valeur ajoutée internationale dans ce secteur reste significatif.

Le décalage entre les revenus générés par l'exploitation des ressources naturelles, les recettes de l'État, le développement de liens économiques domestiques et la redistribution vers les programmes sociaux et contribuant à une réduction de la pauvreté risque de s'accroître si une meilleure gouvernance du secteur n'est pas assurée.

Ce seul constat explique pourquoi des taux de croissance économique élevés enregistrés par la RD Congo ne se ressentent pas sur le plan social. Les performances de l'économie congolaise suite aux investissements dans le secteur minier se manifestent dans les recettes d'exportation du pays qui sont passées de 1,368 en 2005 à 9,471 milliards en 2011 et 11,468 en 2017.

Évolution des recettes d'exportations de la RD Congo de 2005 à 2017 en millions d'USD

	2005	2006	2007	2008	2009	2010
Exportations	1 368,5	1 586,7	2 600,0	6 869,8	4 371,0	8 477,9

2011	2012	2013	2014	2015	2016	2017
9 471,9	8 871,5	11 201,4	11 706,4	10 083,8	8 736,2	11 468,4

Toutefois, quand on analyse la balance commerciale du pays, on se rend compte que l'économie du pays reste fragile, car reposant sur les matières de base dont les prix sont volatils. En 2009, 2010, 2011, 2012 et 2017, 98 % des recettes d'exportations proviennent de quatre produits (le cuivre, le cobalt, le pétrole et l'or), alors que les produits agricoles et industriels ne représentent respectivement que 1,3 et 0,4 % en 2011, et 0,6 en 2017.

Cette situation contraste avec celle connue en 1959, où les produits miniers rapportaient 57,2 % des recettes en devises du pays et les produits agricoles 42,8 %. La croissance du secteur extractif n'a cependant pas généré des recettes importantes pour le développement, ni une forte augmentation des réserves étrangères :

« Il est anormal qu'un pays dont les exportations de pétrole et de minerais se sont élevées à 48,5 milliards de dollars pendant le super-cycle de la production minière industrielle (2010-2014) paye 9,9 milliards pour rémunérer les investisseurs, reçoive 6,9 milliards de recettes et se retrouve dans une situation de quasi-crise avec une baisse des réserves et des recettes insuffisantes. Cela démontre que le choix de recourir à des industries multinationales exerçant dans le secteur formel n'a pas produit les retombées escomptées pour l'État. Cela tient aux limites du Code minier, l'incapacité de l'administration de faire appliquer les dispositions du Code et à recouvrer des recettes auprès des différents producteurs et aux faiblesses institutionnelles qui laissent le secteur et sa rente être captés par des intérêts privés. Il faut remédier à tous ces aspects pour accroître la résilience de l'économie de la RDC[3] ».

Nous avons ici l'explication d'une croissance qui ne profite pas à la population et au pays : une croissance non inclusive. C'est un constat fait de l'application de ce Code minier qui a été révisé depuis mars 2018.

6. Les défis que la RD Congo devrait relever pour amorcer la trajectoire d'un développement durable

Pour s'engager sur la voie d'un développement autoentretenu, la RD Congo devrait relever les défis ci-après :

6.1. La gouvernance et l'intériorisation du principe de redevabilité et une lutte effective contre la corruption

La RD Congo est affaiblie par l'institutionnalisation d'une gestion prédatrice de l'économie nationale, notamment dans la gestion des ressources naturelles, spécialement le bradage du patrimoine minier, forestier et pétrolier par les gestionnaires publics. Des sommes importantes provenant de la vente des actifs des entreprises publiques ne sont pas retracées dans les comptes de l'État. Cette situation a été portée à la connaissance de l'opinion nationale, suite à la médiatisation du différend opposant le FMI au gouvernement, au sujet des sommes perçues sur les ventes des actifs de la Gécaminesdans une opacité totale.

[3] Banque mondiale, *Révision du Code minier – Examen, observations et analyse comparative*, avril 2016, p. 13. Il s'agit du Code minier de juillet 2002.

La crédibilité de la RD Congo a été entamée avec l'arrêt du Programme avec les institutions de Bretton Woods (PEG II). C'est l'occasion de rappeler un bradage ayant fait perdre à la RD Congo 1,36 milliard de dollars, à l'occasion de cinq transactions sur les gisements miniers de la Gécaminesréalisées en moyenne au sixième de leur véritable valeur entre 2010 et 2012[4].

6.2. La diversification économique par l'industrialisation et le développement de l'agriculture

6.2.1. L'industrialisation

Le fonctionnement du secteur industriel, en général, et minier en particulier, qui est le moteur de la croissance économique en RD Congo, est tributaire de l'existence d'une fourniture fiable de l'électricité. La RD Congo est loin de répondre à cette exigence. Les deux centrales hydroélectriques d'Inga 1 et Inga 2 ont une capacité disponible représentant 50 % de leur capacité installée de 1 773 MW, suite à une maintenance insuffisante depuis leur construction. Le faible niveau d'accès à l'électricité est un important goulot d'étranglement au développement social et économique. La fiabilité de l'alimentation en énergie, pour ceux qui y ont accès, est notoirement faible et sujette à de fréquentes interruptions, avec une moyenne de 10 jours de panne d'électricité par mois.

Ces interruptions pénalisent gravement les entreprises privées qui assument, dans bien des cas, les coûts additionnels de génératrices de secours et également des coûts relatifs à la réparation des équipements endommagés par les surcharges. La mauvaise qualité de l'électricité attribuable à la piètre performance technique de la SNEL affecte la compétitivité des entreprises locales et a un impact négatif notamment sur l'emploi.

À ce jour, la SNEL n'est pas considérée comme un partenaire solvable pour les investisseurs privés. Elle ne couvre pas ses frais d'exploitation par ses revenus et ses difficultés de recouvrement entraînent des problèmes de paiement considérables, des arriérés de paiement de ses fournisseurs et des taxes. L'amélioration de ces éléments est une étape pour attirer les investisseurs privés.

La situation de la fourniture de l'énergie électrique pourrait s'améliorer, s'il n'y avait pas une piètre gouvernance au niveau de la SNEL et bien entendu, au niveau de son ministère de tutelle, en ce qui concerne l'absorption des financements mis à la disposition de l'entreprise. Ce cas peut être illustré par deux exemples :

- Un projet relatif au Marché d'électricité en Afrique australe (SAPMP) dont un financement de 359,08 millions de dollars, mis en vigueur par

[4] Africa Progress Report 2013.

la Banque mondiale en 2004 dont la date de clôture était prévue en décembre 2012, n'a été décaissé 8 ans après qu'au niveau de 36 %.

- Un autre financement de 579,7 millions de dollars pour le Marché d'électricité à la consommation domestique et à l'export (PMEDE), mis en vigueur en 2008 avec une date de clôture en juin 2016, n'a connu, 4 ans après, qu'un décaissement de 11 %.

L'industrialisation par la transformation, entre autres, en produits manufacturés de nos minerais qui sont jusqu'ici exportés sous forme brute avec comme gain l'accroissement de la valeur ajoutée au profit du pays est un objectif fixé au secteur minier dont l'Article 105 du Code minier révisé fait obligation au titulaire d'un permis minier d'exploitation d'effectuer le traitement des substances minérales sur le territoire national. La contrainte majeure relevée pour atteindre cet objectif, c'est notamment le déficit énergétique. Celui-ci s'élève à près de 1 000 mégawatts au Katanga ; déficit qu'il faut préalablement évacuer, spécialement dans le secteur minier.

La diversification économique exige dans tous les secteurs de production une suffisante disponibilité de l'énergie électrique qui permet l'industrialisation. C'est en exportant des produits manufacturés que l'économie congolaise pourra connaître une résilience.

6.2.2. Les ressources naturelles

En ce qui concerne les ressources naturelles, l'enjeu premier pour maximiser leur potentiel est de connaître avec plus de précision les ressources que contiennent le sol et le sous-sol de la RD Congo. Selon une étude de la Banque mondiale, les ressources minières ***« connues »*** demeurent des hypothèses et la RD Congo doit acquérir une plus grande maîtrise de son potentiel. C'est ainsi que les contrats miniers conclus ont résulté des accords signés aux conditions qui ne reflètent pas nécessairement la valeur marchande réelle du patrimoine minier. La minorisation de la valeur marchande des gisements s'explique également par le fait qu'en RD Congo, peu d'activités de recherche ont été menées à l'échelle nationale depuis l'indépendance. Le résultat en est que 90 % du pays est inexploré et les 10 % restants ont été explorés à l'aide de techniques et méthodes scientifiques rudimentaires, vieilles de 50 ans.

Invité à la Commission économique du Sénat, lors du vote du Budget 2010, le ministre des Hydrocarbures avait confirmé une certaine opacité en ce qui concerne les recettes pétrolières revenant à l'État. Chose étonnante, le même ministre avait relevé que la production pétrolière congolaise était restée constante au niveau de 25 000 barils par jour, pendant quarante ans, malgré l'augmentation du nombre de puits, passé de 100 à 300.

Pour ce qui est des réserves pétrolières, le ministre avait affirmé qu'elles ne sont pas connues avec certitude et qu'il y avait lieu d'engager au minimum près de 50 millions de dollars pour déterminer le niveau de réserves pétrolières du pays et espérer ainsi tirer les ressources conséquentes dans ce secteur.

6.2.3. L'agriculture

Le pays doit intégrer à court terme dans ses stratégies de la relance de l'agriculture, la valorisation des spéculations agricoles où il a connu des performances dans le passé (production d'hévéa, d'arachide, de robusta, de thé, de palmier à huile). C'est pour éliminer la sous-utilisation des ressources naturelles et corollairement les ressources humaines en chômage déguisé et pour répondre aux besoins du marché en actionnant ce potentiel de production et de création d'emplois et d'amélioration des revenus pour un grand nombre (situé dans le monde agricole), afin que les retombées de la croissance soient inclusives.

6.3. La promotion d'une classe moyenne congolaise

La Banque mondiale révèle que le secret de la réussite des pays du Sud-Est asiatique connu sous le nom de miracle asiatique est dû à, entre autres facteurs :

- un haut taux d'épargne et d'investissement ;
- un taux de scolarité élevé et un niveau d'éducation de la force de travail en amélioration constante ;
- un environnement macroéconomique relativement stable et une part importante du commerce international ;
- une classe moyenne dynamique.

Si la RD Congo a connu un grand succès dans la stabilisation du cadre macroéconomique et que des efforts sont enregistrés dans le processus d'accroissement de l'épargne avec des taux de croissance économique positifs, une politique volontariste de promotion d'une classe moyenne ne s'est pas encore manifestée. Pour preuves :

- Il n'y a aucune présence d'un capital national dans le secteur bancaire et financier. Toutes les banques installées dans notre pays sont à capital étranger.
- Il n'y a aucune grande entreprise minière, industrielle ou agroindustrielle aux mains des Congolais.

Cette lacune peut être comblée, avec l'aide du gouvernement. Il peut être envisagé :

- la création de deux ou trois banques par les hommes d'affaires congolais avec une majorité au capital ;
- l'insertion des Congolais au capital des entreprises de droit commercial issues de la transformation des entreprises publiques ;

- la mise sur pied d'un Fonds de garantie au profit des PME congolaises ;
- le renforcement de la SOFIDE, pour en faire une banque de financement de l'agriculture ;
- la création d'une banque de financement de l'habitat ;
- réussir la restructuration des entreprises du portefeuille de l'État ;
- exploiter d'autres formes alternatives de financement et gestion des infrastructures avec le partenariat public-privé ;
- création de façon permanente d'un environnement propice à la conduite des affaires reposant sur la sécurité juridique et judiciaire.

6.4. Sur le plan institutionnel

Sur le plan institutionnel, depuis le démarrage du processus démocratique, la RD Congo a mis en place toutes les institutions à même d'assurer la bonne gouvernance du pays. À côté de l'institution président de la République, il y a le Parlement, le pouvoir exécutif ainsi que le pouvoir judiciaire.

La problématique à laquelle il faut trouver solution est celle de l'efficience de ces institutions. Le constat fait en pratique se situe au niveau du non-respect du principe de redevabilité. La reddition des comptes est bâclée ; les rapports des organes de contrôle sont souvent non exploités ; les sanctions ne sont pas souvent prises : d'où une situation récurrente d'impunité et de corruption devenue systémique.

7. Conclusion

La réussite d'un développement durable devra reposer sur une stabilité politique et une paix sociale. C'est ce qui doit constituer le socle de toute croissance économique durable. L'accent devra être mis sur l'amélioration de la gouvernance ainsi que sur le renforcement de la capacité de négociation des contrats de partenariat et de la lutte contre la corruption et l'impunité.

Par ailleurs, il est nécessaire de diversifier l'économie basée sur l'industrialisation et le développement du secteur agricole renforcée par la priorité portée sur les infrastructures de transport et énergétiques, sans oublier l'amélioration de l'éducation nationale. La résilience de l'économie nationale ne pourra provenir que de la diversification économique. Le tableau ci-après donnant la structure des exportations de la RD Congo conforte notre quête de la diversification économique.

Structure des exportations en % du total des exportations

	2013	2014	2015	2016	2017
Produits miniers et hydrocarbures	97,0	95,5	98,0	73,5	99,3
Produits agricoles	2,0	4,4	1,9	4,1	0,6
Produits industriels et énergétiques	1,0	0,1	0,0	0,1	0,0
Ajustement (I)	-	-	-	22,2	0,0
	100	100	100	100	100

Source : Banque centrale du Congo, Rapport annuel 2017. Complément des données d'enquête et les exportations frauduleuses.

Cette structure repose donc sur quatre matières de base : le cuivre, le cobalt, l'or et le pétrole (ces quatre produits de base représentent à eux seuls 93,59 % des exportations totales de la RD Congo en 2017) dont les cours sont volatiles et menacent en permanence non seulement la stabilité de la monnaie de la RD Congo, mais aussi la relance de l'économie dans son ensemble. Pour conclure cet exposé, Georges Wolfet Fabrice Lunsinde[5] interpellent notre pays en ces termes :

« La RD Congo s'est reposée (dans la détermination de ses priorités) sur les analyses et les études réalisées par les bailleurs de fonds mais n'a pas forcément fait valoir son propre point de vue. La RD Congo doit avoir une vision de son propre développement qu'elle doit exprimer à travers un plan stratégique et un processus de définition de ses priorités en fonctions des besoins identifiés par les différents acteurs de la société congolaise ».

Bibliographie

Textes législatifs

Loi n° 005/2002 du 7 mai 2002, relative à la constitution, à l'organisation et au fonctionnement de la Banque centrale du Congo.

Ouvrages

JOSEPH E. S., *Quand le capitalisme perd la tête*, Fayard, 2003.
SUMATA C., *La Gestion macroéconomique de la République démocratique du Congo durant et après la transition démocratique*, L'Harmattan, 2014.

[5] G. WOLFet F. LUSINDE, « Les questions géospatiales et infrastructures », in *Résilience d'un géant africain – Accélérer la croissance et promouvoir l'emploi en République démocratique du Congo*, Banque mondiale, 2012, p. 4.

Articles

ZACHARIE A., De la dette au développement : un chemin semé d'embûches, in *Réforme au Congo (RDC), Attentes et désillusions*, sous la direction de Théodore Trefon, L'Harmattan, 2009.

MABI M. E., Quelles perspectives économiques pour le développement durable de la RDC, in*Congo Afrique*, n° 538, octobre 2019.

MAZALTO M., De la réforme du secteur minier à celle de l'État, in *Réforme au Congo (RDC), Attentes et désillusions*, sous la direction de Théodore Trefon, L'Harmattan, 2009.

Rapports et textes officiels

Banque centrale du Congo, Note de conjoncture au 17 février 2006.

Banque centrale du Congo, Rapport sur la politique monétaire en 2012.

Banque mondiale, Révision du Code minier – Examen, observations et analyse comparative, avril 2016.

Banque mondiale, Zaïre, Orientations stratégiques pour la reconstruction économique, 4 novembre 1994.

FMI – RDC, Rapport des services du FMI pour les consultations de 2009 au titre de l'Article IV, demande d'un accord triennal au titre de la facilité pour la réduction de la pauvreté et pour la croissance et d'une assistance intérimaire supplémentaire dans le cadre de l'Initiative renforcée en faveur des pays pauvres très endettés, le 20 novembre 2009.

FMI – RDC, Troisième revue triennale au titre de la facilité élargie de crédit, Rapport préparé par le Département Afrique, 14 avril 2011.

FMI – Zaïre, Facilité d'ajustement structurel. Document-cadre de politique macroéconomique et structurelle, mai 1987-avril 1990.

Ministère du Portefeuille, Livre blanc sur portefeuille de la République démocratique du Congo, Kinshasa, 24 novembre 1970.

Rapport annuel Banque centrale du Congo, 2007.

Rapport annuel Banque centrale du Congo, 2012, 2013, 2015.

La propriété des coopératives d'épargne et de crédit congolaises : configuration et ruptures

Dédé ALIANGO MARACHTO

Les coopératives d'épargne et de crédit (COOPEC) sont des institutions financières constituées par un groupe de personnes avec pour objet, d'une part la collecte de l'épargne et de l'autre l'octroi de crédit aux membres, et ce, à des taux raisonnables (Boyé *et al.*, 2006 ; Jacquier, 1999). Ces institutions financières font partie des acteurs actifs dans le domaine de la microfinance. En effet, en tant qu'organisations d'économie sociale, les COOPE Coffrent des services financiers de proximité dans le monde depuis plusieurs décennies et leur engagement, dans ce domaine, n'est plus à démontrer.

En RD Congo, les COOPEC ont vu le jour pendant l'époque coloniale où leur rôle était celui de stimuler la culture de l'épargne en milieu scolaire et professionnel. Avec le développement du secteur de microfinance, quelques décennies plus tard, les COOPEC sont devenues de véritables acteurs dans l'offre des services financiers de proximité (microépargne et microcrédit) au Congo. Malheureusement, depuis quelques années, les COOPEC congolaises connaissent des difficultés qui ont conduit certaines, souvent les plus importantes en termes de volume d'activités, à la fermeture. Les dérives en matière de gouvernance sont décriées et généralement considérées comme principales causes des problèmes que connaissent ces structures. Ces maux de gouvernance sont principalement attestés par « l'absence d'appropriation par les membres de leurs structures, l'absence d'expériences et compétences des dirigeants dans le domaine bancaire ou financier, la violation des textes statutaires, l'implication des dirigeants dans la gestion courante et l'absence d'une vision claire » (Aliango, 2017). Cependant, lorsqu'on s'y penche, on constate que la plupart des difficultés que connaissent ces structures en matière de gouvernance sont inhérentes à leur structure de propriété. Or sur le plan théorique, notamment en RDC, il existe encore des zones d'ombres sur la question de la propriété des COOPEC.

Le présent article, découlant d'une étude qualitative sur la propriété des coopératives financières congolaises, permet donc d'apporter la lumière sur certaines de ces zones d'ombre. En effet, une connaissance préalable de la configuration de la propriété des COOPEC ainsi que les ruptures qui en découlent, notamment en termes des principes coopératifs et des droits de propriété, sont un atout permettant de mieux cerner ces structures ainsi que les défis auxquels elles font face.

Étant ancrés dans une démarche compréhensive et descriptive, nous avons opté pour une approche méthodologique se basant exclusivement sur la méthode qualitative. Différentes techniques de collecte des données ont donc été mises à contribution. La technique documentaire nous a permis de recueillir les données dans différents documents mis à notre disposition. Les entretiens semi-directifs et l'observation non participante ont également été utilisés pour la collecte des données. L'analyse des contenus nous a servi pour le traitement des données mobilisées.

Le présent article comprend trois points hormis l'introduction et la conclusion. Le premier se concentre sur la clarification conceptuelle de la propriété d'une organisation. Le deuxième aborde la propriété des coopératives d'épargne et de crédit, et le troisième présente la configuration actuelle de la propriété des COOPEC congolaises ainsi que les ruptures qu'elle induit en matière d'allocation des droits de propriété et des principes coopératifs.

I. Clarification conceptuelle de la notion de propriété

Afin de donner un contenu théorique à la notion de propriété, nous avons mobilisé la théorie économique des droits de propriété. Cette dernière éclaire sur ce qu'on entend par droits de propriété, leur fonctionnement, ainsi que les coûts qu'ils induisent au sein d'une organisation.

I.1. Allocation des droits de propriété

La notion de propriété n'est pas nouvelle, elle a été discutée, entre autres, dans la littérature de la nouvelle économie institutionnelle, et ce, notamment par *la théorie de droits de propriété*. Selon Demsetz (1967), les droits de propriété sont un moyen *« permettant aux individus de savoir ce qu'ils peuvent réellement espérer de leur rapport avec d'autres membres de la communauté »*. Alchian (1987) renchérit en disant que *« le droit de propriété est un droit assigné à un individu spécifié et aliénable par l'échange contre des droits similaires sur d'autres biens »*. La propriété d'une organisation peut se définir à travers la combinaison de trois droits suivants (Eggertsson, 1990 ; Barzel, 1997 ; Andreff, 2007) :

- le droit d'usage (*usus*) de l'actif de l'organisation : le droit de contrôler l'actif et/ou de prendre les décisions pour une meilleure production ;
- le droit au profit généré par l'organisation (*usus fructus*) ;
- le droit de disposer et d'aliéner l'actif de l'organisation (*abusus*).

Ces trois composantes des droits de propriété sont également proposées par Ben-Ner et Jones (1995) qui parlent du droit de contrôler l'utilisation de l'actif de l'organisation, du droit de disposer des surplus générés et le droit de céder les deux premiers droits à un autre propriétaire. Selon Bijman (2002), la combinaison du droit d'utiliser et d'aliéner un actif donne le droit de contrôler ce dernier. Pour Milgrom et Roberts (1992), il existe deux dimensions essentielles de l'analyse économique de droits de propriété : le rendement résiduel et le contrôle résiduel. Dans le même ordre d'idée, Hansmann définit le propriétaire d'une organisation comme la personne détenant les deux droits (droits au contrôle résiduel et aux revenus résiduels) sur les actifs de l'organisation (Hansmann, 1996 ; Grossman et Hart, 1986).

La définition de propriété proposée par Hansmann, c'est-à-dire la détention de deux droits résiduels (le droit aux revenus résiduels et le droit au contrôle résiduel), est beaucoup plus explicite. Un individu est donc propriétaire lorsqu'il jouit pleinement de ces deux droits. Mais que recouvrent exactement ces droits ?

Le droit au contrôle résiduel

La notion de résiduel découle de la théorie de contrat incomplet, c'est-à-dire *l'impossibilité d'élaborer, d'exécuter et d'appliquer des contrats complets* (Chaddad et Cook, 2002). L'incomplétude des contrats fait qu'il doit y avoir une catégorie de parties prenantes (en l'occurrence les propriétaires) de l'organisation à qui doit revenir le pouvoir de décider sur tout ce qui n'est pas couvert par les contrats. Le droit au contrôle résiduel représente donc le pouvoir que détiennent les propriétaires d'une organisation de prendre des décisions la concernant si celles-ci ne sont pas spécifiées par la loi ou réservées à autrui par contrat (Milgrom et Roberts, 1992 ; Grossman and Hart, 1986). Ces décisions peuvent concerner différents domaines de l'organisation : l'affectation des surplus, l'élection des membres du Conseil d'administration, le vote sur d'autres questions fondamentales, etc. (Lemaitre, 2010 ; Cornforth, 2005 ; Hansmann, 1996) Selon Hansmann (1996), le droit au contrôle résiduel donne non seulement le pouvoir résiduel de prise de décisions aux propriétaires, mais aussi le pouvoir de surveiller le management afin d'éviter des comportements opportunistes.

Le droit aux rendements résiduels

Les rendements résiduels sont des surplus dégagés de l'activité après règlement de l'ensemble des charges (Milgrom et Roberts, 1992 ; Hansmann, 1996 ; Chaddad et Cook, 2002). C'est donc les propriétaires d'une organisation qui détiennent le droit d'en jouir.

D'un point de vue normatif, selon la théorie des droits de propriété, ces droits de propriété devraient revêtir les caractéristiques suivantes pour atteindre une situation efficace : ils doivent être bien définis et spécifiés, avoir l'exclusivité dans l'utilisation, avoir la possibilité d'être transférés à une autre personne et être applicables.

I.2. Les coûts de propriété

Si la propriété reconnaît des droits et donc des bénéfices, elle induit également des coûts pour le propriétaire. Hansmann (1996) distingue trois grandes catégories de coûts de propriété : les coûts du contrôle de management, les coûts de prise de décisions collectives et le coût de prise de risque. Les deux premières catégories des coûts sont associées aux droits au contrôle résiduel et la dernière catégorie est liée au droit aux bénéfices résiduels (Hansmann, 1996 ; Petrella, 2005).

Coûts de contrôle du management

Cette catégorie des coûts s'inscrit dans la théorie d'agence, dite « théorie principal agent » (Jensen et Meckling, 1976). Cette théorie repose sur le raisonnement selon lequel « les agents économiques sont opportunistes, c'est-à-dire qu'ils sont susceptibles de tricher si tel est leur intérêt » (Nyssens, 2008). Ayant des intérêts divergents, le principal doit mettre en place un système efficace de contrôle afin que ces derniers agissent dans son intérêt. Cela conduit à des coûts dits d'agence ou de contrôle effectif.

Nous référant à Hansmann, les coûts de contrôle du management sont de deux ordres : les coûts de surveillance des managers et les coûts d'opportunisme de ces derniers.

Les coûts de surveillance du management

Ils sont liés à l'accès à une bonne et exacte information sur les comportements des managers dans la réalisation des différentes opérations de la firme, à la vérification de la conformité de ces comportements avec les intérêts des propriétaires, à un bon échange de l'information entre propriétaires conduisant à la prise des décisions et à une meilleure communication des décisions prises sur le management. Les coûts de surveillance dépendent fortement du nombre des propriétaires. Selon Hansmann, un nombre élevé des propriétaires peut réduire la part individuelle du gain potentiel de la surveillance effective de chaque propriétaire. Cela restreint, alors, la motivation individuelle des propriétaires à surveiller les managers.

Les coûts liés à l'opportunisme managérial

Ce sont ceux découlant de l'absence ou de la faiblesse de surveillance des managers par les propriétaires. En effet, lorsque les propriétaires ne sont pas en mesure d'exercer le contrôle effectif des managers, ces derniers peuvent adopter des comportements opportunistes et prendre des décisions dans leurs propres intérêts plutôt que dans ceux des propriétaires.

Coûts de prise des décisions collectives

La présence de plusieurs propriétaires ayant des intérêts parfois divergents est souvent source de coûts dans le cadre de la prise des décisions collectives. Ces coûts sont d'autant plus élevés lorsqu'il existe une grande hétérogénéité d'intérêts ou de préférence parmi les propriétaires. La prise des décisions nécessitera, dans ce cas, *une forme de mécanisme de choix collectif ou une délégation de pouvoir à un comité (un petit groupe d'individus)*. Le mécanisme de choix collectif peut être un système de vote se basant soit sur le volume du capital investi dans l'organisation, soit sur le principe d'une personne-une voix comme dans les sociétés coopératives.

Coûts de prise de risque

Ces coûts sont liés au droit aux rendements résiduels que détiennent les propriétaires d'une organisation. Ces derniers peuvent prendre des risques dont ils doivent assumer les conséquences quant à leur impact financier (Fama, 1980).

Les coûts de propriété sont de différents ordres et sont associés aux deux droits formels de propriété : le droit au contrôle résiduel et le droit aux bénéfices résiduels. Ces coûts n'affectent pas de la même façon la structure de propriété de toutes les formes d'organisations.

II. La propriété des coopératives d'épargne et de crédit

Les coopératives d'épargne et de crédit sont des institutions fonctionnant généralement suivant les principes coopératifs : adhésion volontaire et ouverte à tous ; pouvoir démocratique exercé par les membres ; participation économique des membres ; autonomie et indépendance ; éducation, formation et information ; coopérations entre les coopératives ; engagement envers la communauté (WOCCU, 2005). Les COOPEC appartiennent donc à leurs membres qui, ayant tous le même droit de vote, les gèrent démocratiquement et sans une influence extérieure. Elles sont généralement considérées comme organisations d'économie sociale, car n'ayant pas comme objectif principal la maximisation du profit, c'est-à-dire le retour maximal sur le capital investi mais la satisfaction des besoins des membres (Borzaga *et al.*, 2011 ; Birchall, 2010, Mersland, 2008 ; Arnaud, 2011 ; Labye *et al.*, 2002).

II.1. Qu'est-ce qui explique l'existence de cette forme de propriété ?

Les théories économiques expliquent l'existence des coopératives d'épargne et de crédit par la défaillance du marché. Cette défaillance est généralement attribuée aux coûts élevés de transaction résultant des comportements opportunistes des parties et rendant, de ce fait, la transaction par le marché inefficace (Jegers, 2008 ; Arnaud, 2011 ; Borzaga, 2011). Dans ce cas, il est préférable d'assigner la propriété aux organisations telles que les COOPEC où les membres/clients sont en même temps propriétaires. Plusieurs auteurs reconnaissent, en effet, l'efficacité de ces dernières en matière de minimisation des coûts liés aux comportements opportunistes des agents économiques (Arnaud, 2011 ; Borzaga, 2010 ; Hansamann, 1996).

Dans le marché de l'épargne et du crédit, Hansmann (1996) identifie deux principaux contextes d'imperfections du marché dans lesquels les coûts de transaction peuvent être particulièrement élevés. Il s'agit du contexte de la concurrence limitée et de celui de l'asymétrie d'information.

Le contexte de la concurrence limitée

Dans un marché de l'épargne et de crédit dominé par la concurrence limitée, deux types de coûts sont généralement présents : le premier, un coût supporté par les emprunteurs et les épargnants en payant un taux d'intérêt élevé sur le crédit et recevant un taux d'intérêt faible sur l'épargne (Mersland, 2008). Le deuxième type de coût, qu'Hansmann traite de « social », est la sous-consommation des services d'épargne et de crédit à cause du prix élevé des services. Pour éviter ces coûts, Hansmann propose l'assignement de la propriété à une coopérative des consommateurs en l'occurrence la coopérative d'épargne et de crédit. Cette dernière permettra donc l'accès au crédit à plus de personnes et à des taux d'intérêt moins élevés que dans une situation de concurrence limitée du marché.

Le contexte d'asymétrie d'information

Dans une situation d'information imparfaite, l'égoïsme et l'opportunisme des agents économiques peuvent conduire au fait que l'une des parties dans la transaction profite d'une situation au détriment de l'autre (Williamson, 1979). En effet, se référant aux théories économiques, les agents économiques ne seraient animés que par la poursuite de leurs propres intérêts, ce qui fait qu'ils « sont opportunistes, c'est-à-dire susceptibles de tricher si tel est leur intérêt » (Nyssens, 2008). Selon Hansmann (1996), « le contrat peut être plus coûteux lorsque l'une des parties dans la transaction (le client) détient beaucoup plus d'informations que l'autre ».

Dans le cas des coopératives d'épargne et de crédit, plusieurs auteurs soutiennent que les coûts d'asymétrie d'information liés à la relation que la COOPEC peut avoir avec ses membres (emprunteurs et épargnants) sont généralement moins importants. Cela se justifie, d'une part, par le fait que les membres sont en même temps propriétaires (participent à la gestion de la structure) et d'autre part, le fait d'appartenir à une même communauté fait que les membres détiennent beaucoup d'informations les uns sur les autres, s'autosélectionnent et s'exercent mutuellement une pression sociale afin de limiter les défauts de remboursement (Mersland, 2008 ; Ory *et al.*, 2006). De plus, la cohésion ainsi que l'homogénéité qui peut exister au niveau des membres peuvent aussi contribuer à la réduction de l'asymétrie d'information et des coûts qui en découlent (Bayle et Dupuis, 2012 ; Mertens, 2005 ; Hart et Moore, 1990 ; Berger et Mester, 1997).

Mais pour d'autres auteurs, cet avantage qu'ont les coopératives d'épargne et de crédit en matière d'asymétrie d'information n'est possible que dans la mesure où l'organisation est de petite taille et ne réalise que des opérations standardisées spécifiques à leurs membres (Ory *etal.*, 2006 ; Akella et Greenbaum, 1988). Celui-ci disparaît avec l'accroissement de la taille d'activités de la coopérative occasionnant la dilution du sociétariat ayant des intérêts multiples (Périlleux, 2008 ; Emmons et Schmid, 2000).

En se basant sur la littérature économique, on peut considérer la forme de propriété des coopératives d'épargne et de crédit comme une forme alternative permettant potentiellement la réduction des problèmes d'imperfections du marché (concurrence limitée et d'asymétrie d'information) de l'épargne et du crédit ainsi que des coûts qui en découlent (Ory *etal.*, 2006 ; Mertens, 2005 ; Hansmann, 1996).

Certains auteurs considèrent, toutefois, ces arguments des approches économiques dominantes comme ne pouvant justifier, à eux seuls, l'existence des coopératives. D'autres facteurs, selon eux, sont également susceptibles de l'expliquer.

Pour Borzaga *et al.* (2011), ne considérer les coopératives que comme une solution au problème d'imperfection du marché, c'est ne leur accorder « qu'un rôle de transition et reléguer leur pertinence à certains contextes spécifiques caractérisés par de sévères défaillances ». Ces dernières devraient donc disparaître dès que le marché s'améliorerait (Giantaldoni et Richez-Battesti, 2008). Or, les coopératives ont connu ces dernières décennies une croissance sans précédent et continuent à se maintenir dans de nombreux pays (Borzaga et Defourny, 2001). On assiste d'ailleurs, depuis la crise des subprimes, à une montée de méfiance vis-à-vis des institutions financières classiques en faveur des coopératives financières. Plusieurs ont souligné, dans le contexte de crise notamment financière, les effets positifs de la diversité institutionnelle sur le risque systémique. Ces facteurs montrent, à suffisance, que les coopératives financières ont leur place dans le paysage des institutions financières. Elles doivent donc exister pour apporter leur pierre à l'édification de celui-ci.

II.2. L'allocation des droits de propriété formels dans les COOPEC

Dans une coopérative d'épargne et de crédit, tout membre ayant payé le droit d'adhésion et libéré ses parts sociales détient les droits formels de propriété et peut être considéré comme propriétaire de la structure (Rijpens et Faillon, 2010). Dans ces structures, les membres sont à la fois associés et clients (Ory *et al.*, 2006 ; Zeller, 2003). Le principe de double identité domine donc cette forme institutionnelle d'organisation.

Le droit au contrôle résiduel

Selon Hansmann (1996), ce droit donne le pouvoir au propriétaire d'une organisation de prendre des décisions et de surveiller le comportement du management. Dans les coopératives, en général, et dans les COOPEC, en particulier, le droit au contrôle résiduel est explicité par le deuxième principe coopératif de l'ACI qui aborde la question du pouvoir démocratique exercé par les membres-propriétaires. Selon ce principe, « les coopératives sont des organisations démocratiques dirigées par leurs membres qui participent activement à l'établissement des politiques et à la prise de décisions. Les hommes et les femmes élus comme représentants des membres sont responsables devant eux. Dans les coopératives, les membres ont des droits de vote égaux en vertu de la règle "un membre, une voix" » (ACI, 1995).

Si l'on se réfère à ce deuxième principe coopératif de l'ACI, le pouvoir de décision et de surveillance au sein des COOPEC revient, théoriquement, aux membres-propriétaires. Ces derniers exercent ce pouvoir à travers le droit de vote qui leur permet de participer aux grandes décisions prises au sein de l'Assemblée générale (AG) des membres (Regnard et Rousseau, 2012 ; Allam et Monnier, 2010). L'AG est donc l'organe suprême d'une coopérative d'épargne et de crédit. Elle réunit tous les coopérateurs (propriétaires) et décide des grandes orientations de l'organisation (mission, objectifs à atteindre, affectation du surplus, etc.), d'accepter ou de rejeter le rapport annuel d'activités après examen, etc. (Périlleux, 2008) Le contrôle et la prise de décisions ne sont pas proportionnels aux apports en capital, mais le principe d'une voix, une personne prévaut (Rijpens et Faillon, 2010 ; Ory *et al.*, 2006).

En outre, il existe donc ce que l'on appelle « démocratie participative et représentative » dans cette forme de propriété. La démocratie participative étant le dispositif permettant aux membres d'une coopérative de participer à la vie de leur structure et de participer à la prise des décisions. La démocratie représentative, quant à elle, est un système permettant aux membres de se choisir des représentants à qui ils donnent le mandat d'agir et de décider à leur place pour certains domaines bien spécifiés. Dans les COOPEC, ce système permet d'élire les membres des organes de gestion. Généralement, on retrouve trois autres organes complémentaires, dits de gestion, constitués des membres-propriétaires élus par l'Assemblée générale. Ces organes ont le pouvoir de prendre des décisions sur des domaines ou aspects bien spécifiques de l'organisation. Il s'agit du : Conseil d'administration (CA), Comité de crédit (CC) et Conseil de surveillance (CS). En tant que représentants des membres de la COOPEC, ces élus sont impliqués dans la gouvernance de l'organisation et travaillent de façon bénévole, mais peuvent recevoir des indemnités (Collette et Pigé, 2008 ; Ragnard et Rousseau, 2012). Ils prennent des décisions en se basant sur les informations reçues du personnel et rendent compte à l'Assemblée générale.

Le droit aux rendements résiduels

Se référant à Hansmann (1996), les propriétaires d'une organisation ont droit aux rendements résiduels, c'est-à-dire des surplus dégagés de l'activité après règlement de l'ensemble des charges (Milgrom et Roberts, 1992 ; Hansmann, 1996 ; Chaddad et Cook, 2002). Dans le cadre de leurs activités, les coopératives (COOPEC y compris) peuvent réaliser des surplus. Le troisième principe coopératif de l'ACI, traitant de la participation économique des membres, présente différents éléments auxquels ces surplus peuvent être affectés : « les membres ne bénéficient habituellement que d'une rémunération limitée du capital souscrit comme condition de leur adhésion. Ces derniers affectent les excédents à tout ou partie des objectifs suivants : le développement de leur coopérative, éventuellement par la dotation de réserves dont une partie au moins est impartageable, des ristournes aux membres en proportion de leurs transactions avec la coopérative et le soutien d'autres activités approuvées par les membres » (ACI, 1995).

Ce principe (concernant à la participation économique des membres) ressort donc le fait que dans les coopératives, en général, et les COOPEC en particulier, l'affectation du profit réalisé ne se fait pas de la même façon que dans d'autres formes d'organisation. Les surplus ne servent pas qu'à la rémunération des parts sociales qui d'ailleurs reste limitée. Ils sont généralement partitionnés et affectés dans différents éléments suivant les objectifs de l'organisation. Ils peuvent également être attribués aux membres sous forme de « ristourne au prorata de leur transaction économique avec la coopérative » (Mauget, 2006 ; Mertens, 2005). Plusieurs auteurs soulignent le fait que ce principe de ristourne est l'un des plus anciens principes coopératifs permettant de différencier les coopératives des organisations capitalistes (Montagne, 1964 ; Zevi et Monzon-campos, 1995 ; Brazda et Schediwy, 1994).

COOPEC : une propriété atténuée ?

La théorie sur les droits de propriété au sein des COOPEC, telle que présentée dans les paragraphes précédents, met en évidence la présence d'une certaine atténuation de la propriété de cette forme d'organisation. Cette atténuation de la propriété des COOPEC découle de leurs spécificités en matière de l'allocation et du fonctionnement des droits de propriété. En voici quelques-unes. Selon plusieurs auteurs, ces caractéristiques atténuent la propriété de ces organisations (Chaddad et Cook, 2004 ; Hansmann, 1996 ; Furubotn et Pejovich, 1972 ; Simon et Du Montcel, 1977) :

- Le principe « une personne, une voix » promu par les COOPEC fait que, quel que soit le nombre des parts sociales détenues par un membre, ce dernier n'aura qu'une voix comme tous les autres lors de la prise des décisions (Ory *et al.*, 2006). Or dans les entreprises classiques, plus on a des actions dans l'entreprise, plus on a le pouvoir de décision. C'est donc une forme d'atténuation du droit au contrôle résiduel.
- Les réserves constituent le patrimoine collectif de l'organisation et ne sont pas, dans la plupart de cas, partageables. Selon Cartier *et al.* (2012), « ces réserves capitalisées ne se matérialisent pas dans la richesse de chacun de coopérateurs, car ne peuvent être distribuées ». Ce qui constitue déjà une atténuation du droit aux rendements résiduels.
- La rémunération limitée des parts de capital.
- Les parts sociales sont propriétés *intuitu personae* des associés. Donc, dans cette forme d'organisation, les caractères exclusifs et transférables des droits de propriété sont restreints (Simon et Du Montcel, 1977).

III. Les COOPEC dans le paysage congolais de microfinance : configuration et ruptures

L'histoire des COOPEC au Congo met en lumière une certaine évolution de leur fonctionnement, dans le temps, conduisant à une diversité de configuration mais également des ruptures. Les paragraphes qui suivent se focalisent sur les différentes configurations et ruptures observées au niveau des COOPEC. L'analyse des données recueillies nous permet, premièrement, de distinguer deux principales observations sur la configuration de ces structures au Congo. D'une part, la présence d'une nouvelle versus une ancienne génération des COOPEC. En effet, la crise de la décennie 1990 avait emporté la majorité des COOPEC de l'ancienne génération, c'est-à-dire ayant vu le jour les décennies précédentes. Avec la relative stabilité connue en 2000, l'on a assisté à l'émergence des COOPEC de nouvelle génération. Et d'autre part, la présence des différents profils des COOPEC malgré leurs formes juridiques identiques. Deuxièmement, les éléments chiffrés du secteur congolais de microfinance montrent que les COOPEC sont des acteurs importants du secteur, cependant leur place par rapport aux IMF doit être relativisée. Enfin, cette analyse nous a permis d'identifier les différentes difficultés que rencontrent les COOPEC congolaises dans l'exercice de leurs activités.

III.1. Configuration des coopératives d'épargne et de crédit au Congo

Les coopératives d'épargne et de crédit sont présentes au Congo depuis plusieurs décennies. Elles ont connu un temps d'apogée vers les années 1970-1980, mais aussi de déclin, à partir du début des années 1990, matérialisé par la faillite et fermeture de bon nombre d'entre elles. Cette situation a conduit à l'installation, au niveau de la population, d'un climat de méfiance envers ces structures. Elle a également mis à mal la crédibilité des COOPEC auprès des bailleurs ainsi que d'autres acteurs intéressés par cette forme d'organisation. À partir de l'an 2000, suite aux efforts consentis par les acteurs clés du secteur de microfinance, on a assisté à la création des nouvelles coopératives mais également à la restructuration des anciennes coopératives d'épargne et de crédit. Dans la configuration actuelle des COOPEC congolaises, celles de l'ancienne génération ont cessé d'exister, laissant la place à celles de la nouvelle génération.

III.1.1. Nouvelle versus ancienne génération

Les coopératives financières œuvrant actuellement en République démocratique du Congo peuvent donc être qualifiées « de nouvelle génération ». En effet, plusieurs raisons justifient cette qualité qu'elles endossent.

Premièrement, ces COOPEC sont régies par une loi spécifique qui régule leurs activités. Ce qui n'était pas le cas avec les COOPEC de la génération précédente. Avant la Loi n° 002 de 2002 applicable aux coopératives d'épargne et de crédit, ces organisations étaient régies par le décret du 24 mars 1956 organisant les coopératives indigènes. Ce texte légal régissant les COOPEC de l'ancienne génération n'était donc pas adapté, car ne prenant pas en compte leurs réalités. Par contre, la Loi de 2002[1]intègre les spécificités de cette forme d'organisation en termes de fonctionnement, d'activités et de sa contribution au secteur financier de façon générale.

Deuxièmement, étant reconnues comme structures offrant les services de microfinance, les COOPEC bénéficient non seulement du suivi et de la supervision de la part de la Banque centrale du Congo, mais aussi de soutien technique et de financement de la part des bailleurs de fonds et d'autres structures d'appui mises en place par le gouvernement congolais. Ce qui leur donne une certaine légitimité dans l'offre des services financiers, mais aussi une certaine crédibilité auprès de la population.

Troisièmement, la totalité des COOPEC de la nouvelle génération fonctionnent dans la formalité contrairement à celles de l'ancienne génération. En effet, avant l'assainissement du secteur de la microfinance par la Banque centrale du Congo, il existait un grand nombre des COOPEC informelles. Mais à ce jour, seules les COOPEC ayant reçu leur agrément en

[1] Cette loi est en pleine révision en vue de l'adapter au contexte actuel du secteur des COOPEC.

bonne et due forme ont le droit de fonctionner au Congo. Cela permet à la Banque centrale de faire le suivi et le contrôle de ces organisations, ce qui renforce leur crédibilité par rapport aux anciennes COOPEC. De plus, il devient possible de comparer le poids des activités de ces structures avec celui des activités des institutions de microfinance ou même d'observer le poids de leurs activités dans le secteur financier, en général. Ce qui était difficile à faire avec les anciennes COOPEC.

Les COOPEC de la nouvelle génération regroupent une multitude de dénomination mais fonctionnent sur base des mêmes principes coopératifs. Ainsi, dans le vocable « coopératives d'épargne et de crédit » au Congo, on trouve les mutuelles d'épargne et de crédit, les caisses d'épargne et de crédit ainsi que des coopératives d'épargne et de crédit. Toutes ces différentes dénominations fonctionnent en se basant sur les principes coopératifs prônés par l'Alliance coopérative internationale et la Loi n° 002 de 2002. Elles sont de différentes tailles. On en trouve de grande taille, de taille moyenne et de petite taille. La taille des COOPEC est souvent jugée à partir du nombre des membres et du personnel, du total bilan et à des moments, de l'encours d'épargne et de crédit.

Il est important de souligner le fait que les COOPEC de la nouvelle génération n'ont pas toutes été créées à partir des années 2000. La création de certaines de ces COOPEC a précédé cette décennie, mais pour répondre à la Loi n° 002/2002 et faire partie du secteur de microfinance, ces anciennes COOPEC ont été obligées de se restructurer et de demander un nouvel agrément à la Banque centrale du Congo tout en en se pliant aux instructions de celle-ci. Par ce fait et répondant aux trois critères soulevés précédemment, elles peuvent être considérées comme étant de la nouvelle génération.

La Loi n° 002/2002 précise que la propriété des COOPEC revient aux membres effectifs, c'est-à-dire ceux ayant souscrit et libéré les parts sociales. Cette disposition n'est pas contraire aux principes coopératifs. Ainsi, tout membre effectif d'une COOPEC détient le droit au contrôle résiduel complet et le droit aux revenus résiduels limité à l'affectation des surplus. Il s'agit donc, au regard de la littérature, d'une propriété atténuée.

III.1.2. Formes juridiques identiques mais profils différents

Le secteur de microfinance au Congo contient différents profils de propriété des coopératives d'épargne et de crédit. Ces profils sont fonction de la manière dont elles ont été créées ou mises en place. Notre étude permet de distinguer 3 profils de propriété au niveau des COOPEC congolaises. Un premier comprenant les COOPEC du type suscité, un second avec celles découlant de la transformation d'une autre forme d'organisation et un troisième constitué des COOPEC créées par la base (autocréées).

III.1.2.1. Les coopératives d'épargne et de crédit du type « suscité[2] »

Ces COOPEC sont des organisations généralement créées ou mises en place sous l'impulsion d'un individu, un groupe d'individu ou d'une autre organisation. Plusieurs raisons peuvent être à la base de cette action : stratégie de survie, lutte contre la pauvreté, le manque d'accès aux services financiers, etc. Au Congo, différents modèles des COOPEC suscitées existent :

Les COOPEC suscitées par un individu (ou un petit groupe d'individus)

Ces structures sont généralement l'œuvre d'un ou plusieurs individus qui veulent créer une coopérative et qui cherchent des gens pour fédérer autour d'eux afin de rendre crédible leur structure. Ils détiennent le plus souvent la majorité des parts sociales et fournissent le local, l'équipement et le financement nécessaire au démarrage de l'activité. L'une des raisons expliquant le choix de cette forme d'organisation plutôt qu'une autre forme est que la création d'une coopérative est beaucoup moins exigeante et donne droit à des exonérations d'impôts. Dans ce cas, les droits de propriété sont alloués et exercés par l'individu ou le petit groupe d'individus à la base de la création de la structure. Il est très souvent possible de rencontrer la jouissance des droits de propriété complets et donc une pleine propriété alors que la propriété d'une COOPEC est atténuée.

Les COOPEC suscitées par une autre organisation (association, ONG ou église)

Dans le cas des associations et des ONG, l'impulsion de la création des COOPEC découle souvent de leur objet social ou alors d'un constat fait par elles dans le cadre de leur mission. Elles peuvent donc aider la population locale à la création d'une coopérative d'épargne et de crédit. La particularité de cette catégorie des COOPEC, c'est qu'elles sont pensées, structurées et mises en place non pas par la population, mais par ces associations, ONG qui n'associent la population cible que dans la phase de démarrage. Dans cette phase, la population cible est contactée, formée et reçoit les équipements et le financement nécessaires au démarrage des activités. Soulignons toutefois qu'il existe de rares cas où certaines associations ou ONG associent la population de base à la réflexion, la structuration et la mise en place d'une coopérative. Dans tous les cas, ces COOPEC sont suivies et accompagnées par ces associations, ONG pendant un temps déterminé. La raison la plus souvent avancée est que ce temps d'accompagnement doit permettre aux

[2] Il est vrai que toute organisation est généralement mise en place sous l'impulsion soit d'un ou plusieurs individus, soit d'une autre organisation. Cependant, par suscitées ici, nous entendons les COOPECdont la mise en place et le fonctionnement marquent une rupture avec certains principes coopératifs notamment en termes d'autonomie de gestion et, dans certains cas, de démocratie.

membres de ces COOPEC de s'approprier leur structure et de devenir autonomes.

Dans ces genres de COOPEC, on observe généralement une forte dépendance des organes de gestion aux règles et textes élaborés par ces associations et ONG lors de la création de la structure. Cette dépendance des instances de décision de ces COOPEC, aux règles établies et aux textes statutaires élaborés par leurs structures mères, est souvent observée par le fait que ces règles et ces textes ne sont revus que très rarement par ces COOPEC et ce, malgré les évolutions qu'elles peuvent connaître. L'une des raisons expliquant cette inertie de la part de ces COOPEC est la crainte de voir l'association ou l'ONG se retirer et ne plus les soutenir financièrement. En outre, le ou la gérant(e) est, la plupart du temps, recruté(e) et formé(e) par l'association ou l'ONG créatrice de la coopérative. On peut donc se questionner sur la place et l'influence que peut avoir ce dernier dans la structure surtout lorsqu'on sait qu'il est généralement considéré par les élus comme représentant de l'association ou de l'ONG.

Tout comme les associations et les ONG, certaines églises aussi, suite à un besoin en financement des activités de leurs membres, ont été à la base de la création des COOPEC. Dans la plupart des cas, ces églises réunissent leurs fidèles pour réfléchir sur la mise en place de la structure. L'un des traits caractéristiques de ces COOPEC est la présence d'une forte influence des autorités ecclésiales sur la gouvernance de ces structures. Cependant, les droits de propriété sont généralement alloués à tous les membres effectifs et la propriété, dans ces genres de COOPEC, est atténuée.

III.1.2.2. Les COOPEC découlant de la transformation d'une autre forme d'organisation

Il s'agit particulièrement des coopératives d'épargne et de crédit découlant de la transformation des cellules des églises, d'associations ou ONG qui exerçaient, en tant qu'organisation à but non lucratif, des activités de microfinance. En effet, celles-ci ont été obligées, avec l'interdiction par la loi, d'arrêter leurs activités. Certaines d'entre elles ont choisi de se transformer en COOPEC. On peut, dans ces genres de structures, observer plusieurs scénarios en matière de gouvernance. Il est possible de trouver des COOPEC encore très imprégnées des traces des anciennes organisations notamment au niveau des organes de gestion. C'est le cas, par exemple, des Conseils d'administration ayant énormément de pouvoir et dans certains cas, beaucoup plus que l'Assemblée générale. On peut également croiser des COOPEC issues de la transformation d'une autre organisation mais fonctionnant sans aucun héritage de celle-ci.

III.1.2.3. Les COOPEC créées par la population de base ou autocréées

Cette catégorie est constituée des COOPEC créées par la population afin de répondre à leur besoin de financement. Généralement à la base de ces COOPEC, il y a des membres fondateurs qui partagent la vision avec la population-cible. Les membres se constituent en Assemblée générale pour élire les dirigeants et mettre en place les règles de gouvernance et de gestion de la structure. On attend, généralement, de ces COOPEC une certaine appropriation par leurs membres et une autonomie de gestion.

La propriété est atténuée, car les membres jouissent pleinement du droit au contrôle résiduel tandis que le droit aux revenus résiduels est limité. Cependant, ces structures connaissent généralement des coûts de propriété élevés notamment à cause de leur sociétariat diffus. Le coût de prise de décision est généralement élevé et le mécanisme d'atténuation de ce coût tel que la délégation du pouvoir peut conduire aux problèmes d'agence (Hansmann, 1996).

III.2. Ruptures

Une analyse étroite des différents profils de propriété présents dans le secteur des coopératives d'épargne et de crédit congolaises met en lumière certains gaps entre la littérature en cette matière et la réalité congolaise. Ce que nous avons considéré comme des ruptures plus particulièrement par rapport aux principes coopératifs qui sous tendent ces organisations, mais également par rapport à l'allocation des droits de propriété. De celles-ci peuvent découler des difficultés en termes de gouvernance et gestion. Notre étude montre que ces ruptures sont inhérentes aux profils de propriété. En effet, les profils étant différents, il n'est pas étonnant que la nature de l'écart ou rupture soit différente également. Soulignons néanmoins le fait que ces ruptures sont beaucoup plus importantes dans les deux premiers profils de propriété des COOPEC congolaises. En effet, ces deux profils ne s'inscrivent pas dans la logique normale de la création d'une COOPEC.

III.2.1. Au niveau des COOPEC de type suscité

Rappelons que dans ce profil, on trouve des COOPEC créées par un individu (ou petit groupe d'individus) pour des intérêts propres ou encore suscitées par une autre organisation (ONG, associations ou églises) dans le cadre de sa mission. Il est possible d'observer dans cette catégorie de COOPEC : une rupture avec les principes coopératifs notamment en matière de gestion démocratique et de partage de surplus réalisés.

Notre étude montre que dans la plupart des COOPEC suscitées notamment par des individus, le contrôle est entre les mains d'un individu identifié comme « fondateur » (ou un nombre limité d'individus considérés comme fondateurs). Cette catégorie d'acteurs gère ces structures à leur guise. L'adhésion et participation démocratique d'autres membres à la gestion sont souvent verrouillées. La possibilité de devenir membre effectif et donc d'entrer dans la propriété est limitée à un petit groupe d'individus. Tous les autres épargnants et emprunteurs sont des membres auxiliaires ne pouvant pas avoir part au capital de la COOPEC et à la prise des décisions, car n'ayant pas le droit de participer aux instances de décision.

Le fondateur occupe souvent le poste du président du Conseil d'administration et détient le dernier mot sur toute décision devant être prise au sein de la structure. C'est généralement un individu assez charismatique et ayant une grande influence dans la structure.

De plus, dans certaines COOPEC, on observe la distribution des surplus réalisés au prorata du capital investi par les « fondateurs » alors que les principes coopératifs limitent ce partage.

En réalité, la nature de ces ruptures fait que ces structures ne peuvent pas véritablement être considérées comme COOPEC. On y observe une certaine banalisation de l'identité coopérative pour s'aligner sur celle de l'actionnariat (Richez-Battesti et Hector, 2012). Il s'agit en réalité des « sociétés anonymes » déguisées en COOPEC. Par ce fait, elles contribuent à plus de distorsion sur le marché de l'épargne et crédit au lieu d'atténuer les effets de la défaillance du marché comme le préconise la littérature.

De plus, en matière de propriété, on constate que ces structures ont une propriété complète, car jouissant en même temps du droit au contrôle résiduel et celui aux revenus résiduels. Ceci est une forme de rupture avec la littérature qui considère les COOPEC comme des institutions ayant une propriété atténuée (Chaddad et Cook, 2004 ; Hansmann, 1996).

Quant aux COOPEC suscitées par une autre organisation, l'histoire est assez différente. En effet, on y observe plutôt une forte dépendance des organes de gestion aux règles et textes élaborés par l'association ou l'ONG à la base de sa création. Dans la plupart des COOPEC ayant ce profil, nous avons observé une certaine inertie en matière de révision des textes et règles même si ces derniers n'étaient en phase avec la réalité des structures concernées. En outre, nous avons observé une forte influence du gérant(e) sur les décisions à prendre par les dirigeants élus. Ces deux observations s'expliquent par le fait que les organisations à la base de la création de ces COOPEC ont encore énormément de pouvoir sur elles et en arrivent à participer à la prise des décisions stratégiques alors que c'est une tâche qui revient aux dirigeants élus. La crainte de ne plus être financées et de voir le bailleur se retirer maintient les COOPEC dans cette inertie en matière de révision des textes et règles ainsi que dans le fait d'accepter la forte influence du management. Rappelons que le plus souvent, ces textes et règles sont élaborés par l'organisation (ou bailleurs des fonds) ayant suscité ces COOPEC et que le (la) gérant(e) est également recruté(e) par elle.

Ces éléments révèlent une certaine rupture avec les principes de la gestion autonome et de démocratie prônés par les coopératives. En matière de propriété, l'allocation des droits est floue. Le contrôle résiduel est exercé par une catégorie d'acteurs qui ne le devrait pas. En jouissant de ce droit, ils participent à la propriété allant, ainsi, à l'encontre de la loi congolaise sur les COOPEC et des principes coopératifs.

III.2.2. Au niveau des COOPEC découlant de la transformation d'une autre organisation

Comme souligné précédemment, il s'agit des COOPEC qui ont vu le jour suite à l'interdiction aux ONG et autres organisations à but non lucratif de faire de la microfinance considérée comme étant du commerce (octroi du crédit avec un taux d'intérêt). Les organisations concernées ont donc été obligées de prendre une autre forme juridique pouvant leur permettre de continuer à exercer leurs activités de microfinance. Certaines ont choisi la forme coopérative d'épargne et de crédit.

Dans ce profil, on observe deux catégories de COOPEC : une première qui s'insère facilement dans le monde coopératif en essayant d'intégrer les principes qui sous-tendent cette forme d'organisation. La deuxième catégorie des COOPEC, dans ce profil, a du mal à trouver son équilibre dans ce nouvel environnement. On y observe encore une forte influence d'acteurs externes (bailleurs de fonds) sur la prise des décisions stratégiques. Ce qui est une rupture avec le principe de gestion autonome. En outre, on observe une certaine concentration du pouvoir au niveau du Conseil d'administration (Aliango, 2017). En effet, généralement dans cette catégorie de structures, le CA détrône l'Assemblée générale, qui est l'organe suprême d'une COOPEC, en devenant lui-même un important organe de décision.

Le fait pour le Conseil d'administration d'avoir plus de pouvoir que l'Assemblée générale peut conduire à une relation d'agence et des comportements opportunistes de la part des administrateurs. En effet, ces derniers ayant un accès privilégié à l'information (Lambert, 2003).

III.2.3. Au niveau des COOPEC autocréées

Ces COOPEC sont créées solidairement par un groupe de personnes ayant des liens d'appartenance à un espace géographique ou de travail. Le constat général fait lors de notre étude est que ces structures intègrent les principes coopératifs dans leur fonctionnement. L'adhésion étant ouverte à tous ceux qui le désirent, il s'agit d'un sociétariat diffus où tout membre ayant souscrit et libéré les parts sociales est propriétaire de la COOPEC, car jouissant pleinement du droit au contrôle résiduel (prise de décisions et surveillance du management) et de façon limitée du droit aux revenus résiduels (surplus dégagés de l'activité). La propriété dans ces structures est donc effectivement atténuée.

Malgré le fait que ce profil réponde à bien d'égards au format classique des COOPEC, nous avons, néanmoins, observé deux faits majeurs dans certaines d'entre elles pouvant être considérés comme ruptures : le premier étant le non-respect des principes coopératifs et des textes légaux régissant ces structures dans l'exercice de leurs activités. En effet, théoriquement, ces structures prônent les principes coopératifs, mais dans la pratique, l'application de ces principes pose problème notamment à cause du manque de leur appropriation par les COOPEC.

Deuxièmement, l'exercice des droits de propriété, notamment celui du contrôle résiduel (pouvoir de décision et de surveillance) n'est pas évident. En effet, la plupart de ces COOPEC présentent des difficultés en matière de prise de décisions collectives et de surveillance du management. Il est souvent difficile de réunir les membres en Assemblée générale pour décider des orientations stratégiques notamment à cause d'une forte dilution de propriété (Cadiou *etal.*, 2006). Dès lors les élus, particulièrement les administrateurs, jouent un rôle prépondérant dans le processus de prise de décisions au niveau de l'Assemblée générale. Les membres-propriétaires non élus deviennent donc inactifs (faible participation aux réunions de l'AG) et subissent ou entérinent, sans débats, les propositions faites par les élus (Spear *etal.*, 2009 ; Ragnard et Rousseau, 2012). La démocratie participative, sur base de laquelle sont constituées les COOPEC, n'est donc plus effective et ce sont donc les administrateurs qui détiennent réellement le pouvoir de décision. La crainte à ce niveau est que cette absence de démocratie participative conduise les élus à des comportements opportunistes.

La surveillance du management de ces structures par les dirigeants pose également problème. Or, il s'agit là de l'un des mécanismes décourageant les comportements opportunistes au niveau des managers. La principale raison pouvant expliquer cette situation étant l'absence de compétences et d'expérience au niveau des dirigeants des COOPEC dans ce domaine (Aliango, 2017 ; BCC, 2018).

Conclusion

Dans le présent article, il a été question de la propriété des COOPEC congolaises. La théorie économique de droits de propriété alloue la propriété par la détention de deux droits : le droit au contrôle résiduel et le droit aux revenus résiduels. Dans les COOPEC, ces droits sont spécifiés par les principes coopératifs ainsi que les textes qui les régissent. Il ressort de l'analyse théorique de l'allocation des droits de propriété aux COOPEC que ces dernières ont une propriété atténuée. En RDC, l'étude de la propriété met en lumière une configuration des COOPEC avec différents profils. Certaines étant de type suscité, d'autres découlant de la transformation d'une autre organisation et d'autres encore créées par la population de base ou autocréées.

Selon la littérature, l'allocation des droits de propriété doit se faire de la même façon pour une forme d'organisation. Ce qui devrait être le cas pour les COOPEC congolaises. Cependant, notre étude empirique montre que la jouissance de ces droits diffère d'un profil de propriété de COOPEC à un autre, créant ainsi des ruptures non seulement en matière d'allocation des droits de propriété mais également en termes des principes coopératifs. Ce qui explique en partie les maux que connaissent les COOPEC congolaises.

Une étude approfondie de la manière dont les droits de propriété fonctionnent s'avère nécessaire pour mieux appréhender les contours des difficultés que rencontrent ces structures notamment en matière de gouvernance.

Bibliographie

ACI (1995), Principes coopératifs, disponible sur : http://www.ica.coop/f

AKELLA et GREENBAUM (1988), « Savings and loans ownership structure and expense preference », *Journal of Banking and Finance*, n° 12, pp. 419-437.

ALCHIAN A. et S. WOODWARD (1987), « Reflections on the Theory of the Firm », *Journal of Institutional and Theoretical Economics.*

ALIANGO M. (2017), *Analyse de la propriété des coopératives d'épargne et de crédit : cas des COOPEC kinoises*, thèse de doctorat, UCL, Belgique.

ALLAM D. et MONNIER S. (2010),*« Sortie de crise : La coopérative, une forme organisationnelle innovante pour l'entreprise »*, Communication au colloque sur la « Transformation et innovations économiques et sociales en Europe : quelles sorties de crise ? Regards interdisciplinaires », Charleroi, Belgique.

ANDREFF W. (2007), L'économie de la transition : la transformation des économies planifiées en économies du marché, Édition Bréal, France, 494 pages Arnaud, 2011.

ARNAUD S. (2011), « Les mutuelles et coopératives : une histoire humaniste, preuve de diversité dans un paysage capitaliste », in *Cahier de recherche n° 2011-01*, Business School, Université Nancy 2, p. 1-19.

BARZEL Y. (1997), « Economic Analysis of Property Rights », second ed., Cambridge: Cambridge University Press.

BAYLE E. et DUPUIS J. (2012), Management des entreprises de l'économie sociale et solidaire : identités plurielles et spécificités, Éd. De Boeck Supérieur, Louvain-la-Neuve, Belgique.

BCC (2018), *Rapport d'activités de la microfinance 2016*, Kinshasa-RD Congo.

BEN-NER A. et JONES D. C.(1995), « Employee Participation, Ownership and Productivity: A Theoretical Framework », *Industrial Relations*, vol. 34, n° 4, pp. 532-555.

BERGER A. N. et MESTER L. J.(1997), « Inside the Black Box: What Explains Differences in the Efficiencies of Financial Institutions », *Journal of Banking and Finance*, n° 21, p. 895-947.

BIJMAN J. (2002), *Essays on Agricultural Co-operatives: Governance Structure in Fruit and Vegetable Chains*, ERIM, University of Rotterdam, 187 p.

BIRCHALL J. (2010), *Peolple-centred Businesses: Co-operatives, Mutuals and the idea of Membership*, London: Palgrave Macmillan.

BORZAGA C. et DEFOURNY J., eds. (2001), *The Emergence of Social Enterprise*, London and New York, Routledge, p. 350-370, Borzaga, 2010.

BORZAGA C., DEPEDRI S. et E. TORTIA (2011), « Diversité des organisations dans les économies de marché, rôle des coopératives et des entreprises sociales. Plaidoyer en faveur d'un pluralisme économique », *Revue internationale de l'économie sociale*, RECMA, n° 321, p. 32-49.

BOYE S., HAJDEBERG J. et POURSAT C. (2006), *Le Guide de microfinance*, Éditions d'Organisation, Paris.

BRAZDA et SCHEDIWY (1994), La position légale des coopératives en Autriche et les développements récents, in Mônzon J. L. et Zévi A. (eds), *Coopératives, marché, principes coopératifs*, Éd. De Boeck, Bruxelles.

CARTIER J. B., NASZALYI P. et B. PIGE (2012), « Organisations de l'économie sociale et solidaire : quelle théorie de la gouvernance ? », in*Le Management des entreprises de l'économie sociale et solidaire – Identités plurielles et spécificités*, Bayle E. et J.-C. Dupuis (éd.), p. 47-69.

CHADDAD F. R. et COOK M. L. (2002), « An Ownership Rights Typology of Cooperative Models », AEWP 2002-06, 27 p.

CHADDAD F. R. etCOOK M. L. (2004), « Understanding New Cooperative Models: An Ownership-Control Rights Typology », *Review of agricultural Economics*, 26, 348-360.

COLLETTE C. et PIGE B. (2008), *Économie sociale et solidaire. Gouvernance et contrôle*, Dunod, Paris.

CORNFORTH C. (2005), « La gouvernance des coopératives et des sociétés mutuelles : une perspective de paradoxe », in *Économie et Solidarités*, volume 35, numéros 1-2, Presses de l'Université du Québec, p. 81-99.

DEMSETZ H. (1967), « Toward a theory of Property Rights », *American Economic Review Papers and Proceedings*, pp. 347-359.

EGGERTSSON T. (1990), *Economic Behavior and Institutions*, Cambridge, Cambridge University Press, 385 pages.

EMMONS W. R. et SCHMID F. A.(2000), « Bank competition and concentration: do credit unions matter? », *Review Federal Reserve Bank of St. Louis*, issue May, p. 29-42.

FAMA E. F. (1980), « Agency Problems and the Theory of the Firm », in*The Journal of Political Economy*, vol. 88, April, pp. 288-307.

FURUBOTN E. G. et S. PEJOVICH (1972),« Property Rights and Economic Theory: A Survey of Recent Literature », in *Journal of Economic Literature*, p. 1146.

GIANFALDONIet RICHEZ-BATTESTI (2008), *La Gouvernance partenariale des banques coopératives françaises*, Rapport de recherche, DIIESES, Université d'Avignon, 208 p.

GROSSMAN S. J. etGROSSMAN HART O. D. (1986), « The Costs and Benefits of Ownership; A Theory of Vertical and Lateral Integration », *Journal of Political Economy*, vol. 94, n° 4, pp. 691-719.

HANSMANN H. (1996), « The Ownership of Enterprise », Cambridge, MA/London: The Belknap Press of Harvard University Press.

HART O. et MOORE J.(1990), « Property Rights and the Nature of the Firm », *The Journal of PoliticalEconomy*, vol. 98, n° 6, pp. 1119-1158.

JACQUIER C. (1999), « L'épargne et le crédit solidaire dans les pays en développement », in DEFOURNY J., DEVELTERE P. et FONTENEAU B. (eds),

L'Économie sociale au Nord et au Sud, Éditions De Boeck, Paris-Bruxelles, p. 59-82.

JEGERS M. (2008), *Managerial Economics of Non-profit Organizations*, Routledge, 165 p.

JENSEN M. etMECKLING W. (1976), Theory of the firm: Managerial behavior, agency costs, and ownership structure, *Journal of Financial Economics*, 3, 305-360.

LABYE A., LAGOUTTE C. et RENVERSEZ F. (2002), « Banques mutualistes et systèmes financiers : une analyse comparative Allemagne, Grande-Bretagne, France », *Revue d'économie financière*, n° 67, pp. 85-109.

LEMAITRE A. (2010), *Organisations d'économie sociale et solidaire. Lecture de réalités Nord et Sud à travers l'encastrement politique et une approche plurielle de l'économie*, thèse de doctorat, UCL, Belgique.

MAUGET R. (2006), De la coopérativeau groupe coopératif agroalimentaire : évolution et dénaturation, Communication au colloque RULESCOOP en mai 2006, ESSEC-IMIA.

MERSLAND R. (2008), Corporate governance and ownership structure in microfinance organizations, *Agder University*.

MERTENS S. (2005), « Une explication théorique à l'existence des coopératives agréées et des sociétés à finalité sociale en Belgique », in*Non-marchand, management, droit et finance*, n° 16, pp. 13-27.

MILGROM P. and ROBERTS J. (1992), Economics, organization and management, Englewood Cliffs: Prentice-Hall.

MONTAGNE R. (1964), « Les problèmes que pose l'expansion du mouvement coopératif », in *Économie rurale*, n° 62, 1964, pp. 101-108.

NYSSENS M. (2008), « Les analyses économiques des associations », in*La Gouvernance des associations*, sous la direction de C. Hoarau et J. L. Laville, *Sociologie, économie, gestion*, Érès, p. 27-49.

ORY J. N., JAEGER M. et GURTNER E.(2006), « La banque à forme coopérative peut-elle soutenir durablement la compétition avec la banque SA ? », *Finance ContrôleStratégie*, 9 (2), p. 121-157.

PERILLEUX A. (2008), « Les coopératives d'épargne et de crédit en microfinance face aux problématiques de gouvernance et de croissance », publié sur : http://ideas.repec.org

PETRELLA F. (2005), « Organisations non lucratives et partenariat : Avantages et risques dans le cas des services de développement local », CERISIS-UCL, Belgique, 17 p.

REGNARD Y. et ROUSSEAU A. (2012), « Formes d'hybridation dans les banques coopératives en France », Colloque Vallorem, « Quand marchand et non-marchand se rencontrent », Orléans.

RIJPENS J. et FAILON J. (2010), « La gouvernance : la gestion démocratique dans les sociétés coopératives », In *Non-marchand, La gestion des entreprises sociales*, sous la direction de Mertens C., Edipro, Liège, p. 322-351.

SIMON Y. et DU MONTCEL H. T. (1977), « Théorie de la firme et réforme de l'entreprise », in*Revue économique*, volume 28, n° 3, pp. 321-351.

WILLIAMSON E. (1979), « Transaction-Cost Economics: The Governance of Contractual Relations », in *Journal of Law and Economics*, vol. 22, n° 2, The University of Chicago Press, pp. 233-261.

WORLD COUNCIL OF CRADITUNIONS (WOCCU), « Rapport statistiques 2005 ».

ZELLER M. (2003), Models of Rural Financial Institutions, An International Conference on Best Practices: Paving the Way Forward for Rural Finance, support provided in part by USAID and WOCCU.

ZEVI A. et J. L. MONZÓN-CAMPOS (eds) (1995), *Coopératives, marchés, principes coopératifs*, De Boeck-Wesmael, Bruxelles.

Commerce extérieur et performance économique en RD Congo : quelle leçon pour une petite économie exportatrice des ressources naturelles ?

Claude SUMATA
Dieumerci ZUMBU,
Léonin KONGO

1. Introduction

Le présent article cherche à analyser les effets du commerce extérieur sur la performance économique en RD Congo. La recherche des déterminants de la performance économique a toujours été l'un des principaux thèmes des recherches en sciences économiques. Cette démarche s'appuie souvent sur l'analyse du commerce extérieur, et ce, depuis des travaux des économistes mercantilistes. La majorité d'études théoriques affirme que le commerce international stimule la croissance économique (Grossman et Helpman, 1991 ; Edwards, 1993).

Cette idée s'est popularisée dans la plupart des pays depuis plusieurs décennies. Le premier courant des travaux théoriques et empiriques révèle que les pays actifs sur le marché international tendent à être plus productifs que leurs homologues relativement fermés qui produisent uniquement pour leur marché national. En effet, le commerce international contribue à une allocation efficiente des ressources et peut conduire à une croissance plus rapide, génératrice d'une plus grande accumulation des facteurs, particulièrement pour les pays disposant d'un niveau de diffusion technologique et de connaissance avancé (Barro et Sala-i-Martin, 1997 ; Dollar et Kraay, 2004).

Cependant, certains auteurs affirment que le commerce extérieur pourrait avoir des effets néfastes sur la croissance économique d'un pays selon le stade du développement notamment émergent, développé ou en voie de développement (Greenaway, 1993 ; Lucas, 1988). Vers la fin des années 1990, les politiques commerciales ont été contestées en raison de leur impact négatif sur les performances économiques dans certains pays en voie de développement (Umba, 2013).

Les résultats sur la relation entre le commerce extérieur et les performances économiques demeurent mitigés. Ce papier a pour objectif de fournir des éléments de réponses à ces interrogations à travers une étude empirique de la relation entre le commerce extérieur et la performance économique en RD Congo. La performance économique est exprimée par la dynamique de la production réelle (Collier, 2000 ; Mukand-Rodrik, 2005 ; Tsasa J. P., 2018).

À ce jour, au mieux de notre connaissance, une seule étude a tenté de manière systématique à vérifier les effets du commerce extérieur sur les performances économiques en RD Congo : Umba J. (2013). Umba utilise la matrice de la comptabilité sociale de 2005 et il adopte une méthodologie d'équilibre général calculable. Par contre, cette étude se démarque de cette option sur deux points. Premièrement, elle utilise un échantillon beaucoup plus large, à savoir de 1980 à 2018. Deuxièmement, elle se base sur une méthodologie économétrique robuste et dynamique.

Dans un premier temps, nous allons procéder à la revue de la littérature dans la section 2. Ensuite, cette démarche nous permettra de présenter les données, de spécifier le modèle et la méthodologie dans la section 3. La section 4 sera consacrée à la présentation ainsi qu'à la discussion des résultats provenant de nos estimations économétriques. Enfin, la section 5 procédera à la conclusion.

2. Revue de la littérature

La revue de la littérature est scindée en deux, la revue théorique d'un côté et empirique de l'autre.

2.1. Revue théorique

Smith (1776) affirme dans son ouvrage sur la richesse des Nations que le commerce international génère des effets positifs sur l'économie dans son entièreté. La théorie smithienne du commerce international est en faveur du libre-échange et la libre compétition internationale. Pour lui, le libéralisme est bénéfique à toutes les économies.

À la suite de Smith, plusieurs économistes et chercheurs ont commencé à analyser les relations possibles existant entre le commerce international et la croissance économique. Au cours des années soixante, les dirigeants étaient plus préoccupés par la recherche et la création des conditions de bien-être meilleures et l'atteinte des objectifs économiques notamment une croissance économique soutenable et durable.

D'un point de vue théorique, il est admis que le commerce international constitue une variable importante de la croissance économique. Il convient dès lors de s'interroger si un pays devrait mettre en œuvre des politiques stimulant à la fois les exportations et les importations ou se focaliser sur une des deux pour influencer positivement la croissance économique. Le dilemme de la sélection de la politique commerciale adéquate a été et demeure une question centrale depuis la fin de la Seconde Guerre mondiale.

L'examen de la relation entre libéralisation commerciale et croissance économique a été jusqu'à récemment appréhendé dans le cadre du traditionnel modèle de Ricardo (1817), Samuelson (1962). Selon ces modèles, l'ouverture au commerce international conduit à une augmentation de la production. Cela est dû au fait que le pays procède désormais, après son ouverture au commerce, à une allocation plus efficiente de ses ressources en se basant sur le principe des avantages comparatifs.

En ce qui concerne le modèle de croissance néoclassique, le taux de croissance du PIB per capita à long terme est déterminé par un facteur exogène : le progrès technique. D'après ce modèle, une augmentation du taux d'épargne génère un accroissement temporaire du taux de croissance. Dans le contexte néoclassique, l'ouverture commerciale peut bien avoir un impact positif sur le taux de croissance à long terme si elle génère un effet stimulateur de la technologie.

Cependant, comme l'ont souligné Eris et Ulasan (2013), ni le modèle traditionnel de Ricardo-Heckscher-Ohlin ni le modèle néoclassique de la croissance ne fournit un cadre théorique unifié et univoque validant l'hypothèse selon laquelle la libéralisation ou encore l'ouverture commerciale stimule le progrès technologique.

Récemment, les théories de croissance endogène ont commencé à s'intéresser beaucoup plus aux implications de l'ouverture commerciale sur la croissance, notamment à long terme. Les modèles de Rivera-Batiz et Romer (1991) et de Grossman et Helpman (1991) entre autres fournissent un cadre théorique liant la politique commerciale à la croissance économique de long terme.

Ces théories mettent en exergue les canaux à travers lesquels l'ouverture au commerce pourrait conduire à long terme à une croissance économique. D'après ces théories, la libéralisation des échanges commerciaux fournit trois opportunités distinctes susceptibles d'impacter positivement la croissance économique à long terme : effet de communication ; effet d'intégration et allocation des ressources.

2.2. Revue empirique

Au début des années 1980, les économistes et les universitaires du monde entier ont commencé à s'intéresser aux effets de l'ouverture commerciale et de ses composantes sur la croissance économique. Balassa (1965) fut l'un des tout premiers à aborder la thématique de l'impact du commerce sur la croissance économique. Il était question pour l'auteur d'examiner l'hypothèse selon laquelle les pays tournés vers les exportations connaissent une meilleure performance en termes de croissance économique que les pays qui adoptent une politique de substitution aux importations.

S'inspirant d'un nombre important d'études, notamment d'Edwards (1992), Dollar (1992) ou des travaux empiriques de Sachs et Warner (1995), il est globalement admis que la libéralisation des échanges, l'ouverture commerciale ou le commerce international contribuent de manière positive à la dynamique de la croissance.

Pour sa part, Edwards (1998) a tenté de mesurer la relation entre la libéralisation commerciale et la croissance de la productivité. Il conclut en l'existence d'une relation solide entre les indicateurs de libéralisation commerciale et la croissance des facteurs. La principale contribution de l'auteur au débat sur la relation entre la libéralisation des échanges et la croissance économique est d'ordre méthodologique.

En effet, selon cet analyste, les causes possibles des résultats mitigés obtenus sont l'utilisation des indicateurs de libéralisation non pertinents couplée à un manque de données pour des études comparatives entre pays conduisant à des résultats non robustes selon l'indicateur utilisé.

L'une des contributions significatives à ce sujet se retrouve dans les travaux de Frankel et Romer (1999). Les auteurs s'intéressent aux caractéristiques géographiques du pays dans l'explication de la croissance. Ils estiment que les caractéristiques géographiques possèdent d'importantes informations sur le niveau et le volume des échanges commerciaux internationaux et le commerce intrapays. À partir des estimations des variables instrumentales de l'impact du commerce sur le revenu, ils soutiennent l'effet positif non seulement du commerce international sur le revenu mais aussi sur le commerce intra-pays.

Dans la même optique, Winters (2004) a examiné la littérature existante sur la libéralisation des échanges commerciaux et la croissance économique et a conclu que la libéralisation favorise cette dernière. Il s'est également intéressé à la façon dont la libéralisation commerciale et la croissance sont liées à travers la mise en œuvre d'autres politiques notamment la lutte contre la corruption. En effet, les pays qui commercent davantage avec les marchés extérieurs sont susceptibles d'être confrontés à un examen plus approfondi de leurs institutions (Manwa et Wijeweera, 2016). À cet effet, Wei (2000) suggérait et encourageait déjà une plus grande transparence dans les opérations pour répondre aux demandes des investisseurs étrangers.

La majorité des travaux des années 1980 et 1990 examinant les effets possibles de la libéralisation commerciale sur la croissance ont essuyé une avalanche de critiques. À titre illustratif, Greenaway (1993) adopte une vision sceptique sur l'impact de la libéralisation du commerce sur la croissance. L'auteur argumente qu'une grande partie du travail entrepris précédemment a utilisé des méthodes imparfaites dépourvues d'un cadre analytique apparent, cohérent et univoque.

Dans ce même sens, la contribution la plus citée est probablement celle de Rodriguez et Rodrik (2000). Dans une étude empirique sceptique, les auteurs confirment l'existence d'une relation non concluante entre la libéralisation commerciale et la croissance économique. Ils proposent également une critique de la littérature existante sur la question. En effet, dans leur critique sur les travaux d'Edwards (1998), Rodriguez et Rodrik

(2000) ont conclu qu'il y avait une absence de relation robuste entre l'ouverture et la croissance économique.

Sarkar (2008) a analysé le lien entre l'ouverture commerciale et la croissance économique à partir des données de panel pour 51 pays moins développés, notamment les pays de l'Asie de l'Est. Sur la base des résultats obtenus, il conclut que pour un grand nombre de pays, il n'existe pas, à long terme, une relation positive entre la libéralisation et la croissance sauf pour le groupe des pays à revenus intermédiaires.

Menyah, Nazlioglu et Wolde-Rufael (2014) ont examiné à leur tour la relation causale existant entre le commerce international et la croissance. A contrario, les résultats ont montré peu de soutien validant l'hypothèse de croissance fortement dépendante du commerce. Donc, les changements récents dans la politique commerciale ne semblent pas avoir d'effet significatif sur la croissance économique (Semančíková, 2016).

Zahonogo (2017) a utilisé un modèle de croissance dynamique et a employé la technique d'estimation du groupe moyen groupé et a testé le lien empirique entre le commerce et la croissance économique pour 42 pays d'Afrique subsaharienne. Pour l'auteur, le lien entre commerce et croissance économique est non linéaire pour les pays d'Afrique subsaharienne. De plus, il existe un seuil en dessous duquel le commerce international est bénéfique à la croissance économique.

En résumé, la littérature sur la relation entre le commerce international et la croissance économique n'est pas univoque ni sur le plan théorique ni sur le plan empirique. Plus encore, cette relation varie selon les critères ou les indicateurs utilisés, l'approche méthodologique employée et les caractéristiques des pays concernés.

3. Méthodologie empirique, sources et traitement des données

À l'effet d'adresser quantitativement la question de l'effet du commerce extérieur sur la performance économique en RDC, nous considérons la littérature conventionnelle sur la croissance, nous spécifions une équation de croissance introduite par Solow (1956). Soit :

$$Y_t = A_t K_t^{\alpha} L_t^{1-\alpha} \quad (1)$$

Tel que :

$$lnA_t = ln\,A_t - \alpha lnK_t - (1-\alpha)lnL_t \quad (2)$$

$$\Delta K_t = I_t (3)$$

$$\Delta L_t = n \quad (4)$$

Où à chaque instant t, Y désigne le revenu national réel ; A, le progrès technique (la productivité totale des facteurs); K, le capital ; L, la main d'œuvre ; I, l'investissement. Les paramètres α et $(1-\alpha)$sont des réels positifs.

Comme dans les théories de croissance endogène qui cherchent à expliquer le progrès technique. Ainsi, on obtient la forme du modèle dans lequel le commerce extérieur, l'instabilité macroéconomique et les investissements étrangers constituent les déterminants du progrès technique :

$$A_t = \beta_0 + \beta_1 CE_t + \beta_2 IPC_t + \beta_3 IDE_t + \mu_t \qquad (5)$$

Où CE dénote le commerce extérieur, IPC l'indice de prix à la consommation et IDE les Investissements Directs Etrangers. Dans cette analyse, nous considérons la définition du commerce extérieur accepté par l'OMC, laquelle est dérivée de la somme des exportations et importations sur le PIB. Nous intégrons toutes les équations (2), (3), (4), (5) dans (1). On a :

$$Y_t = \beta_0 + \beta_1 CE_t + \beta_2 IPC_t + \beta_3 IDE_t + \beta_4 I_t + \mu_t \quad (6)$$

En logarithme notre équation peut s'écrire de la manière suivante :

$$y_t = \beta_0 + \beta_1 ce_t + \beta_2 ipc_t + \beta_3 ide_t + \beta_4 i_t + \mu_t \qquad (7)$$

Où « y =lnY », « ipc=lnIPC », « ide=lnIDE », « i=lnI » ; $\beta_1, \beta_3, \beta_4 > 0, \beta_2 < 0$. Enfin, le terme « μ » désigne le terme de l'erreur. Toutes les variables sont spécifiées en logarithme. La relation (7) saisit donc l'effet du commerce extérieur sur la performance économique et donc, permet de répondre à la question adressée dans ce papier. Le paramètre $\beta_1$saisit l'effet du commerce extérieur sur la performance de l'économie congolaise.

Figure 1

Dynamique des variables macroéconomiques en RDC

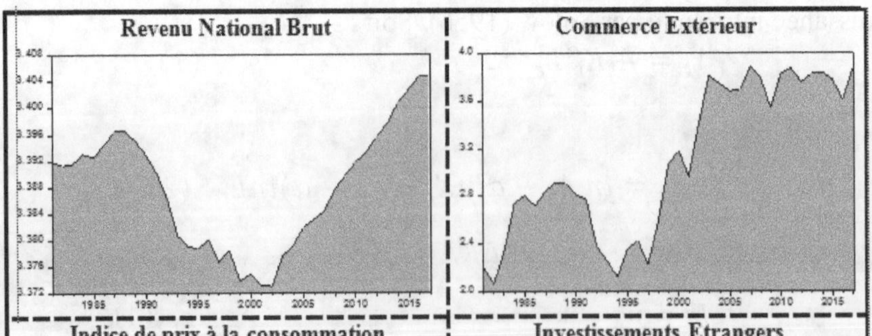

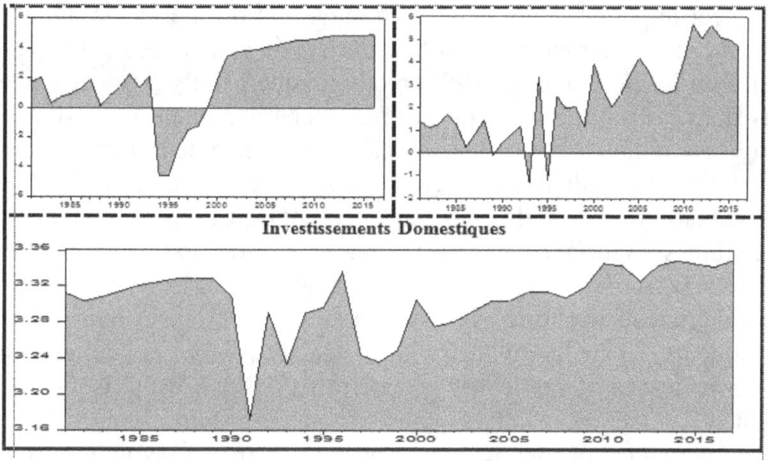

Les données utilisées dans cette étude proviennent de deux sources principales, à savoir les statistiques publiées par la Banque centrale du Congo, et par la Banque mondiale (World Development Indicators).

La figure 1 illustre la dynamique des variables macroéconomiques en RDC pour la période 1980-2018. Toutes les variables sont exprimées en échelle logarithmique. Les données présentent des allures hyperboliques avec des creux. On observe aussi des tendances irrégulières dans l'évolution des séries durant la période sous étude. Une telle structure dans les données affaiblit les tests de racine unitaire standards qui ne prennent pas en compte la possibilité d'une rupture structurelle dans l'évolution des variables (Tsasa, 2018). Ainsi, pour procéder à l'analyse des propriétés dynamiques de nos données, nous adoptons la procédure proposée par Zivot et Andrews (1992), laquelle tient compte des éventuelles ruptures dans les données suivant une occurrence endogène.

Tableau 2
Test de racine unitaire avec rupture

Variable	Test de Zivot-Andrews	
	Niveau	Différence première
Performance économique	-3.17	-6.74*
Commerce extérieur	-3.59	-6.24*
Inflation	-3.85	-6.89*
Investissements Etrangers	-4.01	-6.91*
Investissements Domestiques	-4.17	-7.28*

Note : Le rejet de l'hypothèse de racine unitaire, selon la valeur critique de Zivot-Andrews, à 5 pour cent est indiqué par un astérisque.

Un aspect important dans la mise en œuvre du test de racine unitaire en présence de rupture structurelle est la propriété de la tendance des variables. En effet, Ben-David et Papell (1997) montrent que s'il n'y a pas de tendance dans les données, la puissance du test à rejeter l'hypothèse nulle d'absence de rupture est réduite, car les valeurs critiques augmentent avec l'inclusion d'une variable de tendance. En revanche, si la série exhibe une tendance, alors l'estimation du modèle sans tendance pourrait ne pas saisir certaines caractéristiques importantes dans les données. Les résultats du test de Zivot et Andrews (Z-A) sont repris dans le tableau 2. Il ressort que toutes les variables du modèle sont intégrées d'ordre 1.

Par ailleurs, pour compléter notre analyse, nous avons également considéré le test ADF et le test de Perron (1989). Ces tests ont donné globalement les mêmes résultats qualitatifs que le test de Zivot et Andrews. Toutes les variables étant intégrées d'ordre 1, il peut y avoir une relation d'équilibre de long terme entre elles à niveau, et donc une éventuelle cointégration. En appliquant la méthode de Johansen (1998), basée sur les tests de la trace et de la valeur propre maximale, les résultats obtenus confirment l'hypothèse de la cointégration entre nos variables.

4. Estimations du modèle d'analyse

Pour estimer l'équation (7), nous appliquons trois méthodes d'estimation : les moindres carrés entièrement modifiés (FMOLS, Phillips – Hansen 1990), la régression par cointégration canonique (CCR, Park, 1992), et les moindres carrés dynamiques (DOLS, Saikkonen, 1992 et Stock – Watson, 1993). Les résultats des estimations du modèle d'analyse se présentent comme suit dans le tableau 3.

Tableau 3
Résultats des estimations

Variables dépendante (p-value)	FMOLS	CCR	DOLS
Commerce extérieur	0.006848 (0.0857)	0.010034 (0.0772)	0.006848 (0.0759)
Inflation	-0.001982 (0.0101)	-0.000198 (0.0374)	-0.001982 (0.0152)
Investissements Etrangers	0.000241 (0.8062)	0.000561 (0.6792)	0.001982 (0.8062)
Investissements Domestiques	0.145245 (0.0001)	0.158579 (0.0014)	0.145245 (0.0003)
Constante	2.925224 (0.0000)	2.766533 (0.0000)	2.925224 (0.0000)

Les résultats empiriques résumés dans le tableau 3 indiquent qu'il y a un équilibre à long terme entre les variables de l'équation (7). Les signes des coefficients de cointégration sont compatibles aux signes prédits par le modèle théorique. Les valeurs parenthèses reprises dans le tableau 3 indiquent les probabilités critiques associées à chaque coefficient estimé. En résumé, il ressort qu'il existe une relation statistiquement significative entre la production réelle et toutes les variables du modèle, hormis la variable des investissements étrangers. Cette dernière exerce un effet positif mais non significatif sur la production réelle.

Ce résultat suggère que le commerce extérieur semble productif. Par ailleurs, l'impact de la variable de contrôle inflation est faiblement négatif, mais statistiquement significatif au seuil de 5 pour cent. D'autres variables de contrôle (investissements étrangers et investissements domestiques) sont positives mais seulement les investissements domestiques sont significatifs. Enfin, les effets du commerce extérieur sont positifs et statistiquement significatifs au seuil de 10 pour cent.

Tableau 4
Modèle vectoriel à correction d'erreurs

Variable dépendante	Terme de correction d'erreur	p-value	R^2
Production réelle (ΔR)	0.328580	0.14488	0.571924
Commerce extérieur(ΔCE)	0.003595	0.00162	0.298462
Inflation(ΔP)	-0.000764	0.00026	0.349856
Investissements Etrangers(ΔIDE)	0.000616	0.00022	0.589701
Investissements Domestiques(ΔI)	0.029827	0.01016	0.426444

À l'effet d'examiner le processus d'ajustement induit par l'équation (7) à court terme, un modèle vectoriel à correction d'erreurs (VECM) a également été estimé. Chaque équation de correction d'erreur dans le VECM inclut les valeurs décalées de toutes les variables de l'équation (7), ainsi que le terme de correction d'erreur, comme variables explicatives. Comme indiqué dans le tableau 4, il ressort qu'au seuil de 5 pour cent, le terme de correction d'erreur est statistiquement significatif pour les équations associées respectivement à la production réelle, au commerce extérieur, à l'inflation et aux investissements domestiques. Par conséquent, ces résultats suggèrent qu'en RDC, pour la période 1980-2018, la production réelle, le commerce extérieur, l'inflation et les investissements domestiques s'ajustent pour maintenir l'équilibre de long terme décrit par l'équation (7), alors que la variable investissements étrangers ne le fait pas.

Somme toute, nous notons que l'effet du commerce extérieur sur la performance économique est conforme aux résultats de Balassa (1965), d'Edwards (1992), Dollar (1992), Sachs et Warner (1995), Winters

(2004).Toutefois, il contraste avec les résultats de Rodriguez et Rodrik (2000), Sarkar (2008) ou encore Semančíková (2016), lesquels suggèrent un lien soit non significatif, soit significativement négatif entre le commerce extérieur et la production réelle. En droite ligne avec le travail d'Agbahoungba et Thiam (2018), nous trouvons que le commerce extérieur affecte positivement la production réelle. Cependant, au seuil de 5 pour cent, nos résultats valident un ajustement de long terme entre la production réelle et le commerce extérieur.

5. Conclusion

Ce papier s'est proposé d'analyser et de tester empiriquement la relation entre la performance économique et le commerce extérieur en République démocratique du Congo (RDC) au cours de la période 1980-2018. Pour documenter ces interactions, nous avons estimé une fonction du modèle de croissance économique de Solow augmenté sur les données de la République démocratique du Congo.

Les résultats des estimations prédisent une relation positive et statistiquement significative entre la performance économique et le commerce extérieur. Ces résultats nous ont permis de préciser le débat sur la relation entre performance économique et commerce extérieur en RDC. Enfin, pour les recherches futures, il est possible d'envisager un prolongement de cet article vers plusieurs directions, par exemple, en modélisant les effets du commerce sur la technologie.

Bibliographie

Ouvrages

BALASSA B. (1965), « Tariff protection in industrial countries an evaluation », J. Polit. Econ. 73 (6), 573-594.

BARRO R. J., SALA-I-MARTIN X. (1997), « Technological diffusion, convergence, and growth », J. Econ.Growth 2 (1), 2-26.

DOLLAR D. (1992), Outward-Oriented Developing Economies Really Do Grow More Rapidly: Evidence from 95 LDCs, 1976-1985, Economic Development and Cultural Change 40(3): 523 44.

ERIS M. N. and ULASAN B. (2013), « Trade openness and economic growth: Bayesian model averaging estimate of cross-country growth regressions », Economic Modelling 33 (2013) 867-883.

GROSSMAN G. M. andHELPMAN E. (1991), « Innovation and Growth in the Global Economy », MIT Press, Cambridge, MA.

MANWA F. andWIJEWEERA A. (2016), « Trade liberalisation and economic growth link: The case of Southern African Custom Union countries », Economic Analysis and Policy 51 (2016) 12-21.

RICARDO D. (1817), *The Principles of Political Economy and Taxation.*

RODRIGUEZ F. and RODRICK D. (2001), « Trade policy and economie growth: A skeptic's guide to the cross-national evidence », National Bureau of Economie Research, 15, 261-338.

SACHS J. D. (2000), « Globalization and patterns of economie development », Weltwirtschaftliches Ar-chive 2000, 136{4), 579-600.

SACHS J. D. andWARNER A. (1995), Economic Reform and the Process of Global Integration, Brookings Papers on Economic Activity 26(1) : 1-118.

SMITH A. (1776), *The Wealth of Nations*, Edinburgh.

SUMATA C., *L'Économie parallèle de la RDC : Taux de change et dynamique de l'hyperinflation au Congo*, L'Harmattan, Paris, 310 p., 2001.

Articles

BEN-DAVID D. and DAVID H. PAPELL (1998), « Slowdowns and Meltdowns: Postwar Growth Evidence from 74 Countries », *The Review of Economics and Statistics*, vol. 80, n° 4, 561-571.

UMBA G. (2013), « Ouverture commerciale et croissance économique en RD Congo : une analyse en équilibre général calculable », *Working Paper*.

COLLIER P. (2000), « Ethnicity, Politics and Economic Performance », Economics and politics, vol. 12, n° 3, pp. 253-273.

DOLLAR D. &KRAAY A. (2004), Trade, Growth and Poverty, *The Economic Journal*, 114(493), 22-49.

EDWARDS L. (2005), Has South Africa liberalised its trade?, S. Afr. J. Econ. 73 (4), 754-775.

EDWARDS S., (1993), Openness, trade liberalization, and growth in developing countries, *Journal of Economic Literature*, 31 (3), 1358-1393.

EDWARDS S. (1998), Openness, Productivity, and Growth: What do we really know?,*The Economie Journal*, 108, 383-398.

GREENAWAY D. (1993), « Liberalising foreign trade through rose-tinted glasses », Econom. J. 103 (416), 208-222.

JOHANSEN S. (1998), « Statistical analysis of cointegration vectors », *Journal of Economic Dynamics and Control*, vol. 12, n° 2-3, 231-254.

LUCAS R. E. (1988), « On the mechanic of economic development », J. Monet.Econ. 46 (1), 167-182.

MUKAND S. and RODRIK D. (2005), « In Search of the Holy Grail: Policy Convergence, Experimentation, and Economic Performance », *The American Economic Review*, vol. 95, n° 1, pp. 374-383.

PERRON P.(1989), « The Great Crash, the Oil Price Shock and the Unit Root Hypothesis », *Econometrica*, vol. 57, n° 6, 1361-1401.

SAMUELSON P. (1962), « The Gains from International Trade, Once Again », *Economic Journal*, 72, pp. 820-829.

SUMATA C., La gestion macroéconomique de la République démocratique du Congo durant et après la transition démocratique, MRAC-L'Harmattan, Tervuren-Paris, « Cahiers africains 85 », 258 p., 2014.

SUMATA C. (en collaboration avec DZAKA-KIKOUTA T.), The Determinants of China's Foreign Direct Investment in Central Africa: Evidence from the Republic of Congo and DRC, *African East-Asian Affairs*, numéro de juin 2013.

SUMATA C., Parallel Market for Foreign Currency and Hyperinflation: The case of Congo-Kinshasa", *International J. of Trade and Global Markets*, vol. 3, n° 1, pp. 115-131, 2010.

TSASA J. P. (2018), « Guerres civiles, dépenses militaires et performances économiques », *L'actualité économique : Revue d'analyse économique*, Société canadienne de science économique.

ZAHONOGO P. (2017), « Trade and economic growth in developing countries: Evidence from sub-Saharan Africa », *Journal of African Trade*, 16 pages.

ZIVOTERIC and DONALD W. K. ANDREWS (1992), « Further Evidence on the Great Crash, the Oil-Price Shock, and the Unit-Root Hypothesis » *Journal of Business & Economic Statistics*, vol. 10, n° 3, 251-270.

La PME en RDC, son expansion et sa visibilité

Edgard MAKUNZA KEKE

Introduction

Révérend Père Ekwabis Esal (1996 :79) a soutenu que c'est dans les moments de crise que les énergies dormantes se réveillent et créent des surprises innovatrices inattendues. À cet effet, grâce aussi et surtout à ceux de ses filles et de ses fils qui ont créé et gèrent des PME avec une ingéniosité et un dynamisme qui étonnent plus d'un observateur. Ces PME produisent et distribuent ce dont les populations ont besoin pour assurer leur survie.

En République démocratique du Congo, le secteur des PME est déterminant dans la création d'emplois, la régénération des ressources et la réduction de la pauvreté. L'existence des PME favorise la naissance d'une génération des entrepreneurs nationaux. Elle permet aussi de lancer et de consolider le tissu économique adapté aux besoins du pays.

La RDC est engagée dans la voie des réformes structurelles visant l'amélioration du climat des affaires en vue de faire du secteur privé un puissant moteur de la croissance économique inclusive dans le processus de l'émergence du pays. Un état des lieux établi par le ministère des Petites et Moyennes Entreprises et Classe moyenne (PME&CM) a révélé que le secteur des PME est déterminant dans la croissance économique du pays (création d'emplois, régénération des ressources et réduction de la pauvreté). Il constitue aussi une voie importante d'accès à une plus grande égalité entre les sexes (Stratégie nationale de développement des petites et moyennes entreprises[SNPME], 2016 : v).

Le présent texte comprend trois points principaux. La première analyse l'évolution des PME/PMI en République démocratique du Congo. Le deuxième identifie les difficultés de gestion de la PME/PMI congolaise. Le troisième point propose la revitalisation et la promotion des PME/PMI congolaises.

1. L'évolution des PME/PMI en République démocratique du Congo

Nous prenons en compte les concepts liés à la PME/PMI, les éléments de son cadre légal, sa situation par rapport aux grandes évolutions de l'économie congolaise et les réflexions et soutiens à la PME congolaise.

1.1. Les concepts liés à la PME/PMI en RDC

La définition officielle de PME/PMI en RDC découle de la Loi n° 073/011 du 5 janvier 1973 portant création et organisation de l'Office de promotion des petites et moyennes entreprises congolaises, en sigle OPEC. Cette définition est sommaire et inappropriée, selon la Charte des petites et moyennes entreprises et de l'artisanat (PMEA) du 24 août 2009.

En effet, la définition de la charte des PMEA propose des critères permettant de classer les entreprises dans les catégories « Très Petite Entreprise » (TPE), « Petite Entreprise » (PE), « Moyenne Entreprise » (ME).

Selon ces critères, rentrent dans la catégorie PME les entreprises ayant un effectif permanent entre 1 et 200 individus et dont le chiffre d'affaires annuel hors taxe n'excède pas l'équivalent en francs congolais de 400 000 dollars américains.

TPE : Entreprise qui emploie au plus 5 personnes et dont le chiffre d'affaires annuel hors taxe n'excède pas l'équivalent en francs congolais de 10 000 dollars américains. PE : Entreprise ayant un effectif employé permanent compris entre 6 et 50 personnes et réalisant un chiffre d'affaires annuel hors taxe compris entre l'équivalent en francs congolais de 10 001 dollars américains et 50 000 dollars américains.

ME : Entreprise qui emploie entre 51 et 200 personnes et dont le chiffre d'affaires annuel hors taxe est compris entre l'équivalent en francs congolais de 50 001 dollars américains et 400 000 dollars américains.

1.2. Quelques éléments du cadre légal de la PME/PMI en RDC

Les principales dispositions légales qui régissent le secteur des PME/PMI sont reprises ci-dessous.

- Loi n° 90/046 du 8 août 1990 portant réglementation du petit commerce.Cette loi a été abrogée à la suite de l'adhésion de la RDC à l'OHADA et de l'application de l'Acte uniforme relatif au droit commercial général (AUDCG) qui prévoit le statut de l'entreprenant. Malgré l'entrée en vigueur du nouvel AUDCG, il y a la coexistence de deux statuts (le petit commerçant et l'entreprenant).
- Décret-loi n° 086 du 10 juillet 1998 portant régime fiscal des PME.
- Loi n° 15/003 du 12 février 2015 relative au crédit-bail.
- Loi n° 17/001 du 8 février 2017 fixant les règles applicables à la sous-traitance dans le secteur privé.
- Loi n° 18/016 du 9 juillet 2018 relative au partenariat public/privé.

1.3. La PME/PMI et les grandes évolutions de l'économie congolaise

Au moment de son indépendance le 30 juin 1960, la République démocratique du Congo (RDC) a connu de sérieux bouleversements économiques. En dépit de l'abondance de matières premières, le secteur structuré de son économie s'est pour ainsi dire effondré ces dernières décennies sous l'effet conjugué d'une mauvaise gestion et des conflits. Le PIB par habitant a continué à baisser durant les années 1990. En effet, il est passé de 380 USD (en dollars constants) en 1960 à 224 USD en 1990, puis 139 USD en 2006 (RDC, 2009).

Depuis 1960 à nos jours, les PME ont connu les grandes évolutions de l'économie congolaise qui peuvent être circonscrites globalement en quatre périodes, à savoir :

- 1960-1973 : Croissance et inflation modérée ;
- 1974-1988 : Ralentissement de la croissance et inflation ouverte ;
- 1989-2001 : Déclin de la croissance, destruction des richesses et hyperinflation ;
- 2002 à nos jours : Reprise de la croissance et d'inflation sous contrôle.

1.4. Les réflexions et soutiens à la PME/PMI congolaise

Du 2 au 4 mai 1996, au Centre catholique Nganda à Kinshasa, un colloque axé autour du thème « Financement des petits projets économiques et conditions sociales des travailleurs ». A été organisé sur les problèmes de la gestion des PME ou de leurs petits projets.

- Du 26 au 28 janvier 2012, à l'Hôtel Memling à Kinshasa, lors des journées nationales de la PME/PMI congolaise. La réflexion s'est organisée sur la place de la PME/PMI dans les stratégies de développement économique de la RDC.
- Le 12 août 2015, à l'Hôtel Memling à Kinshasa, l'atelier de lancement du processus de formulation de la stratégie nationale de développement des PME en RDC : la réflexion portait sur la présentation et la validation de la feuille de route de ce processus.
- Le 5 octobre 2017, à l'Hôtel Venus à Kinshasa, il y a eu une présentation des opportunités d'affaires aux PME congolaises par l'ANAPI.

1.5. Les technologies traditionnelles observables

Dans les technologies traditionnelles, il est fait usage des ressources locales, dont les paysans possèdent depuis toujours une connaissance approfondie. Un grand nombre de celles-ci sont liées à l'artisanat utilitaire qui fait appel à des matériaux locaux millénaires. Ses activités se répartissent selon la coutume entre les hommes et les femmes.

Les technologies traditionnelles répondent à des besoins spécifiques que l'on rencontre dans l'ensemble des activités rurales (la fabrication des pirogues, la construction des ponts, l'habitat). Elles gagnent même du terrain en République démocratique du Congo (RD Congo), à la campagne comme en ville, car grâce à elles on peut fabriquer des outils de première nécessité ou des pièces de rechange.

En matière d'habitat, la sagesse ancestrale favorise l'emploi de matériaux locaux naturels, favorables au bien-être, car garantissant la fraîcheur, et à la santé, mais qui nécessitent beaucoup d'entretien et des remplacements fréquents.

Les activités artisanales et technologiques traditionnelles sont généralement liées à des croyances et des rites et ont souvent un caractère communautaire. Elles donnent souvent naissance à la petite entreprise locale. Celle-ci traduit un mode de fonctionnement lié à la société rurale coutumière dans laquelle le sens et la pratique de la concertation, notamment par la palabre, constituent des valeurs traditionnelles, même si elles ne se réalisent pas d'une manière pleinement égalitaire et comportent des règles et des hiérarchies à respecter.

La petite entreprise locale favorise la valorisation et l'utilisation des ressources. L'esprit de la petite entreprise dont il est question se manifeste surtout dans l'artisanat. L'artisan traditionnel est souvent capable d'exécuter un travail de qualité. Mais il connaît de graves problèmes de gestion qui peuvent mettre en péril son savoir-faire. Sa production ne bénéficie d'aucune promotion au plan officiel. Dans la société rurale, ses œuvres ne sont guère primées. Ainsi, il n'est pas stimulé à maintenir et à améliorer le niveau de qualité de son œuvre et risque de ne pas pouvoir transmettre aux générations futures une réelle maîtrise de son artisanat. Ceci est grave dans une société où l'éducation traditionnelle est une fonction communautaire importante qui contribue fortement à la transmission et au maintien des croyances et valeurs ancestrales. De plus, il lui arrive fréquemment d'accepter des acomptes sur plusieurs commandes alors qu'il ne sera pas à même d'honorer le calendrier d'exécution prévu. Les clients découragés l'abandonnent ou, parfois, saisissent ses outils pour se faire rembourser les acomptes perçus.

Il faut signaler également que certaines conceptions et pratiques traditionnelles, bien qu'elles soient en constante diminution, constituent encore des obstacles au développement de la petite entreprise locale. En effet, les charges et obligations de la famille élargie qui pèsent sur l'entrepreneur lui interdisent la constitution d'un capital privé. Comme le souligne Serge Latouche (1991 : 144) :

« Plus la pesanteur des liens des réseaux d'entraide est forte, plus la tentation d'en sortir est payante. Toute réussite individuelle est alors exclue au sein du réseau qui confisque les chances du candidat au succès. [...] les mesures de rétorsion, légitimes s'il s'agit de punir les escrocs, deviennent abusives si elles viennent à étouffer toute réussite individuelle ».

Le système traditionnel de transmission des biens éparpille ces derniers entre le lignage et le ménage et freine pratiquement toute accumulation de capital au-delà de la vie d'un homme.

2. Les difficultés de gestion de la PME/PMI congolaise

En RDC, les PME éprouvent d'énormes difficultés pour évoluer et survivre.

2.1. Les facteurs culturels dans le domaine agropastoral

Les femmes, qui sont cependant les plus actives dans l'agriculture, n'ont généralement aucune prérogative de droit d'occupation, car celui-ci est l'apanage des hommes. Souvent, en cas de décès du mari, le droit d'occupation passe alors à la lignée du mari (Munene, 2014 : 3).

Malgré les prérogatives du droit d'occupation exercées par les chefs de terre, la plupart des États de l'Afrique centrale se sont attribué la propriété du sol et du sous-sol au terme des réformes législatives (CICIBA, 1989 : 15). Même si la propriété foncière est collective, elle donne cependant lieu à certaines tenures foncières particulières d'ordre contractuel telles que : la donation, la concession, l'usufruit, le bail, le fermage.

En effet, dans la conception juridique *bantu*, la propriété des terres n'est jamais individuelle, elle est toujours collective ; les usagers disposent d'un droit d'occupation et non d'un droit de propriété de la terre. C'est la manifestation de la solidarité traditionnelle (grande valeur ancestrale) qui est un ensemble complexe et hiérarchisé de droits et d'obligations à la fois individuels et collectifs à l'intérieur du groupe mais qui, par contre, n'est l'expression ni d'un collectivisme absolu, ni d'une égalité totale.

Par contre, les systèmes d'exploitation que l'on observe ne viennent pas de la coutume. Ils sont plutôt le produit d'une évolution historique. Ainsi, le travail collectif en milieu paysan se manifeste surtout par des prestations temporaires qui seront faites sur les différents champs individuels. Les paysans connaissent différentes techniques pour enrichir le sol et les cultures : recours à différents fumiers, mise en jachère, utilisation des légumineuses fertilisantes. Mais il y a des régions où les paysans répugnent à utiliser certains types de fumier (bouse de vache, excréments humains). Les connaissances traditionnelles des paysans en matière de choix des cultures constituent aussi une donnée fondamentale. En effet, ce choix est guidé par une bonne connaissance des sols et des climats. Il peut dépendre aussi des habitudes alimentaires locales. C'est pourquoi les chefs traditionnels ou les aînés du village ont beaucoup à dire dans le choix des cultures. Leur influence morale sur les jeunes est résumée dans un proverbe *bantu*, selon lequel « les oreilles ne dépassent jamais la tête ».

La transformation des produits est traditionnellement une activité essentiellement féminine. Le manioc constitue l'exemple type de transformation. Ce sont les femmes qui sont responsables de tous les maillons de la chaîne de production, de transformation et de commercialisation. En ce qui concerne les améliorations d'outils ou les innovations qui interviennent dans la transformation des produits, il importe de souligner que ce sont les hommes qui en ont l'initiative, alors que ce sont les femmes qui effectueront les travaux avec ces outils.

Dans le domaine des opérations culturales, les paysans disposent de connaissances pédagogiques et climatiques qui sont transmises de façon pratique lors des initiations et ne sont pas systématisées en vue d'un enseignement théorique. Ces opérations culturales ne sont pas toujours purement techniques, car elles comprennent des prières et des rites qui attestent que la terre, mère nourricière, doit être ménagée et respectée dans son rythme de vie.

Dans l'organisation du travail agricole, les paysans ont une conception très souple du temps qui se situe totalement à l'opposé de la conception des pays du Nord. Les horaires sont établis selon les circonstances, en fonction des contraintes personnelles et culturelles. Il n'y a donc ni aliénation, ni psychose, vis-à-vis du temps, étant donné que c'est l'homme qui lui donne son rythme.

« Un temps newtonien "spatial" (ou divin sensoriel), où les événements se déroulaient, n'existait pas en Afrique. Il y a des événements, et chacun d'eux est porteur de son propre désir, de son propre temps. Au fond, le temps ne se perd pas parce qu'il ne peut pas se perdre. Il se transforme seulement comme l'énergie. Le temps se vit, sous une forme ou sous une autre. Il n'y a donc rien à craindre ni rien à redouter. Personne ne peut le dérober, pas même la mort. Il y a du temps pour tout, même pour mourir » (Usunier et Biguma, 1991 : 92).

Mulenda (2017 : 162) préconise l'agriculture comme le pilier le plus durable de l'économie verte. Elle crée de nombreux emplois le long de la chaîne de production, qui doit aller de la fabrication et la vente des matériels de production agricoles, en passant par la culture, l'évacuation et le stockage des récoltes, leur transformation, la commercialisation des produits finis, pour se terminer par la consommation de ces derniers et l'élimination des déchets.

Il affirme que l'Afrique devrait se servir de l'agriculture pour relancer son développement, avec comme objectif majeur : « rendre les pauvres paysans et les chômeurs des milieux urbains à la fois producteurs et consommateurs, non seulement à court terme, mais aussi à long terme » ; et l'objectif secondaire : « dégager un solde net en devise par l'exportation des produits de l'agriculture ».

Selon Daniel Mulenda (2017 : 162), en se basant sur l'application du triptyque Écologie-Agronomie-Économie, la réalisation de ces objectifs nécessite d'une part la recherche des voies et moyens propres à assurer une occupation productive de l'espace rural, et ce, en prévision d'une satisfaction des besoins internes (alimentaires et de l'agro-industrie) et de l'exportation de certains produits ; et d'autre part, la création des conditions favorables de production par la formation et l'accès à l'information.

2.2. Les besoins de financement des PME/PMI congolaises

En RDC, le secteur des PME/PMI est buté au défi de financement. Les PME/PMI éprouvent d'énormes difficultés pour évoluer et survivre par manque de financement. Elles restent fortement tributaires des ressources internes et de la dette bancaire pour se financer, ce qui limite l'innovation, l'entrée sur de nouveaux marchés, l'investissement à long terme et l'expansion.

Les besoins en financement sont les suivants :

- le financement des investissements (machines, sites de productions, etc.) ;
- le financement du fonds de roulement (stocks, facteurs de production, charges courantes d'exploitation, etc.) ;
- le financement d'une combinaison en investissement et en fonds de roulement.

La RDC devra compter sur d'autres modes de financement pour soutenir la croissance de ses PME/PMI. Selon leurs besoins, les solutions de financement proposées sont :

- crédits amortissables à long et moyen terme pour le financement des investissements ;
- crédits amortissables à court terme pour le financement du Fonds de roulement initial ou son renforcement ;
- découverts pour le financement des décalages du cycle d'exploitation ;
- crédits de campagnes pour les activités saisonnières ;
- facilités de caisse pour les besoins ponctuels d'exploitation ;
- moyens de financement alternatifs (crédit-bail, crédit fournisseur, financement participatif, financement par don, financement par prêt, recours au courtage professionnel auprès des banques, affacturage [cession des factures impayées en utilisant les plateformes]).

2.3. Les insuffisances des PME/PMI congolaises

En ce qui concerne la gestion des ressources humaines, l'importation de modèles « étrangers » de gestion a le plus souvent été un échec humain en Afrique.Paul Olomo (1987 : 93) montre la nécessité de développer un type d'organisation spécifique. Cet instrument serait une passerelle entre la culture du monde villageois et celle de l'entreprise moderne. Le but est de permettre aux individus de produire plus efficacement en exprimant des qualités propres dans le travail. Ainsi pourra-t-on formuler des propositions concrètes pour la mise en place de politiques de gestion adaptées au système social et aux spécificités des micros, petites et moyennes entreprises (MPME) de la République démocratique du Congo. Comme l'ont souligné Usunier et Biguma (1991 : 83), « pour ceux qui voient la culture comme un système de normes pour évoluer, croire et agir (Goodenough, 1971 : 5), qui la considèrent comme partagée et transmise par les membres d'un groupe déterminé (Linton, 1986 : 33), une question se pose inévitablement : la recherche de l'efficacité précède-t-elle la culture ou bien la suit-elle ? »

C'est le problème de l'adaptation éventuelle des techniques de management importées des pays industrialisés à la mentalité et aux traditions locales que nous allons tenter de traiter ci-après. À cet effet, nous soulignons que :

- certaines PME/PMI sont des structures fortement personnalisées ;
- elles ont l'insuffisance d'une culture du respect des engagements ;
- elles lancent des activités par simple imitation ;
- elles ont une mauvaise tenue de comptabilité ;
- elles ont des lacunes dans la gestion financière ;
- elles ont une connaissance insuffisante du marché.

En plus, nous citerons :

- l'absence des projets bancables et insuffisance des garanties ;
- l'utilisation d'une technologie inappropriée ;
- l'environnement juridique peu contraignant envers les débiteurs ;
- l'encadrement/accompagnement de l'État et du monde scientifique peu développé ;
- la faible structuration des filières ;
- les difficultés d'accès aux marchés publics et aux marchés extérieurs ;
- une fiscalité peu adaptée au contexte des PME/PMI.

2.4. Le mode de production dans les PME/PMI

Abandonnée à elle-même en l'absence d'une logistique intellectuelle efficace, confrontée à des défis quotidiens de tous ordres et prisonnière de sa propre dimension, l'entreprise africaine publique ou privée n'a jamais trouvé le temps de répondre à une question aujourd'hui fondamentale pour tout le continent : comment amener des groupes ou des individus encore fortement imprégnés de traits culturels locaux à coopérer et à s'investir totalement dans un projet commun de production ?

Une des particularités de l'Afrique est qu'elle a, en moins d'un demi-siècle, franchi toutes les étapes de l'industrialisation. « L'Afrique est passée sans transition du mode de production villageois au stade industriel. Elle a cru faire l'économie d'une révolution industrielle mais de ce fait n'a pas connu le stade de la petite entreprise familiale où se forment l'esprit, les pratiques et les symboles qui caractérisent encore aujourd'hui les grands noms de l'industrie des pays occidentaux »(Makunza, 2001 : 20). Certes, l'Afrique a eu ses artisans, mais l'absence de véhicule et la sacralisation de leur art ont circonscrit les limites du rayonnement du savoir ainsi accumulé au noyau familial ou au clan.

L'éclosion de nouveaux foyers industriels, aux performances économiques exceptionnelles, suit dans le monde une ligne est/ouest de pays ayant réussi une révolution culturelle douce, intégrant des valeurs sociales assez uniformes dans la plupart des cas et des logiques de production importées.

Or l'Afrique, vieux continent aux traditions millénaires, ne s'est jamais relevée du traumatisme culturel de l'époque coloniale qui a pulvérisé les hiérarchies de son corps social, confisqué ses rites et disqualifié ses méthodes de production. En réalité, ce qui est en cause, ce n'est pas l'entreprise moderne en tant que telle, mais l'absence de relais, de transition entre le monde villageois et l'anonymat des matricules, des organigrammes et des statuts.

La petite (ou moyenne) entreprise africaine aurait pu être un tel relais si elle avait été davantage prise en considération dans les stratégies de développement des pays africains. Il est donc urgent que le travail moderne soit réhabilité dans la conscience collective africaine et là où l'administration a échoué, en raison de sa rigidité, l'entreprise peut réinventer les valeurs, vertus et symboles constituant le fond culturel commun aux groupes humains concernés, leur donner un idéal et des raisons de coopérer.

2.5. L'importance de la formation des dirigeants des PME/PMI

Quand on analyse les difficultés qu'éprouvent les MPME de la République démocratique du Congo pour exister, on bute inévitablement sur des problèmes financiers. En effet, le marché des capitaux a toujours été limité et l'accès au crédit difficile ; les charges fiscales sont élevées, l'épargne pratiquement inexistante.

En outre, les entrepreneurs confondent souvent leurs fonds personnels avec ceux de l'entreprise. Au-delà, on se rend compte que les frais généraux ont tendance à être très élevés en raison d'une foule de dépenses somptuaires (fêtes, voyages, dons, cadeaux, etc.). Et aussi il s'avère que le concept de rentabilité ne retient que peu l'attention des gestionnaires. On touche alors aux aspects culturels des MPME. Comme le relève Verna (1993 : 8) : « Enfin, l'augmentation de la visibilité sociale est une conséquence immédiate des premiers succès de l'entrepreneur et le projette, de gré ou de force, sur le devant de la scène sociale, avec des effets positifs et d'autres qui le sont moins. Nous trouverons du côté positif, l'amélioration du statut social et du pouvoir de négociation qui en découle, l'augmentation des marges de crédit, etc. Et nous trouverons exactement l'inverse du côté négatif : le nouveau statut social crée de nouvelles (et souvent très lourdes) obligations sociales ; le meilleur crédit autorise de nouvelles dépenses dont il est facile de perdre le contrôle, etc. »

Ainsi, par exemple, la représentation du temps constitue l'une des clés de ce qu'un auteur a pu appeler « le mystère de l'économie africaine », souligne Touré (1992 : 33). Dans les modèles occidentaux, le temps, objet de mesure, a un prix en rapport direct avec son utilisation pour le travail. En Afrique en général, en République démocratique du Congo en particulier, le temps est encore une réalité non chiffrable, pour certains, évaluée en termes qualificatifs plutôt que quantitatifs. Usunier et Biguma (1991 : 110) énoncent que : « pour l'homme Muntu (singulier de Bantu), il n'y a ni attente ni désespoir. Il ne s'impatiente pas parce qu'il ne s'accroche pas nerveusement à un temps futur incertain dans lequel on espère que l'événement se réalisera. On n'attend pas parce que, consciemment ou pas, on n'élimine pas le temps présent ». La vie économique se déroule au rythme des jours de marché, des saisons, des événements sociaux. On a le temps ; on n'en est pas avare, car il n'a pas de valeur monétaire. Pour la prise de décisions, l'art de la palabre relègue au second plan les impératifs de rapidité et d'efficacité.

Par ailleurs, en République démocratique du Congo, l'individu se définit d'abord comme le maillon d'une chaîne (Makunza, 2020 : 69). L'activité économique est traditionnellement commune et s'exerce dans le but de réaliser la substance du groupe. « Les sociétés occidentales sont plutôt régies par l'idée de plus-value économique en fonction de laquelle sera jugée la pertinence d'une action ou d'un projet. Mais de nombreuses sociétés n'y accordent pas la même importance. Pour d'autres, en effet, c'est plutôt l'idée de "plus-value sociale" qui prévaut, selon laquelle une action sera jugée sur sa contribution à la cohésion sociale et au respect de certaines traditions » (Verna, 1989 : 30). La répartition des résultats s'opère selon des critères de statut personnel et de besoins sociaux et non en fonction de la propriété ou de la contribution de chacun. On mesure le succès de l'activité économique à sa capacité d'aider le maximum de membres de la communauté familiale ou villageoise à résoudre leurs problèmes (c'est ce qui est raisonnable pour des cas bien précis).

3. La revitalisation et la promotion des PME/PMI congolaises

Pour générer de manière optimale le développement durable de notre économie à travers les PME et les PMI, il faudra :

- favoriser un changement d'habitude de consommation, en faveur du consommer local ;
- améliorer le système bancaire et la fourniture en énergie dans les milieux ruraux pour transformer et/ou conserver des produits agricoles ;
- encourager la sous-traitance dans le domaine de l'exploitation des ressources naturelles ;
- mettre en place un Fonds de garantie et promouvoir la pratique des moyens de financement alternatif ;
- soutenir les initiatives des jeunes dans les secteurs porteurs de la croissance économique et à forte intensité de la main-d'œuvre ;
- encourager les promoteurs des projets et les responsables des PME/PMI à suivre des formations continues et nouer des partenariats d'affaires entre opérateurs ;

- soutenir le développement des PMI ayant des effets d'entraînement sur tous les autres secteurs de la vie nationale.

Conclusion

L'existence des PME/PMI en RDC favorise la naissance d'une génération des entrepreneurs nationaux. Elle permet aussi de lancer et de consolider le tissu économique adapté aux besoins du pays.

LesPMEexercentdeseffetsd'entraînemententcesensqu'ellescontribuentà la valorisation des ressources nationales par la création d'autres activités dans tous les secteurs. Ainsi, elles contribuent à l'accroissement de produit national brut. Ces PME devraient atteindre la meilleure performance possible, ce qui peut être réalisé lorsqu'elles parviennent à concilier deux exigences : la performance sociale en réduisant la pauvreté et la performance financière en assurant une rentabilité pérenne.

Par ailleurs, les difficultés prennent une ampleur beaucoup plus grande. Principalement les difficultés liées aux conséquences des mesures restrictives et salutaires contre la pandémie du Covid-19. Toutes ces difficultés expliqueront le nombre de défaillances des PME dans un proche avenir.

À cet effet, l'ensemble des stratégies et des programmes en faveur du développement des PME donnera lieu à des initiatives spécifiques et ciblées pour remédier aux principaux blocages.

Il y aurait encore de nombreux autres traits culturels pertinents. Nous nous en tiendrons volontairement à un nombre réduit.

En premier lieu, la culture n'est pas une donnée intangible ; elle est acquise et donc susceptible d'évolution sur la base de l'expérience, de la formation ou de la perméabilité aux changements survenus à l'extérieur. Les MPME congolaises, face au problème de leur développement, seront de plus en plus acculées à des révisions déchirantes de leurs systèmes de valeurs et à choisir en conscience, parmi les éléments qui composent leur culture, ceux qui leur paraissent compatibles avec les objectifs de développement économique.

La deuxième remarque concerne la nature de la gestion et donc le rôle des gestionnaires, dirigeants des MPME. Nous savons que la gestion n'est pas une science, mais un ensemble composite de savoir et de savoir-faire. Certains de ses aspects relèvent de sciences « objectives » (certains extrémistes disent « dures ») comme la comptabilité, la gestion financière, les méthodes quantitatives d'aide à la décision ou la gestion de la production. Mais beaucoup d'autres aspects relèvent de l'art de la communication et sont liés à la culture : persuader et mobiliser une équipe de collaborateurs, faire appliquer des décisions, faire circuler l'information au sein de l'organisation, etc. Ce sont ces derniers éléments qui doivent faire l'objet d'un effort intense de réflexion et d'adaptation à la mentalité locale.

Le défi à relever consiste donc à former des dirigeants des MPME, capables d'opérer ces choix et d'être les artisans de l'adaptation de l'entreprise aux exigences nationales et internationales du développement économique. Cette formation doit avoir un caractère à la fois technique et managérial. Elle doit être pratique et orientée vers la solution des problèmes spécifiques que doivent résoudre les entrepreneurs. Certes des efforts louables ont déjà été déployés pour diffuser l'esprit d'entreprise, assainir la gestion du secteur public et aider à l'émergence d'un secteur privé dynamique et compétitif. Mais tout, ou presque, reste à faire pour doter les pays africains des managers dont ils ont besoin pour mobiliser les énergies créatrices et affronter les défis des années à venir.

En fait, voir nos PME/PMI développer les activités de production et surtout réaliser la valeur ajoutée est notre souhait le plus ardent.

Nous osons croire que ces entreprises omniprésentes intervenant dans toutes les étapes de la vie économique et accomplissant une gamme variée d'activités dans une multitude de secteurs seront capables à la fois de survivre, de produire et de s'intégrer dans le concert mondial des affaires.

Bibliographie

Ouvrages

Charte des petites, moyennes entreprises et de l'artisanat en République démocratique du Congo, Ministère des Petites et Moyennes Entreprises, Kinshasa, août 2009.

LATOUCHE S., 1991, *La Planète des naufragés* (Essai sur l'après-développement), Paris, La Découverte.

GOODENOUGH W. H., 1971, « Culture, Language, and Society », *Modular Publications*, 4 (7), pp. 4-7.

MAKUNZA K. E., 2001, *La Performance des entreprises africaines. Problèmes et stratégies des PME en République démocratique du Congo*, Laval, Les Presses de l'Université de Laval.

MAKUNZA K. E., 2015, « Systèmes d'animation des activités et typologie des mécanismes d'incubation des PME/PMI : Incubation des institutions et des acteurs », Rapport des travaux du groupe de travail spécifique du programme de promotion des produits du label RDC, pp. 9-20.

MAKUNZA K. E., 2017, « La stratégie d'incubation des institutions et des acteurs », Rapport de la matinée scientifique sur la diversification économique organisée par la Faculté des sciences économiques et de gestion de l'Université de Kinshasa, pp. 34-37.

MAKUNZA K. E., 2017, « Appui à la promotion de l'emploi des jeunes à travers l'entrepreneuriat et le développement des microentreprises dans la ville Province de Kinshasa : Comptabilité et Business plan », Formation initiée par le gouvernement congolais (ministère du Travail et de la Prévoyance sociale), avec le soutien et le financement de l'Organisation internationale des migrations (OIM), Saint-Vincent de Paul de la Paroisse Sainte-Thérèse dans la commune de Ndjili, du 8 au 10 février.

MAKUNZA K. E., 2020, « La prise en compte des spécialités culturelles, une condition primordiale du management réussi des MPME africaines », in *Économie informelle et emplois en Afrique. Regards des sciences sociales et économiques*, Yaoundé, Éditions Monange, novembre, pp. 57-72.

MULENDA L. D., 2017, *La Gestion de l'intégration des entreprises par la préservation des écosystèmes naturels. Déterminants et modèle de croissance verte*, Paris, L'Harmattan.

VERNA G., 1989, *Tiers-monde : Exporter et réaliser des projets*, Québec, Fischer Presses.

Articles

EKWABIS ISAL M., 1996, « Le Zaïre remonte la vallée », in *CADIC-Information*, n° 68/59, 2e et 3e trimestres, p. 79.

MAKUNZA K. E., 2006, « Les entreprises de survie et le développement de certains pays africains : Le cas de la République démocratique du Congo », *Management éthique et développement durable*, n° 95-06,

OLOMO P. R., 1987, « Comment concilier tradition et modernité dans l'entreprise africaine », *Revue française de gestion*, n° 64, pp. 91-94.

USUNIER J.-C. et BIGUMA N., 1991, « Perceptions du temps des affaires et cultures nationales : une comparaison internationale », in *Économies et Sociétés*, n° 17, pp. 81-114.

VERNA G., 1993, « Croissance ou survie ? Quelle sera l'attitude la plus probable pour une petite entreprise légale du tiers-monde ? », *Document du travail du GREGIE*, n° 93-73, pp. 3-19.

Thèses et mémoires

MUNENE Y. Y., 2014, *Accès de la femme à la terre en droit congolais*, thèse de doctorat, Faculteit Rechtsgeleerdheid, Universiteit Gent, Belgique.

Rapports et textes officiels

Centre international des civilisations bantu (CICIBA), 1987, *Les Facteurs culturels et projets de développement rural en Afrique centrale*, Paris, L'Harmattan.

Laboratoire du Centre de recherche de Bordeaux École de management, pp. 2-20.

Stratégie nationale de développement des petites et moyennes entreprises(SNPME) (2016), Diagnostic du secteur et appui à l'élaboration d'une stratégie nationale de développement des petites et moyennes entreprises en RDC, Référence du dossier : IC/UNCDF/345 Int/2015, RDC, Kinshasa, 101 pages.

Webographie

RDC Fiche pays mars 2009, in
[https://www.who.int/…/19_rdc_fiche_pays_mars_09.pdf],
consulté le 14 décembre. 2020.

RD Congo : histoire de la prédation, des origines à ces jours

Héritier MAMBI TUNGA-BAU

Introduction

L'histoire économique et politique de la RD Congo se construit sur fond de la prédation des ressources sur le plan économique, avec son pendant sur le plan politique, la kleptocratie. Justin Kankwenda Mbaya note de façon précise : « L'histoire du Congo-Kinshasa depuis ses origines est une histoire de pillage des ressources du pays, une histoire de prédation depuis les origines léopoldiennes de l'État indépendant du Congo (EIC). Le pays n'a jamais eu une direction politique qui se soit occupée de son développement humain et durable. Les choses étaient beaucoup plus claires pour le régime léopoldien. L'entreprise léopoldienne était une entreprise de prédation à tous égards, quelles que soient les raisons officiellement avancées pour couvrir cette prédation[1] ». La prédation, c'est ce système économique fondé sur le pillage des ressources matérielles, financières, naturelles, humaines, etc.

Les origines dont il est question ici, ce n'est pas 1960, comme un mensonge devenu officiel le répand à travers une subtile insinuation faite autour de la disposition de l'Article 1 alinéa 1 de la Constitution du pays : « La RD Congo est, dans ses frontières du 30 juin 1960, un État de droit, indépendant, uni et indivisible, social, démocratique et laïc ». Les origines dont je parle, c'est le 1er août 1885. À cette date, le roi Léopold II notifiait aux puissances du monde que la propriété qu'il détenait au centre de l'Afrique était l'État indépendant du Congo. Et même avant 1885, depuis le XVIe siècle jusqu'au XIXe siècle, l'Afrique centrale où se situe la RD Congo avait connu une longue période de prédation de ses ressources humaines à travers la traite négrière.

Depuis la naissance de l'État, au Congo-Kinshasa – quel que soit le nom que cet État ait pris –, la prédation s'est institutionnalisée. Pour Justin Kankwenda Mbaya, « lorsqu'un système de prédation s'institutionnalise, les pratiques de corruption, de concussion, de détournement et d'impunité

[1] J. KANKWENDAMBAYA, *L'Économie politique de la prédation au Congo-Kinshasa : des origines à nos jours 1885-2003*, Kinshasa-Montréal-Washington, ICREDES, 2005, p. 7.

deviennent aisément monnaie courante en tant que composantes de la prédation[2] ».

De ce qui précède, l'on peut se demander : comment s'est donc construit l'État indépendant du Congo depuis ses origines à ces jours sur les plans économique et politique ? Il en résulte que l'État indépendant du Congo s'est bâti, sur le plan économique, sur base de la prédation ; sur le plan politique, cet État s'est créé sur fond des tromperies et de la roublardise à l'égard des puissances du monde de l'époque. En effet, la liberté de commerce et la libre circulation des citoyens originaires des États signataires de l'Acte de Berlin n'étaient que mensonges de Léopold II destinés à désarmer ces puissances de leurs prétentions sur le Congo. En fait, « la question humanitaire est si pressante qu'elle occulte celle des engagements commerciaux violés, mais sur cette question précise, on peut affirmer que tous les principes en vertu desquels cet État fut fondé ont été ouvertement et notoirement violés, et donc que ses titres constitutifs de propriété sont entachés de nullité beaucoup plus claire pour le régime léopoldien[3] ».

Je vais tenter de fournir, pour le besoin de la connaissance, quelques éléments sur la prédation depuis l'État indépendant du Congo jusqu'à aujourd'hui. Volontairement, ces différents régimes de prédation seront qualifiés de kleptocratiques sur le plan (du régime) politique. Vouloir rappeler l'histoire de la prédation du pays depuis ses origines à nos jours, c'est affirmer que pour tous les principaux régimes qui se sont succédé au pouvoir, promouvoir l'intérêt général et le développement du pays n'ajamais été au centre des préoccupations des gouvernants. Chaque régime a travaillé ou travaille pour l'accumulation privée des richesses des membres de la kleptocratie.

Pour parvenir à une explication, j'ai recouru à la méthode historique qui m'a permis de me plonger dans le passé pour exhumer les faits utiles afin de rendre plausible la description de la prédation sous les différents régimes qui se sont succédé au Congo-Kinshasa, dès ses origines. J'ai dû également analyser les faits relevant de l'histoire du temps présent. Les faits actuels sont analysés non sans étonnement, car, sans doute, inspirés par le système léopoldien. Aussi, j'aborde cette question en quatre points ci-après : la prédation respectivement sous l'État indépendant du Congo, sous la colonisation belge, sous le régime Mobutu et sous les régimes des Kabila (avec peut-être, un mot sur le régime de Félix Tshisekedi Tshilombo).

1. La prédation sous l'État indépendant du Congo

Léopold II avait impliqué plusieurs catégories de personnes dans l'affaire qu'il commença au Congo. Il s'agit notamment des scientifiques, avec la

[2] J. KANKWENDA MBAYA, *op. cit.*, p. 10.
[3] A. CONAN DOYLE, *Le Crime du Congo belge*, Paris, Les nuits rouges, 2005, p. 35.

conférence géographique internationale de Bruxelles en 1876, des hommes d'affaires, des militaires et même du clergé.

À l'issue de la conférence géographique, l'on créa l'Association internationale africaine (AIA), une association avec des objectifs formellement humanitaires. Puis naquit le Comité d'études du Haut-Congo (CEHC) en novembre 1878. Ensuite fut créée l'Association internationale du Congo (AIC). C'est celle-ci qui deviendra l'État indépendant du Congo après notification, le 1er août 1885, par le roi Léopold II aux puissances du monde de l'époque que les terres qu'il occupait et exploitait au centre de l'Afrique constituaient cet État indépendant du Congo (EIC). Il en obtint reconnaissance au cours des années suivantes.

Au sein de l'EIC, travaillent les scientifiques, les explorateurs et les hommes d'affaires, dont Léopold II lui-même. De 1885 à 1908, Léopold II et ses associés exploitent cet État et produisent des bénéfices. La prédation sous l'État indépendant du Congo s'effectue sur les terres, les ressources naturelles du sol et du sous-sol et sur les ressources humaines.

Pour la prédation des terres, au-delà du fait que l'État indépendant du Congo était principalement son affaire, Léopold II s'appropria des régions entières déclarées domaine de la couronne ou domaine privé de l'État qui, en réalité, étaient son domaine privé. On sait que Stanley avait signé, pour le compte du roi Léopold II, pas moins de quatre cent cinquante traités qui transféraient des terres aux différentes associations créées pour l'exploitation du Congo. Arthur Conan Doyle en est convaincu :« Il est clair que, par cet accord, le chef ne pensait autoriser que l'établissement d'un poste. L'idée qu'il était en fait en train de vendre la terre ne pouvait même pas lui venir à l'esprit, pour la bonne raison que ces terres, appartenant à toute la communauté, il n'avait pas le pouvoir de les céder. Mais sur la force de tels traités que 20 millions[4]de personnes ont été expropriées, et la totalité des richesses et des terres de ce pays attribuées, non à ses habitants mais à l'État – c'est-à-dire au roi Léopold II[5] ».

La procédure d'obtention de ces terres semble être un véritable dol, c'est-à-dire des manœuvres malsaines destinées à tromper les chefs locaux en vue de leur faire prendre des engagements qu'ils n'auraient pu prendre en connaissance de cause. Je peux rappeler, par exemple, que certains contrats renseignent que les terres arrachées aux indigènes ont fait l'objet d'un paiement, c'est-à-dire d'un achat en bonne et due forme. Ces contrats signalent le paiement d'un présent aux chefs. Il s'agit pour le cas du traité du 19 avril 1884 à Boma de vingt pièces d'étoffes, deux fusils et des cadeaux

---

[4] Vers les années 1909, la population congolaise est estimée à 20 millions de personnes. Il s'agit de la totalité de la population de l'EIC que l'auteur prend en compte. Aujourd'hui, l'on parlerait de plus de 80 millions de personnes.

[5] A. CONAN DOYLE, *op.cit.*, p. 33.

que les chefs reconnaissent avoir reçus[6]. Mais le plus important pour le pays est de cette spoliation des terres, au-delà des souffrances infligées aux indigènes par la puissance coloniale, les Congolais peuvent jouir d'un État grand, beau, riche auquel ils sont obligés de procurer la puissance, la prospérité[7], la sécurité, la protection et le développement.

Ces terres ont été déclarées vacantes, et les richesses pillées dans ces régions étaient destinées à Léopold II et à sa famille, notamment l'ivoire, le caoutchouc, etc. Avant 1887, un édit fut promulgué, aux termes duquel« toutes les terres qui n'étaient pas effectivement occupées par les indigènes devenaient la propriété de l'État ». Pour Arthur Conan Doyle : « D'un simple trait de plume tiré à Bruxelles, ils [indigènes] furent dépouillés de tout, non seulement de leur pays, mais aussi des produits de leur pays[8] ». On se rend compte que l'entreprise léopoldienne vire au brigandage des terres congolaises et de toutes les ressources qui s'y trouvent : ivoire, caoutchouc, cuivre[...], qui avaient servi de richesses aux indigènes. L'EIC s'était emparé du patrimoine des Congolais en vertu des accords, des contrats signés au profit du roi. Ce dernier visait, en réalité, la production matérielle et l'enrichissement personnel en faisant fi des principaux engagements auxquels il avait souscrit sur le plan européen, notamment l'acte qui interdisait les monopoles et garantissait la libre circulation et la liberté de commerce aux citoyens de toutes les puissances signataires de l'Acte de Berlin en 1885.

Léopold II attribua aux *trusts* qui lui avaient prêté l'argent des concessions avec des droits exclusifs d'exploitation pour se payer, mais très vite les administrateurs du roi s'y opposèrent véhémentement pour imposer le monopole au mépris de l'Acte de Berlin. On comprend que les agents de Léopold II s'opposent, dans une certaine mesure, à l'exploitation des terres par les entreprises qui avaient prêté de l'argent au roi pour le début de la mise en valeur des terres occupées, son domaine.

Concernant la prédation des ressources naturelles, on a pillé le caoutchouc naturel qui était exploité à l'aide d'une main-d'œuvre gratuite, elle-même fruit de prédation. Il fallait des quotas à fournir pour des hommes valides qui subissaient le châtiment au cas où ils étaient incapables de fournir la quantité déterminée par l'agent du roi, l'exploitant. Le capitaine Marinel écrivait : « J'ai décidé de renforcer rigoureusement les droits de l'État sur son domaine, et en conséquence, je n'ai pu autoriser les indigènes à négocier à leur profit, ou à vendre, du caoutchouc ou de l'ivoire, qui sont des parties intégrantes du domaine. Les commerçants qui achètent, ou tentent d'acheter de ces fruits du domaine aux indigènes [ces fruits que l'État n'autorisait les indigènes à récolter qu'à condition qu'ils les lui amènent] les

---

[6] H. Mambi Tunga-Bau, *Pouvoir traditionnel et contrats de cession des terres en RD Congo*, Paris, L'Harmattan, 2012, p. 54.
[7] H. Mambi Tunga-Bau, *op.cit.*, p. 165.
[8] A. Conan Doyle, *op. cit.*, pp. 42-43.

rendent coupables, à mon sens, de recel d'objets volés, et je les dénoncerai aux autorités judiciaires, afin d'engager des procédures contre eux ». La recherche de l'ivoire a occasionné l'abattage effréné des éléphants pour se procurer cette richesse naturelle destinée au roi Léopold II.

Les compagnies qui avaient prêté de l'argent au roi ont exploité plus tard le sous-sol pour y piller les ressources naturelles mais avec obligation pour chacune d'elles que le roi se retrouvât dans le capital. C'était un principe fondamental dans le système léopoldien d'exploitation. Ce principe, on le verra plus tard, servira d'aiguillon dans le fonctionnement du système sous le régime de Joseph Kabila. Comme sous Léopold II, l'État deviendra la propriété privée des kleptocrates.

À propos du pillage des ressources humaines, les hommes qui peuplent l'État indépendant du Congo sont des hommes de Léopold II. Toute la richesse à cueillir à travers ce vaste territoire, pour le compte du roi, exigeait une main-d'œuvre. Ce sont ces hommes et ces femmes réduits en esclaves qui travaillaient pour le roi. C'est en 1888 qu'une loi fut promulguée, semble-t-il pour la protection des Noirs. Mais en réalité cette loi avait une finalité différente : « Elle autorisait de placer les Noirs au service des maîtres pour une période de sept ans, d'une manière qui ne différait aucunement de l'esclavage. Comme les négociations étaient généralement conduites avec le *capita*, ou le chef d'équipe, le malheureux serviteur était transféré avec un petit pécule pour lui-même et un aperçu sommaire des conditions de sa future servitude[9] ». Ces populations étaient obligées de travailler pour le roi sous la surveillance des agents de l'EIC. Jules Marchal rapporte : « La loi des 40 heures de travail avait l'air très progressiste : tous les noms des contribuables individuels devaient figurer sur le rôle des prestations de chaque village ; chaque contribuable devait recevoir une feuille-avertissement (extrait du rôle de son village) où figuraient les prestations imposées et où devaient être inscrits les différents "paiements" mensuels qu'il avait à effectuer pour s'en acquitter[10] ».

Ceux qui n'apportaient pas aux agents de l'EIC la quantité de produits prescrite étaient sévèrement punis : emprisonnement, mutilations des membres. Les hommes étaient aussi réquisitionnés pour les travaux forcés : construction des maisons pour les agents de l'État, traçage des routes, transport des agents coloniaux sur hamac, construction du chemin de fer, etc. Ce fut la poursuite de l'esclavage avec de nouvelles méthodes : les coloniaux font semblant de négocier la main-d'œuvre indigène avec le chef local qui, s'il refuse, est attaqué militairement : « Alors la guerre lui est déclarée, son village brûlé, quelques-uns même de ses sujets tués, tandis que ses jardins et ses provisions sont pillés[11] ». Cela pour ramener le récalcitrant à la docilité.

---

[9] A. CONAN DOYLE, *op.cit.*,p. 44.

[10] J. MARCHAL E. D., *Morel contre Léopold II. L'histoire du Congo 1900-1910*, volume 2, Paris, L'Harmattan, 1996, p. 112.

[11] *Ibidem*, pp. 44-45.

Plus nettement : « Après vingt ans d'efforts incessants, Léopold tient enfin sa "bonne affaire" et veut en profiter pleinement. Tant les autorités de l'EIC que les compagnies concessionnaires mettent en place un système d'exploitation particulièrement dur, qui pèse de tout son poids sur les populations autochtones. Celles-ci sont soumises non seulement à un régime de travail impitoyable, mais également à toutes sortes d'exactions, destinées à briser toute velléité de résistance ou même tout signe de "passivité" devant l'effort productif inhumain qui leur est imposé[12] ». C'est de cette façon que la majorité des chefs locaux ont été soumis aux travaux forcés, à l'esclavage avec toutes les populations sous leur autorité.

À tout considérer, la prédation sous l'EIC était finalement aussi financière, car toute cette production se transformait en argent, qui a fait la richesse de la famille royale, de la Belgique et des compagnies concessionnaires.

2. La prédation sous la colonisation belge (1908-1960)

Critiqué, à la fin de sa vie, le 10 août 1908, Léopold II lègue l'EIC à la Belgique, son pays. Il meurt de soucis le 17 décembre 1909. Les responsabilités de la Belgique dans la dérive de la RD Congo ne peuvent pas être balayées : « L'État du Congo a été fondé par le roi des Belges, et exploité par le capital belge, des soldats belges et des concessionnaires belges. Il a été soutenu et défendu par les gouvernements belges successifs, lesquels firent tout ce qu'ils purent pour décourager les réformateurs[13] ». Je me dois de signaler que l'État belge emprunta 10 millions de francs et surtout 25 millions de francs au roi à condition qu'au bout de dix ans, le pays puisse utiliser les terres du Congo comme celles d'une colonie. Cela créa un lien direct entre l'EIC et la Belgique. C'est la raison pour laquelle Léopold II légua son État à la Belgique, à laquelle l'indépendance dudit État fut formellement dédiée. C'est-à-dire que l'EIC était officiellement indépendant de la Belgique en sorte que les affaires du Congo devraient être traitées indépendamment du Royaume de Belgique. Le roi ne se soucie pas du droit de *préemption* accordé préalablement à la France.

Dans le testament qu'il lègue à la Belgique, Léopold II écrit : « Un jeune et vaste État, dirigé depuis Bruxelles, est venu pacifiquement au jour, grâce à la bienveillance des puissances. Quelques Belges l'administrent, tandis que d'autres, chaque jour plus nombreux, en accroissent la richesse ». Il est vrai que les puissances du monde de l'époque étaient bienveillantes à l'égard du roi qui a usé de tous les mensonges possibles pour les berner.

---

[12] G. VANTHEMSCHE, *La Belgique et le Congo. Nouvelle histoire de la Belgique*, volume 4, Bruxelles, Éditions Complexe, 2007, pp. 39-40.

[13] A. CONAN DOYLE, *op. cit.*, p. 16.

On se rend compte que Léopold II ne lègue pas de gaieté de cœur son Congo à la Belgique. La cession du Congo à la Belgique est forcée. Le roi y était contraint suite à l'engagement d'endettement pour 25 millions de francs à l'État belge comme signalé plus haut.

Aussi le roi mourut-il des soucis le 17 décembre 1909, soit un an et quatre mois après avoir cédé son Congo à son royaume.

La prédation sous le Congo belge comprend dès lors les ressources de la terre, les ressources naturelles du sol et du sous-sol, les ressources environnementales, les ressources financières et les ressources humaines.

Avec la prédation des ressources de la terre, il y a émergence du domaine privé de l'État à partir des concessions de Léopold II et des terres vacantes. En fait, « [t]outes les terres non directement cultivées par les populations noires sont réputées "vacantes" et sont déclarées propriété de l'État. De la sorte, les richesses naturelles qui s'y trouvent appartiennent de plein droit à celui-ci[14] ». Les trusts et les compagnies à charte commencent l'exploitation des minerais, la coupe du bois, l'institution des parcs (réserves naturelles), la cueillette de l'ivoire et du caoutchouc, non pour le roi, mais pour l'État belge ; l'institution de l'impôt en nature et le pillage de l'huile de palme, du café, du thé, du cacao, du quinquina, du coton, du tabac, etc., se sont poursuivis. Le Congo belge devient exportateur des produits agricoles au profit de l'État et de ses concessionnaires.

L'on intensifia l'exploitation des ressources du sous-sol. Le Congo belge devient producteur et exportateur notamment du cuivre, du cobalt, du zinc, de l'or, du diamant, de l'uranium et de l'étain. C'est un pillage en règle d'un territoire qui sert de réservoir de toutes les ressources déclarées propriétés de l'État. De la sorte, les richesses naturelles qui s'y trouvent lui appartiennent de plein droit[15]. L'État seul a le droit de les cueillir et de les vendre. « Le Congo, quant à lui, affirment Buch et Vanderlinden, a été probablement le seul perdant[16] ».

L'exploitation, mieux, la prédation des ressources humaines a continué notamment à travers les travaux forcés (construction des routes, maisons pour les agents de l'État, maisons pour les missionnaires), les cultures obligatoires (le coton, par exemple), le recrutement forcé dans l'armée, etc. On rapporte que le fonctionnement de ce système était que les gens qui avaient été dépossédés (ironiquement nommés « citoyens ») étaient forcés de ramasser, pour le profit de l'État, ces mêmes produits qu'on leur avait enlevés. […] Nuit et jour, on ne pouvait jamais les laisser seuls. Ils réclamaient du vin de palme. Ils réclamaient des femmes. Ils les battaient, les mutilaient ou les abattaient selon leur bon plaisir. Ils faisaient pratiquer des incestes en public pour s'amuser du spectacle[17].

---

[14] G. VANTHEMSCHE, *op.cit.*,p. 39.

[15] *Ibidem*, p. 39.

[16] BUCH et VANDERLINDEN, cités par Guy VANTHEMSCHE, *op.cit.*,p. 142.

[17] A. CONAN DOYLE, *op.cit.*, pp. 60-61.

La prédation financière sous le Congo belge se réalisa à travers le paiement de l'impôt en argent, le travail forcé, l'exploitation des richesses du sol, la contribution de la colonie aux dépenses de la métropole, la spoliation des entreprises des droits congolais à la table ronde économique, etc. La colonie a joué un rôle capital pendant la Seconde Guerre mondiale. Ces puissances du monde – parfois insoupçonnées –, telles que la Grande-Bretagne, ont profité des ressources du Congo au cours des années 1940–1945. On sait qu'en octobre 1940, l'administrateur général de la colonie, De Vleeschauwer, engagea le Congo aux côtés de la Grande-Bretagne qui profita de l'effort de guerre économique de la colonie belge. Jean-Claude Willame signale que les autorités britanniques et belges concluent des accords (en particulier celui du 21 janvier 1941) qui intègrent la monnaie et le commerce congolais dans la zone économique britannique[18]. C'est grâce au Congo que la Belgique, sans être une puissance, sera invitée à s'asseoir sur la même table que les puissants alliés victorieux de la SecondeGuerre mondiale.

En fait, « [l]a Force publique participe à la campagne alliée dans le Nord-Est africain, mais n'y est qu'un acteur marginal. Le Congo joue par contre un rôle capital en tant que pourvoyeur des matières premières stratégiques. Si les ministres belges présents à Londres pèsent d'un certain poids et jouissent d'une quelconque crédibilité face aux autorités alliées, c'est précisément grâce au Congo[19] ». Devant les puissances alliées, la Belgique était un partenaire inférieur. C'est grâce aux minerais du Congo qu'elle va agir sur un pied d'égalité avec les puissances alliées. L'uranium du Congo est cette matière stratégique qui a fait bouger les lignes : « Longtemps ignorée, surtout, est l'histoire des négociations qui se nouent entre la Belgique, les États-Unis et la Grande-Bretagne autour de cette matière première, stratégique entre toutes[20] ». On sait que les bombes larguées sur Hiroshima et Nagasaki ont été fabriquées à l'aide de l'uranium extrait des entrailles des mines congolaises que Edgar Sengier, un haut dirigeant de l'Union minière du Haut-Katanga, avait vendu aux militaires américains du *projet Manhattan.* Le Congo a fait développer la Belgique et a fait grandir sa diplomatie. Le Congo et ses ressources ont été un épouvantail que la Belgique agitait à temps et à contretemps, mais avec finesse et agilité, pour se faire entendre sous les menaces de la France et de la Grande-Bretagne disposées à convoquer une autre réunion afin de réviser l'Acte de Berlin.

Faut-il encore rappeler qu'en 1934-1935, les autorités américaines proposent à la Belgique d'effacer une partie de ses dettes de guerre en échange d'une certaine quantité de radium[21]. Par ailleurs, en 1945, après la Seconde Guerre mondiale, la Belgique a bradé les richesses du Congo. Le

---

[18] J.-C. WILLAME cité par G. VANTHEMSCHE, *op.cit.*,pp. 135-136.

[19] G. VANTHEMSCHE, *op.cit.*, p. 135.

[20] *Ibidem*, p. 140.

[21] *Ibid.*,p. 140.

contenu de l'accord signé avec les Anglo-Saxons pour la vente des produits miniers est classé secret défense. La Belgique renégocia le prix de livraisons. En 1951, « une taxe d'exportation de l'uranium, payée par les acheteurs, est instaurée ; ces revenus extraordinaires doivent servir au financement, par la Belgique, de sa future industrie nucléaire civile. L'ex-gouverneur général Ryckmans [...] tente, en vain, d'obtenir des Américains une contribution financière pour le développement du Congo[22] ».

La prédation sous le Congo belge se réalisa avec l'appui de la triple alliance : État-trusts-Église. On le constate, la prédation se réalisa au profit de plusieurs intervenants connus et reconnus.

3. La prédation sous le régime de Mobutu (1960-1997)

Sous le régime de Mobutu, l'objet de la prédation devient assez large : la terre, les ressources naturelles du sol et du sous-sol, les ressources financières et humaines, les ressources matérielles, les biens immobiliers et les ressources environnementales.

En ce qui concerne la prédation des terres, les gouvernants avaient pris des concessions qu'ils n'ont pas su, souvent, mettre en valeur ; ils avaient accordé beaucoup de contrats d'exploitation des terres à certains investisseurs. Les terrains des institutions publiques connues ont été spoliés, pillés pour des constructions immobilières des dignitaires du régime. Le cas le plus connu est celui du terrain de l'Institut météorologique de Binza, devenu une cité habitée par ces gouvernants du régime. Des villas seront érigées sur cette colline privant ainsi l'Institut de l'espace nécessaire pour déployer ses matériels en vue de son fonctionnement optimal.

Les concessions forestières ont été accordées aux membres du régime pour l'exploitation des essences forestières sans se soucier du reboisement ni de l'environnement. Car ces exploitants aux mains desquels ces concessions ont été livrées se sont plus adonnés à la coupe du bois dont les grumes ont été exportées en Europe et en Chine. La riche flore nationale a été dépouillée de ses essences de bois coloré, allant du bois noir au bois rouge en passant par les mythiques bois bleus et verts. Ces bois bradés en empruntant la voie orientale avaient fait l'objet du pillage par des pays tels que l'Ouganda et le Rwanda. Pour leur part, les finances de l'État firent également l'objet d'un pillage systématique à travers les ordres, voire les contre-ordres intimés à la Banque centrale, devenue la caisse des kleptocrates. Comment douter de l'authenticité du témoignage d'un ancien ministre des Finances et ancien Premier ministre du Zaïre sous Mobutu qui écrit :« En fait, le président Mobutu me faisait part de ses inquiétudes à la suite des informations qui lui parvenaient selon lesquelles, depuis le départ de Kengo, il y avait des sorties massives de fonds du compte du trésor. Je me défendais en lui montrant les

---

[22] *Ibid.*

mouvements des fonds ordonnés par mes soins qui étaient très loin d'atteindre des sommes astronomiques qui lui étaient signalées[23] ». On sait, par ailleurs, qu'à la Banque centrale du Zaïre, lorsque le président Mobutu demandait un million de dollars américains, on pouvait en sortir deux millions cinq cent mille. Chaque acteur de la chaîne de dépenses, dont le ministre des Finances, le ministre du Budget et le gouverneur de la Banque centrale, ajoutait un montant pour son compte. De telles pratiques grevaient le compte du trésor public.

Évariste Mabi Mulumba indique avoir découvert, en sa qualité de ministre des Finances, que la comptabilité des pétroliers distributeurs ne répondait pas aux normes de transparence. Elle était tenue de sorte que l'État était toujours débiteur à la présentation des comptes[24]. Et d'ajouter : « Alors qu'en matière de comptabilité publique la compensation entre les dettes et les créances de l'État n'est pas permise, cette pratique interdite était de mise chez les pétroliers distributeurs quand il s'agissait de verser au trésor les taxes frappant les produits pétroliers. La profession avait pris l'habitude de compenser ces taxes avec le montant de la facturation des consommations de carburant par les services publics. C'est dire que ces opérateurs économiques se servaient à la base de confiance que mon prédécesseur leur faisait[25] ». De telles faveurs accordées aux opérateurs économiques ne sont pas désintéressées. Ce sont toujours des occasions de prise d'intérêts illégaux et des passe-droits. Le système se développait en mode de détournement des fonds publics.

Pendant ce temps, le patrimoine de l'État, notamment les biens immobiliers (bâtiments publics, résidences pour fonctionnaires coloniaux, propriétés immobilières des institutions publiques, etc.), commençait à passer aux mains des individus comme leurs propriétés privées.

La prédation matérielle comprend aussi l'appropriation des véhicules de luxe acquis sur fonds publics et des équipements de bureau aussi que d'autres biens mis à la disposition des ministres. Chaque membre de la kleptocratie avait un parking automobile bien fourni en voitures de luxe.

La zaïrianisation sera l'occasion rêvée où les entreprises agricoles de production de café, de cacao, de thé, des hôtels des étrangers passèrent entre les mains des rapaces nationaux, pour le moins, irresponsables et sans aucune culture de gestion des affaires économiques. C'était un pillage sur fond du gangstérisme politique.

Le régime de Mobutu a eu recours aux mécanismes de confiscation des finances publiques à travers la gestion du budget de l'État, la gestion des entreprises publiques et du portefeuille de l'État, l'exécution du budget d'investissement, la passation des marchés publics, la création des sociétés-

---

[23] E. Mabi Mulumba, *Congo-Zaïre : les coulisses du pouvoir sous Mobutu. Témoignage d'un ancien Premier ministre*, Liège, Les Éditions de l'Université de Liège, 2011, p. 126.
[24] E. Mabi Mulumba, *op.cit.*, p. 192.
[25] *Ibidem*, p. 192.

écrans, l'ouverture des comptes parallèles aux comptes du trésor public, etc. Ces méthodes sont bien connues pour être les moyens de saignement des fonds publics.

La prédation, sous Mobutu, avait pris le sens d'un partage de butin. Chaque acteur récupérait une part, proportionnelle à la force engagée dans la lutte. Les kleptocrates usent de gros moyens pour ravir, selon la diversité des gangs qu'ils entretiennent, les ressources les plus diverses. Jean-François Bayart le souligne bien :« *Contrairement à ce que veut une imagerie ingénue, la corruption, la prédation ne sont donc pas l'apanage des puissants. Elles sont des conduites politiques et sociales que se partage la pluralité des acteurs, sur une plus ou moins grande échelle*[26] ».

4. La prédation sous les régimes des Kabila (1997-2019)

Sous les régimes des Kabila, la prédation prend, carrément et avant tout, la forme de la privatisation de l'État et de ses institutions. Pendant ce temps, les gouvernants se sont attaqués aux biens publics comme s'ils étaient des biens sans maître. Des immeubles, propriétés des kleptocrates, ont été construits dans des concessions, dans des enceintes des institutions publiques : l'Athénée de la Gombe, l'Athénée de la gare, la Foire internationale de Kinshasa et d'autres lieux ont été envahis par de nouveaux riches. [Il semble que les résidences officielles du Premier ministre et du président de l'Assemblée nationale seraient déjà prises ou achetées, selon leur langage autorisé, par les gouvernants censés protéger les biens publics.]

De tels achats se sont réalisés à travers toutes les provinces du pays. Le patrimoine de l'État a été vendu et acheté par des hommes au pouvoir ou des hommes du pouvoir. Ce patrimoine a été simplement pillé par les kleptocrates. J'ai eu connaissance d'une situation pour le moins drôle : le président Joseph Kabila, lors d'une visite officielle dans la province du Bandundu, passera nuit dans la maison du directeur provincial de l'Office des routes, un établissement public chargé de la construction et de l'entretien des routes à travers le pays. Une maison qui avait préalablement subi un entretien pour accueillir l'hôte de la province.

Après son séjour, le président de la République était parti laissant – lui ou quelqu'un des siens –, dans la chambre où il avait logé, une de ses valises. Ce geste fut interprété comme un acte d'appropriation de la maison du directeur de l'Office des routes par le président Joseph Kabila. La province devrait chercher un terrain pour construire une nouvelle résidence pour la direction provinciale de cet établissement.

Sous les régimes des Kabila, les projets censés être de développement ont été des occasions pour l'enrichissement personnel des cadres du régime

---

[26] J.-F. BAYART, *L'État en Afrique. La politique du ventre*, Paris, Fayard, Nouvelle édition, 2006,p. 291.

toujours en quête de « damu yangu », c'est-à-dire sa part. En fait, pour tout engagement public, les acteurs publics impliqués exigent, souvent pour leur bénéfice, des passe-droits. Comme sous le régime léopoldien qui imposait aux entrepreneurs sa participation au capital privé, avant tout permis d'investissement, le régime de Joseph Kabila a été champion dans ce type de brigandage des capitaux privés. C'est de cette façon que ces kleptocrates ont créé une multitude d'entreprises au pays et à travers le monde.

L'achat des avions usagés en lieu et place des appareils neufs ; le programme sinon le slogan des cinq chantiers ; le projet de construction des terrains municipaux ; la création des entreprises telles que le Fonds d'entretien routier, FONER en sigle, l'Agence congolaise des grands travaux, ACGT en sigle, etc., a été des occasions formelles de captation des fonds publics pour des besoins personnels. Sous les régimes des Kabila, le formel et le maffieux se confondaient, l'officiel et le privé coïncidaient à tel point que tout était à la fois formel et maffieux, public et privé. Cela est la conséquence logique du délitement de l'État avec une émergence inouïe des autorités morales sur le champ politique. Ce fut l'institutionnalisation de la kleptocratie comme régime politique qui supplanta la démocratie proclamée. C'est ainsi que la perception de certains impôts et taxes fut allègrement passée de la sphère publique à la sphère privée : la vente de permis de conduire, la vente de plaques d'immatriculation pour véhicules cesseront d'être de l'apanage de la seule Direction générale des impôts pour devenir l'affaire des individus associés au régime.

En ce qui concerne le Fonds national d'entretien routier, FONER, « [d]es sources internes de cet établissement public, il ressort qu'à ses débuts, le FONER mobilisait mensuellement un montant estimé à sept millions de dollars américains. Cependant, quelque trois millions de dollars américains, soit 43 % des recettes, étaient versés dans la caisse du FONER et éventuellement utilisés pour le besoin d'entretien routier. Quelque quatre millions d'autres dollars américains passaient chaque mois dans les divers comptes bancaires privés des autorités de l'État comme passe-droit ou droit à percevoir comme initiateur du FONER[27] ». Dans cette opération, il s'agit ni plus ni moins de détournement des fonds publics par les autorités étatiques.

Pour l'Agence congolaise des grands travaux, le régime a, sans transition, rattaché sa gestion au cabinet du président de la République dès sa création. Pour la présidence de la République, il était question de contrôler sans entraves un flux d'argent pour l'exécution de ce qu'ils ont désigné comme *grands travaux* : construction des routes, des aéroports, des chemins de fer, des ports et d'autres travaux jugés grands. Par ce mécanisme, la présidence de la République gère au quotidien le financement de ces travaux qui, généralement, provient d'un endettement extérieur. De cette manière, les fonds destinés aux grands travaux sont allègrement détournés à la présidence

---

27 H. MAMBI TUNGA-BAU, *Kleptocratie et mensonges en politique au Congo-Kinshasa. Résilience des citoyens pour sauver la République*, Louvain-la-Neuve, Academia, 2020, p. 22.

de la République. Ainsi, la kleptocratie est absolument prédatrice, car elle est toujours en quête des prébendes.

L'objet de la prédation sous les Kabila se rapporte également aux ressources naturelles : les mines de cuivre, d'or et d'uranium avant tout, les ressources financières à travers la gestion des finances publiques et d'autres ressources financières existant au pays, notamment des ponctions à la Banque centrale du Congo, à des entreprises publiques telles que le FONER, à la poste avec le code 243 dont la gestion a été transférée à la présidence de la République sous Joseph Kabila. Les grandes entreprises comme la Générale des carrières et des mines, Gécamines en sigle, la Minière des Bakwanga, Miba en sigle, l'Office d'or de Kilomoto, Okimo en sigle, la Société nationale d'électricité, SNEL en sigle, la Régie de distribution d'eau, Regideso, en sigle, ont été des vaches à lait des gouvernants, surtout pendant la période des conflits politiques où elles étaient appelées à contribuer à l'effort de guerre. Les projets de prestige ou de générosité initiés par« la première dame » ont exigé des dons forcés de la part des gestionnaires des entreprises publiques. On peut citer le don sollicité par madame Olive Lembe Kabila pour la construction de la cathédrale de Goma où Kasongo Mukonzo, le directeur général de l'Office congolais de contrôle de l'époque, aurait donné six cent mille dollars américains alors que les agents de cet office n'étaient pas régulièrement payés. Ils accusaient quatre à dix mois de salaires non payés selon les différentes entités de l'entreprise.

La prédation matérielle : les terrains, les immeubles, les véhicules, etc., ont été systématiquement pillés. Au Kongo central, précisément à Boma, l'aérodrome de la ville a été désaffecté pour devenir un lieu de construction d'entrepôts d'une entreprise de prédation : Entreprise générale d'alimentation et logistiques, EGAL en sigle, créée avec des fonds de près de cinquante millions de dollars américains, qui seraient sortis de la Banque centrale du Congo. Bénéficiaire d'un financement public, EGAL se réclame comme une entreprise privée qui appartiendrait aux membres du régime de Joseph Kabila. La route qui mène vers la ville de Matadi a été aussi déviée pour laisser place aux entrepôts de cette riche entreprise.

Concernant la prédation des ressources humaines, une cohorte de militaires rwandais constitua la plus grande majorité des troupes de l'AFDL, plusieurs rapports indiquant que plus de deux cent mille Hutus ont été tués dans cette croisade. Toutes les tueries dans les régions de l'Est du pays, l'irruption du phénomène Kamwina Nsapu au Kasaï, le recrutement des enfants soldats surnommés *Kadogo* dans l'armée participent de la prédation des ressources humaines.

Pour tout dire, la prédation sous les régimes des Kabila comprend l'utilisation du patrimoine des entreprises publiques, qui va jusqu'à la privatisation formelle ou tacite de ces entreprises, passées entre les mains des privés. On peut citer les cas du port de Matadi, du port de Boma qui ont connu cette procédure de délaissement. L'espace dédié à la construction du port en eau profonde à Mwanda serait déjà devenu la propriété d'un individu : Kabila Joseph.

Sous les Kabila, la prédation a aussi pris le sens des rafles des biens individuels tels que l'argent, les produits miniers comme l'or, le diamant, les produits agricoles… Les contrats et marchés publics, les contrats de cession ou d'attribution des droits d'exploitation (les *minings*), la création des sociétés-écrans sont des méthodes ou des instruments de la prédation sous les Kabila.

La quête des grasses prébendes est aussi l'expression de la prédation fondée sur les prélèvements des fonds au sein des entreprises publiques. Des familles entières des hommes au pouvoir se sont plongées dans des affaires économiques, à la recherche d'argent, sans réel capital économique investi. Elles tirent les prébendes sur les activités productives de l'État ou des entreprises publiques. Par ailleurs, sous le régime Félix Tshisekedi Tshilombo, le programme dit des « cent jours » a révélé la rapidité avec laquelle l'on a pensé faire main basse sur les finances publiques. La construction des sauts de moutons avait englouti d'énormes fonds. Ils ont été surfinancés tout en sachant que les premiers fonds décaissés en procédure d'urgence n'avaient pas servi aux travaux de construction des maisons préfabriquées ni aux sauts-de-mouton dans la ville de Kinshasa. L'argent fut littéralement détourné par les concepteurs et les experts des projets trônant à la présidence de la République. Le procès engagé sur les dossiers des cent jours put ainsi accoucher d'une vilaine petite souris : les détourneurs des fonds reconnus ont passé quelques jours en prison pour enfin jouir pleinement des fonds détournés.

Un autre indicateur, ce sont des salaires faramineux que les membres du régime se sont octroyés au détriment de toutes les catégories des travailleurs de l'État. Sans état d'âme, les conseillers et les fonctionnaires de la présidence sont grassement payés au mépris de la pauvreté généralisée des fonctionnaires de l'État. Comment comprendre qu'un groupe d'amis se retrouvant à la présidence de la République puisse s'octroyer des salaires sans commune mesure sans tenir compte de la grille salariale applicable au pays si ce n'est pas une prédation. Pour le reste, le temps se révélera, sans doute, utile pour pouvoir nous renseigner et nous enseigner à ce propos…

Conclusion

Dans un système de prédation, les acteurs, qu'ils soient nationaux ou étrangers, ne s'occupent pas réellement du développement d'un pays. Dans ce cas, l'intérêt général demeure le cadet des soucis des gouvernants. Sur le plan politique, il se développe une kleptocratie, un régime des privilèges caractérisé par le détournement des fonds publics par les gouvernants.

En aucun cas, dans tous les secteurs porteurs de richesse, les responsables étatiques n'ont porté l'intérêt général à la dimension des attentes de la population. Ils sont en quête des quotes-parts : *« damu yangu iko wapi »* ? C'est-à-dire ma part est où ? Telle est la question préalablement posée pour justifier leur signature. Un tel système tombe toujours dans la corruption, la concussion, le détournement des fonds et l'impunité.

Enfin, je souhaite partager avec vous une idée qui me taraude depuis quelques années : faire des ressources pillées par les différents États du monde, un outil de la diplomatie du pays. Je l'avais déjà évoquée le 28 novembre 2012, dans une lettre que j'avais adressée au président des États-Unis d'Amérique : les produits de prédation des ressources de la RD Congo ont fait le développement de certains États. Hier, c'était la Belgique qui a été construite à l'aide des ressources de la RD Congo ; aujourd'hui, le Rwanda se construit avec les produits du pillage des produits miniers de la RD Congo. La prédation des ressources de la RD Congo est une des sources de la puissance de plusieurs nations, dont les États-Unis d'Amérique. En effet, « les sociétés congolaises redoublèrent d'efforts et la contribution congolaise à la guerre fut décisive. 800 000 tonnes de cuivre livrées entre 1940-1944 contre 85 000 tonnes durant la Première Guerre mondiale. [...]

Si le Congo a donné des matières premières de tous genres et des hommes pour combattre aux côtés des alliés, sa contribution fut essentielle quand il livra aux États-Unis ces quelques centaines de tonnes d'uranium qui mirent un triste point final à la guerre avec l'occupation du Japon[28] ». L'on pourra même déduire que la puissance des États-Unis se fut affirmée avec l'uranium extrait des entrailles du sous-sol de la RD Congo. Je formule le vœu pour les gouvernants de la RD Congo que les produits de la prédation du pays soient au service d'une diplomatie solide notamment entre la RD Congo et les États-Unis d'Amérique, et ce, quelle que soit l'administration susceptible de s'afficher dans la gestion de cette superpuissance et entre la RD Congo et les pays tels que l'Allemagne, la France et la Grande-Bretagne.

Bibliographie

Ouvrages

BAYART J.-F., *L'État en Afrique. La politique du ventre*, Paris, Fayard, Nouvelle édition, 2006

CONAN DOYLE, *Le Crime du Congo belge*, Paris, Les nuits rouges, 2005.

KANKWENDA MBAYA J., *L'Économie politique de la prédation au Congo-Kinshasa. Des origines à nos jours 1885-2003*, Kinshasa-Montréal-Washington, ICREDES, 2005.

MABI MULUMBA E., *Congo-Zaïre : les coulisses du pouvoir sous Mobutu. Témoignage d'un ancien premier ministre*, Liège, Les Éditions de l'Université de Liège, 2011.

[28] Bureau du président, *Livre blanc sur le portefeuille de la République démocratique du Congo*, Comité du Portefeuille, Kinshasa, 1970, pp. 16-17.

MAMBI TUNGA-BAU H., *Kleptocratie et mensonges en politique au Congo-Kinshasa. Résilience des citoyens pour sauver la République*, Louvain-la-Neuve, Academia, 2020.
MAMBI TUNGA-BAU H., *Pouvoir traditionnel et contrats de cession des terres en RD Congo*, Paris, L'Harmattan, 2012.

Articles

MARCHAL J., *Morel D. contre Léopold II. L'histoire du Congo 1900-1910*, volume 2, Paris, L'Harmattan, 1996.
VANTHEMSCHE G., *La Belgique et le Congo. Nouvelle Histoire de la Belgique*, volume 4, Bruxelles, Éditions Complexe, 2007.

Rapports et textes officiels

Bureau du président, *Livre blanc sur le portefeuille de la République démocratique du Congo*, Comité du Portefeuille, Kinshasa, 1970.

L'Entreprise publique congolaise à l'épreuve de l'indépendance

Justin OKANA N'SIAWI LEBUN

Introduction

Soixante ans après l'indépendance, les entreprises du secteur public ne semblent pas en mesure de réaliser leur objet social conformément aux besoins de leur clientèle. Ce qui ne signifie pas d'emblée que celles du secteur privé sont plus performantes sur la même période. Cependant, nous voulons centrer notre analyse sur celles dont la détermination de la stratégie et le fonctionnement dépendent de manière directe du propriétaire qu'est l'État.

L'État congolais dispose d'un patrimoine important qui a assuré la prospérité de la colonie belge jusque dans les premières années de son indépendance.

Il est reconnu que l'émergence économique tire sa source dans les institutions politiques efficaces[1]. Toutes les sociétés du monde sont structurées par les institutions politiques, et les règles de leur fonctionnement établies par ces dernières. Les institutions économiques ayant en charge la création des richesses sont imaginées et conçues en fonction des connaissances dont regorgent les institutions politiques. Celles-ci mettent en place un cadre réglementaire qui doit régir chaque institution économique, en vue de l'atteinte des objectifs à lui assigner, et elles veillent à l'application de toute cette réglementation.

Dans les pays émergents, les institutions politiques sont autonomes. Elles ont mis en place des institutions économiques ayant des objectifs précis, et ont établi les règles de fonctionnement de la société et des institutions économiques. Ces dernières ont alors mis en œuvre des politiques économiques bien réfléchies. Ces politiques ont consisté à servir d'abord les finances tirées de leurs exportations traditionnelles pour créer un secteur secondaire dynamique, pour transformer sur place leurs matières premières, et se confirmer comme pays exportateurs de produits manufacturés.

[1] A. KUPA MUKADI, *Conditions d'émergence de l'économie de la République démocratique du Congo : opportunités et contraintes*, Thèse de doctorat, Unikin, Faseg, 2019, p. 2.

Grâce aux politiques volontaristes des élites politiques, ces pays se sont construit une industrialisation diversifiée qui a été par la suite impulsée par les capitaux étrangers.

Les populations ont amélioré leurs performances et leurs conditions de vie grâce aux revenus tirés d'un emploi bien rémunéré. La rigueur du cadre politique et son sérieux dans les choix économiques et le respect des règles établies pour chaque organisation sociale sont les facteurs qui ont failli en RDC.

I. L'héritage colonial congolais

Après la Seconde Guerre mondiale, on assiste au retour de la paix dans le monde. Ce qui engendre un accroissement de la demande de travail et des produits divers pour la reconstruction des économies détruites par le conflit mondial.

Au Congo, la main-d'œuvre salariée augmente, les superficies cultivées deviennent plus importantes. L'administration coloniale décide de relever le niveau de vie de la classe ouvrière congolaise. Les commerçants, les fonctionnaires, les artisans et les employés sont autorisés à se constituer en petite bourgeoisie.

L'État est ainsi appelé à assurer l'encadrement de la population à travers l'enseignement, les services publics et autres formations.

L'amélioration du niveau de vie de masses populaires a conduit à soutenir l'industrie locale et à réorienter vers une sorte d'industrialisation jusque-là inexistante, à savoir l'industrialisation par substitution aux importations. C'est ici que l'industrie manufacturière tenue par le capital étranger connaîtra une expansion interne remarquable caractérisée par une forte rationalisation et une mécanisation des procédés de production et donc une forte augmentation de la productivité.

La demande intérieure est le véritable moteur d'une croissance soutenue. En effet, l'accroissement du revenu réel par tête est estimé à 23 % entre 1950 et 1958. La part du revenu des Africains dans le revenu national passe de 45 à 56 %.

La masse globale des salaires nominaux augmente de 172 % et le salaire réel par tête de 83 % pour les salaires minima légaux et de 100 % pour les entreprises de plus de 500 salariés.

En milieu rural, l'autorité coloniale envisage la transformation de l'agriculture paysanne. Cependant, toutes les mesures prises se heurtent à une forte résistance de puissantes associations des colons qui trouvent en cette émancipation des indigènes une réelle concurrence à l'accès aux ressources entre les communautés et une raréfaction de la main-d'œuvre ou un relèvement du niveau général des salaires distribués dans les campagnes. L'agriculture africaine se trouve marginalisée pendant que l'industrie manufacturière et les mines connaissent une très forte expansion.

Il faut retenir que pendant l'époque coloniale, l'État a joué un rôle très important dans la coordination des activités économiques et dans la mise en valeur du territoire à travers deux principaux secteurs aux avantages comparatifs avérés que sont les mines et l'agriculture.

Le système colonial reposait en effet sur trois piliers ou institutions que sont[2] :

- l'administration coloniale qui était à la base de ce pouvoir tripolaire avait la charge de contrôler la population et de maintenir l'ordre colonial ;
- l'Église catholique s'occupait de l'éducation et de l'encadrement moral des populations indigènes, y compris les recherches anthropologiques sur ces mêmes populations ;
- les groupes financiers qui ont obtenu de l'administration coloniale la liberté de mobiliser et d'exploiter toutes les ressources économiques disponibles dans la colonie.

Malgré la prospérité de l'économie congolaise de l'époque, elle présentait cependant certaines caractéristiques particulières, selon Bernard Ryelandt, qui vont rendre difficile la tâche des dirigeants nationaux lors de l'accession du pays à l'indépendance. Il s'agit d'abord du haut degré de pénétration européenne dans la plupart des secteurs, où l'Européen organise et prend en main l'activité à tous les échelons, et par ailleurs, le développement des secteurs minier et industriel qui a donné lieu à un important groupe de salariés et un important secteur d'exportation qui représentait à l'époque environ 40 % du produit national comparativement au reste de l'Afrique.

Aussi, sur le plan structurel, l'efficacité générale du modèle économique colonial au Congo a présenté plusieurs faiblesses que le plan décennal 1949-1959 envisageait de corriger, à savoir la transformation des structures de l'économie congolaise qu'il fallait rendre moins vulnérables aux soubresauts conjoncturels, l'action de fortifier l'activité économique intérieure, de dynamiser et de moderniser le secteur indigène et artisanal.

Ces objectifs n'avaient jamais été atteints en raison des aménagements ultérieurs et de l'opposition de certains membres de l'Association des Intérêts Coloniaux Belges (AICB).

II. Le portefeuille de l'État avant l'indépendance

Depuis l'État indépendant du Congo (1885), la RDC dispose d'un important portefeuille. L'Ordonnance du 1er juillet 1885 du roi Léopold II attribue à l'EIC la propriété des terres vacantes. La Compagnie du Congo pour le commerce et l'Industrie est fondée le 27 décembre 1886 (CCCI). C'est la première société du portefeuille. Un décret est pris le 27 février

[2] Cf. Idem.

1887 relatif à l'organisation, au fonctionnement et à la dissolution des sociétés commerciales.

La CCCI est créée sous forme de holding et a pour rôle de promouvoir toutes les opérations d'industrie, des travaux publics, de commerce, d'agriculture et des finances. Le roi des Belges signe par la suite trois décrets pour asseoir les activités de la CCCI et intègre dans le domaine privé de l'État toutes les ressources du sol et du sous-sol.

Avec une dotation initiale de 1 000 000 de francs et 150 000 ha de terrain à choisir au gré, la CCCI a créé de 1888 à 1895 cinq filiales importantes ci-après :

- la Compagnie des magasins généraux (CMG), chargée des approvisionnements, du stockage et des produits ainsi que des logements des coloniaux ;
- la Société anonyme belge (SAB), chargée de l'exploitation des terres vacantes aux alentours de Stanley-Pool ;
- la Compagnie du chemin de fer du Congo (CFC), chargée de la construction du chemin de fer Kinshasa-Bas-Congo ;
- la Compagnie des produits du Congo pour la culture vivrière et l'élevage ;
- la Compagnie du Katanga pour l'exploitation du sol et du sous-sol du Katanga ;
- cette dernière crée trois sociétés à charte, à savoir le Comité spécial du Katanga (CSK), la Compagnie des chemins de fer du Congo supérieur (CFL) et le Comité national de Kivu (CNK).

Les sociétés à charte se sont déployées dans tout le territoire national et ont favorisé l'implantation des PME et PMI, créé de l'emploi, distribué des revenus et généré la richesse.

Sur le plan institutionnel, toutes ces sociétés étaient régies par la législation sur les sociétés commerciales, avec le statut juridique de SARL. L'État avait une participation au capital qui se situait entre 10 et 40 %. Tous les titres étaient émis au nom de l'EIC ou encore de la fondation de la Couronne.

À l'issue du vote du Parlement belge du 20 août 1908, le portefeuille revient à la colonie. Malgré la crise économique mondiale de 1929, le portefeuille de l'État connaît un grand développement et atteint un record de 472 sociétés et contribue pour 40 % au financement du plan décennal 1950-1959.

Sous la colonisation belge, la politique de gestion du portefeuille était axée sur le développement des sociétés privées d'économie mixte, les compagnies à charte et les organismes parastataux ou parapublics.

Pour mieux saisir le sort du portefeuille de l'État après l'indépendance, nous allons présenter la situation économique générale du pays après le 30 juin 1960.

III. La situation économique générale de la RDC après l'indépendance

À l'accession du Congo à l'indépendance, plusieurs points faibles peuvent être relevés au niveau de l'économie congolaise. Ces facteurs ont constitué les germes de l'inflation dont l'amplification a été observée au lendemain de l'indépendance, soit entre 1960 et 1965. Il s'agit des facteurs suivants[3] :

- l'aggravation des charges d'amortissement et de consommation publique,
- le blocage de la croissance économique à partir de 1957,
- le retard de l'agriculture congolaise orientée vers le marché intérieur.

Les conditions et circonstances de l'accession du Congo à l'indépendance ont aussi été des facteurs perturbateurs de l'ordre socio-économique établi pendant la colonisation.

Après le 30 juin 1960, la nouvelle classe dirigeante se contente du pouvoir politique, pendant que les pouvoirs économiques des étrangers restent puissants en raison des positions qu'ils occupent dans le processus de production et de répartition des revenus. Ce qui explique l'incapacité de l'État d'exercer ses fonctions régaliennes de base, car il s'ensuit l'effondrement du modèle colonial. Par ailleurs, la perte du pouvoir politique par l'administration coloniale place les hommes d'affaires belges dans une véritable insécurité au regard des violences dans lesquelles l'indépendance du pays a eu lieu.

On peut même affirmer que les nouvelles autorités de l'État au pouvoir n'inspirent pas confiance aux entrepreneurs belges. En effet, sous l'instigation de la métropole, ils font tout pour priver ces autorités de toutes les ressources financières nécessaires jusqu'à tolérer des sécessions.

La production agricole connaît une forte baisse pendant que l'industrie manufacturière va connaître une évolution positive tant de sa production que de l'emploi. La création massive d'emplois et grades combinée aux différentes hausses des rémunérations dans la force publique et l'administration, sans oublier la volonté des nouveaux dirigeants d'améliorer leurs revenus ont encouragé cette tendance prise par la manufacture et l'on vit une situation où seuls les biens de consommation voient leur production augmenter.

Ainsi, la situation socio-économique se détériore complètement. C'est le coup d'État militaire du 24 novembre 1965 qui met fin aux désordres et à l'insécurité engendrés par le nouveau pouvoir politique qui remplace les colons. Le pouvoir militaire restaure la paix et la sécurité et certaines réformes sont initiées sur le plan économique. L'on peut citer la réforme monétaire de 1967, la promulgation en 1969 d'un Code des investissements

---

[3] A. KUPA MUKADI, *op.cit.*, p. 175.

et de 1966 à 1973, l'économie congolaise est soutenue par une bonne tenue des cours de ses principaux produits d'exportation.

Cependant, le 30 novembre 1973, le régime de Kinshasa décide la « zaïrianisation » des affaires des étrangers en vue de créer une classe moyenne congolaise. Malheureusement, les bénéficiaires de ces biens sont l'État et quelques Zaïrois proches du pouvoir qui ne justifient d'aucune expérience, ni compétence en matière de gestion commerciale et industrielle des entreprises.

Les investisseurs étrangers qui viennent au Congo ont pour intermédiaires, non pas des fonctionnaires de l'administration ou des ministères spécialisés, mais un petit groupe de conseillers et des fonctionnaires de la présidence de la République qui sont les vrais détenteurs du pouvoir de décision. Cette faiblesse institutionnelle ouvre grandement la porte à la corruption à chaque niveau de la structure de l'État. Le surplus économique et les revenus tirés de l'expansion ne se traduisent ni par un élargissement de la base productive ni en une accumulation du capital industriel, mais servent plutôt à une consommation somptueuse publique et privée.

Étant donné que les grandes décisions économiques sont prises par les services dans l'entourage du Président de la République en violation des principes réglementaires du Code des investissements, des commissions occultes, des cadeaux, des promesses de tout genre sont faits à ces acteurs qui côtoient les instances officielles de l'État.

Pendant cette période, l'on peut déceler une tentative de transformer la structure productive de l'économie du pays en initiant un nombre important d'investissements industriels, agro-industriels et autres comme le barrage hydro-électrique d'Inga, la sidérurgie de Maluku, COMINGEM, l'usine de purée de tomate, Cacaoza, Palmeza, Kaniama-Kasese…

Le retournement de la conjoncture internationale en 1974 par la chute des prix des matières premières due au choc pétrolier, conjugué à la mauvaise gestion de l'économie sur fond de politique d'endettement, consacre la crise économique du pays. Le pouvoir est incapable de répondre à ses obligations régaliennes. Il est aussi isolé politiquement et financièrement à cause des dérives dictatoriales.

Le régime qui s'installe en mai 1997 se caractérise par une gestion politique totalitaire et une gestion économique non experte et hasardeuse. Des nouvelles minorités privilégiées naissent et la corruption continue ses ravages. La situation économique à la fin des années 1990 nécessite des grandes décisions, car toutes les entreprises publiques sont pratiquement en état de cessation de paiements dont la Gécamines, le poumon économique du pays.

En 2002, le pouvoir promulgue un Code minier favorable aux investisseurs et se désengage progressivement du secteur. Il rétablit ensuite les relations avec les Institutions de Breton Wood et en 2010, le pays voit l'effacement de sa dette extérieure dans le cadre de l'initiative Pays pauvres très endettés (PPTE). Ce qui permet au pays de retrouver des marges de manœuvre financières et certaines améliorations par rapport à la décennie 1990.

Le secteur minier privatisé porte la croissance économique, mais les pratiques prédatrices dans la gestion de l'État sont aggravées. En effet, la gestion des institutions politiques et économiques s'exerce au mépris des règles établies.

Les entreprises fonctionnent dans la même logique de prédation et n'arrivent ni à maintenir ni à renouveler leur outil de production.

La faillite de l'État ne lui permet pas d'améliorer les conditions de vie de la population, et le modèle économique hérité de la colonisation orienté vers les intérêts de la métropole n'est pas transformé en un modèle tourné vers la satisfaction des besoins internes 60 ans après l'indépendance.

IV. Le portefeuille à l'accession du pays à l'indépendance

Après le 30 juin 1960, plusieurs événements n'ont pas permis de reconstituer le portefeuille dont le contenu avait sensiblement diminué. Parmi ces événements, l'on peut citer les suivants :

- la Loi du 17 juin 1960 qui consacre le principe du choix entre la nationalité belge et congolaise pour les sociétés de droit congolais ayant leur principal siège d'exploitation au Congo. En effet, plusieurs sociétés optèrent pour la nationalité belge, ne laissant au Congo que des filiales appelées à poursuivre leurs activités et jouir de leurs droits fonciers et miniers ;
- le Décret du 27 juin 1960 portant dissolution des sociétés à charte et renonciation par le Congo belge à ses droits dans les lesdites sociétés.

De 1960 à 1965, les dissensions politiques, et les difficultés économiques et financières subséquentes, n'ont pas permis une gestion ordonnée du portefeuille. Néanmoins, le premier souci à l'époque était l'identification et la restructuration du secteur. La gestion du portefeuille n'était pas confiée à un seul organe. Les tâches étaient réparties comme suit :

- la « Délégation pour les problèmes financiers en suspens » dépendait de Bruxelles ;
- la Direction du Trésor au ministère des Finances était dotée d'un bureau du portefeuille pour accomplir des actes de gestion ;
- la Banque nationale du Congo était chargée de la conservation des titres ;
- la primature et aussi la présidence de la République assuraient la coordination et les arbitrages nécessaires.

C'est le pouvoir de 1965 qui cherche, d'une part, à restructurer et à diversifier des apports nouveaux et d'autre part, à organiser et à mettre en place les mécanismes nécessaires pour assurer une gestion rationnelle du portefeuille. Celle-ci se voit assigner les objectifs suivants : la promotion des investissements, la création des emplois, l'accroissement de la capacité managériale des gestionnaires nationaux, la propagation de l'innovation, le renforcement des moyens d'action de l'État et l'amélioration des conditions de vie de la population.

Des options fondamentales de la gestion du portefeuille sont définies à cet effet.

IV.1.Les options fondamentales de la gestion du portefeuille

En novembre 1970, le Comité du Portefeuille publie le Livre blanc sur le portefeuille de la République démocratique du Congo qui comprend les options relatives au rôle de l'État dans l'économie. Celles-ci peuvent se résumer en quatre points ci-après[4] :

- affirmation de l'intervention de l'État dans les secteurs de production d'intérêt général, particulièrement les secteurs stratégiques et ceux délaissés par le privé en raison de leur faible rentabilité financière et de leur rentabilité jugée lointaine ;
- orientation des investissements vers l'élargissement du marché intérieur par la création des emplois et l'accroissement des revenus et par l'allocation des ressources additionnelles à la diversification économique ;
- adoption d'une gestion rationnelle à même de générer un volume significatif de ressources devant conforter le budget de l'État ;
- intensification de la formation des cadres aux techniques modernes de gestion pour en faire des éléments moteurs de développement national par une amélioration de leur capacité managériale.

IV.2.La restructuration et la diversification

L'effort de restructuration et de diversification d'apports nouveaux se réalise notamment par des mesures de nationalisation en 1967, à la suite de l'échec des négociations relatives au contentieux belgo-congolais.

À partir du 1er janvier 1967, l'État crée la Générale congolaise de minerais (Gécomines) devenue par la suite la Générale de carrières et de mines (Gécamines). L'État reprend pour son compte toutes les participations directes ou indirectes de l'Union minière du Haut-Katanga (UMHK), l'ancêtre de la Gécamines.

---

[4] Livre blanc sur le portefeuille de la République démocratique du Congo, Kinshasa, 24 novembre 1970.

D'importantes mesures sont aussi prises par la suite, notamment les suivantes :

- la promulgation d'un nouveau Code minier qui consacre l'appartenance des mines à l'État et elles constituent un domaine public particulier ;
- la création de la Société nationale d'assurances, de l'Office des mines d'or de Kilo-Moto (OKIMO), de l'Office zaïrois de contrôle (OZAC), de la Société nationale d'électricité (SNEL) et de PETRO-ZAÏRE ;
- la participation à raison de 50 % pour la constitution de Congo-Étain, la Minière de Bakwanga (MIBA), la Société congolaise de raffinage (SOCIR), la Cimenterie nationale (CINAT), la Société textile de Kisangani (SOTEXKI), la Société sidérurgique (SOSIDER) ;
- les mesures de zaïrianisation le 30 novembre 1973 font passer les petites et moyennes entreprises étrangères sous le contrôle des nationaux ;
- les mesures de radicalisation font passer sous le contrôle de l'État les grosses entreprises et les grosses unités agro-industrielles ;
- les mesures du 17 septembre 1976 portent rétrocession aux anciens propriétaires des sociétés radicalisées de 60 % du capital ; les 40 % restants devaient soit être souscrits par des actionnaires zaïrois de leur choix, soit faire l'objet d'une émission publique tendant à favoriser la promotion de l'actionnariat populaire zaïrois. L'État s'est réservé dans certains domaines le droit, pour l'intérêt national, en l'occurrence l'exploitation minière, l'exploitation forestière, l'énergie et les transports.

IV.3. L'organisation, la gestion et l'administration

La recherche de l'organisation et la mise en place des mécanismes indispensables à la gestion rationnelle du portefeuille, se traduisent par des décisions importantes suivantes :

- l'Ordonnance n° 67/21 du 20 janvier 1967 portant création d'une Direction du Portefeuille au Ministère des finances, chargée de la gestion et de l'administration du portefeuille ;
- la transformation de la Direction du Portefeuille en Direction générale par l'Ordonnance n° 68/177 du 29 mars 1968 ;
- l'Ordonnance n° 69/148 du 1er août 1969 crée le Service du Portefeuille qui est placé sous la tutelle de la présidence de la République ;
- par Ordonnance n° 70/091 du 11 mars 1970, il est transformé en Comité du Portefeuille et reste sous la tutelle de la présidence de la République ;
- l'Ordonnance n° 70/072 du 20 novembre 1970 crée l'Institut de gestion du Portefeuille (IGP) ;

- l'Ordonnance n° 75/117 du 15 juin 1975 crée le Département du Portefeuille qui succède à l'IGP ;
- l'Ordonnance n° 89/033 du 30 janvier 1989 crée le Conseil supérieur du Portefeuille (CSP) sur recommandation de la Banque mondiale.

IV.4. Le cadre légal et réglementaire du portefeuille

Pendant toute cette période, le cadre légal et réglementaire du portefeuille se présente comme suit :

- la Loi n° 78-002 du 6 janvier 1978 portant dispositions générales applicables aux entreprises publiques telle que modifiée et complétée a ce jour ;
- l'Ordonnance n° 86-202 du 11 juillet 1986 portant statut des présidents délégués généraux et délégués générauxadjoints des entreprises ;
- des statuts de différentes entreprises, en l'occurrence celles d'économie mixte.

IV.5. La réforme des entreprises publiques

L'État congolais a toujours été habité par ce souci de réformer les entreprises de son portefeuille. Dans son exposé des motifs, la Loi n° 08/007 du 7 juillet 2008 affirme que « les entreprises publiques organisées par la Loi n° 78-002 du 6 janvier 1978 n'ont pas atteint les objectifs économiques et sociaux qui leur avaient été assignés.

Pour cette raison, leur réforme s'impose. Celle-ci s'inscrit dans le cadre du programme général de redressement macroéconomique et sectoriel conçu et conduit par le gouvernement.

Elle a pour objectif de créer un cadre institutionnel susceptible de :

- insuffler une dynamique nouvelle aux entreprises du portefeuille de l'État en vue d'améliorer leur potentiel de production et de rentabilité ;
- contribuer au renforcement de la compétitivité de ces entreprises et de l'ensemble de l'économie nationale. »

Aux termes de cette loi [n°08/007], les entreprises publiques seront :

- soit transformées en sociétés commerciales dans lesquelles l'État est l'actionnaire unique par dérogation aux dispositions légales en vigueur ;
- soit transformées en établissements publics ou services publics dans le but de régler la problématique du statut juridique des établissements qualifiés d'entreprises publiques mais dont les activités sont en réalité le prolongement de celles de l'Administration publique bénéficiant d'une parafiscalité et/ou qui n'ont pas de vocation lucrative ;

– soit tout simplement dissoutes et liquidées dans la mesure où elles sont en cessation de paiement, ou leur activité économique ne se justifie plus.

Le même jour, il est promulgué la Loi n° 08/008 qui porte dispositions générales au désengagement de l'État des entreprises du portefeuille. Le programme de désengagement s'inscrit dans le contexte des réformes économiques entreprises par le gouvernement. Ces réformes visent un développement économique ancré sur la volonté et la créativité des communautés locales et la promotion de l'entrepreneuriat national.

Pour cela, l'État entend s'appuyer notamment sur le secteur privé et se consacrer davantage à sa mission de régulation. En effet, les entreprises publiques sont caractérisées par une insuffisance ou un manque de performances financières, économiques et sociales. Elles nécessitent des ressources importantes que l'État ne peut leur assurer.

Le désengagement se justifie par l'option levée de poursuivre la politique de libéralisation de l'économie nationale et, par conséquent, l'encouragement de l'initiative privée. En vue d'accroître la richesse nationale, l'État opte pour le développement du secteur privé, la diversification des activités et la compétitivité des entreprises.

L'État vise la mise en œuvre des plans d'investissements différés, qui sont indispensables pour le renouvellement de l'outil de production et l'amélioration de la qualité des prestations.

La création du COPIREP est consécutive à la volonté du gouvernement de la RDC de redresser la situation de l'économie nationale minée par les contre-performances des entreprises publiques qui évoluaient dans un contexte de monopole de fait. La réflexion menée, dès 2000, avait abouti en 2002 à la création du Comité de pilotage de la réforme des entreprises publiques portée par la reprise de la coopération structurelle avec les institutions de Breton Woods. Et la Banque mondiale est le principal bailleur de fonds de cette politique à travers le Projet compétitivité et développement du secteur privé.

Le 24 avril 2009, le Décret n° 09/15 du 24 avril 2009, signé par le Premier ministre, a transformé le COPIREP en établissement public, en application de la Loi n° 08/008 du 7 juillet 2008 portant dispositions générales relatives au désengagement de l'État des entreprises du portefeuille, et lui a assigné le rôle principal d'organe technique du gouvernement pour le désengagement de l'État.

IV.6. Le bilan des réformes opérées par l'État

Le portefeuille de l'État a été géré comme l'ensemble du pays et aucun de ses objectifs n'a pu être atteint. Comme l'affirme Evariste MabiMulumba : « L'État a contribué à la régression économique par sa mauvaise gestion aussi bien du cadre macroéconomique (dont l'illustration est la permanence d'une inflation endémique) que des entreprises publiques et de ses participations dans les sociétés d'économie mixte[5]. »

Ces entreprises créées sans étude préalable de faisabilité n'ont pour la plupart pas eu un capital social fixé. Les mandataires désignés sur base des critères politiques sans capacités managériales et morales avérées n'ont été capables ni de maintenir ni de renouveler l'outil de production.

Les recrutements d'inspiration politique ont engendré un personnel pléthorique, démotivé et vieillissant qui n'a pas travaillé dans de bonnes conditions.

Globalement, les entreprises publiques n'ont pas atteint les objectifs que leur a assignés l'État. Au contraire, elles ont constitué un poids pour leur propriétaire dont la population est restée insatisfaite parce que ses besoins ne sont pas rencontrés.

Et Evariste Mabi Mulumba de renchérir, ces entreprises sont caractérisées par[6] :

- la vétusté ainsi que l'obsolescence de leur outil de production et la difficulté liée à leur renouvellement par manque de moyens financiers,
- l'absence de compétitivité face aux opportunités du marché en raison des excès de la politique de rente accordée par l'État,
- la généralisation, voire l'institutionnalisation des pratiques prédatrices dans la conclusion des marchés de travaux et de fournitures à charge des entreprises,
- l'instabilité des mandataires,
- le non-respect du principe de redevabilité avec comme conséquence la généralisation de l'impunité, situation favorisée par la non-tenue d'une comptabilité régulière. Certaines entreprises publiques ne connaissent pas de façon exhaustive leur patrimoine immobilier,
- les entreprises publiques qui devraient contribuer significativement au budget de l'État sont devenues une charge grevant ce budget,
- l'État lui-même au lieu d'orienter de façon constructive les entreprises publiques contribue à leur décapitalisation en se faisant payer des avances sur dividendes par des entreprises n'ayant pas d'états financiers pour savoir si elles ont réalisé des profits ou pas.

V. Comment rendre nos entreprises performantes ?

Comme nous l'avons constaté, le gouvernement de la RDC a tenté plusieurs réformes de son portefeuille sans succès réel. La grande responsabilité de ces échecs est attribuable aux dirigeants du pays. En effet,

---

[5] E. Mabi Mulumba, La réforme du cadre institutionnel, légal et règlementaire de la gestion du portefeuille de l'État, *CADICEC-Information*, n° 89 /90, Kinshasa, août 2001, pp. 54-58

[6] E. Mabi Mulumba, Diagnostic de la gouvernance des entreprises du portefeuille de l'État, Conférence à l'UCC le 25 juin 2020.

les mandataires dans ces entreprises sont nommés par l'État-propriétaire dont la politique économique nationale ne donne pas de bons résultats non plus.

L'expérience des pays émergents ainsi que celle des pays du Sud-Est asiatique montrent clairement le rôle des institutions politiques dans la réussite économique.

Globalement, nous retenons que dans le cas de la Chine, l'État définit la politique et les priorités économiques. Il cherche le financement et investit dans les secteurs stratégiques pour construire une capacité financière indispensable au développement économique du pays.

Pour la bonne marche des affaires, l'État crée deux grandes institutions, à savoir la Commission du plan, chargée d'élaborer les plans et la Commission économique qui s'occupe du suivi en vue de s'assurer de l'exécution effective des programmes. Les analystes estiment que c'est cette machine économique qui est à la base de l'émergence chinoise actuelle et plus particulièrement du secteur manufacturier.

Tout comme pour la Chine, l'État est au centre de l'activité économique au Brésil et donne toutes les impulsions qui engendrent les réformes. Il est par le fait même le principal, voire le grand entrepreneur. Le rôle fondamental joué par l'État conduit à l'émergence, mais non le libéralisme.

Au Brésil, ce sont les organismes et entreprises d'État qui ont joué un rôle essentiel dans l'essor du pays. La Banque nationale de développement prend en charge la réalisation des travaux d'aménagements dans les secteurs stratégiques comme l'énergie, les mines, les transports et l'armement.

C'est ainsi que sur le plan économique, on peut constater une forte coexistence entre un secteur public puissant, des multinationales puissantes et des entreprises privées brésiliennes dont la part s'est accrue depuis le début des années 1980, soutient Sylvie Brunel[7]. Ce qui confirme la théorie économique qui nous dit que seul l'État est le garant de l'intérêt général.

Aussi, le dirigisme politique des Dragons asiatiques dans la conduite de l'activité économique a produit des performances exceptionnelles, dont l'augmentation de la production totale, l'accroissement de la part de la production industrielle, l'amélioration des niveaux de vie des populations et l'insertion favorable au marché mondial. Bien qu'étant des petits pays, ils comptent aujourd'hui parmi les pays développés.

Conclusion

La RDC a hérité de la colonisation un portefeuille important, voire performant. Bien que sur le plan structurel, l'efficacité générale du modèle économique colonial a présenté plusieurs faiblesses que le plan décennal 1949-1959 envisageait de corriger, à savoir la transformation des

[7] A. KUPA MUKADI, *op.cit.*, p. 136.

structures de l'économie congolaisequ'il fallait rendre moins vulnérables aux soubresauts conjoncturels, fortifier l'activité économique intérieure, dynamiser et moderniser le secteur indigène et artisanal.

L'activité politique a occupé les dirigeants au détriment de l'économie. Ceux-ci se sont comportés en prédateurs oubliant la noble mission de la politique. C'est ainsi qu'après 60 ans d'indépendance, la RDC est parmi les pays les plus pauvres au monde malgré ses potentialités tant vantées.

L'ouverture des frontières nous expose à la concurrence internationale et amer constat, toute notre consommation est entre les mains des étrangers.

Aujourd'hui, ce n'est pas le type d'activités économiques qu'un pays possède qui détermine sa prospérité, mais la façon dont ce pays se bat dans chacune de ses activités. Par exemple, l'industrie italienne de la chaussure peut offrir des salaires élevés en se battant sur le design, la technologie et une main-d'œuvre hautement qualifiée, tandis que les ouvriers de cette même industrie dans des pays comme l'Inde gagnent tout juste le minimum vital.

Avec le nouveau paradigme, affirme Michael Porter[8], ce sont les sources d'innovations et d'améliorations disponibles dans un pays qui sont décisives pour sa réussite. Inutile d'espérer le succès sans une clientèle domestique exigeante, un nombre de fournisseurs nationaux suffisant, une bonne infrastructure, un savoir-faire et les technologies répondant aux besoins locaux spécifiques et une rivalité domestique interne. L'avantage concurrentiel ne provient pas d'un environnement national confortable, mais de défis et de pressions. C'est dans un environnement national particulièrement dynamique et stimulant que l'on rencontre des entreprises compétitives.

Bibliographie

Textes législatifs

Loi n°08/007 du 7 juillet 2008 […], Journal officiel de la République démocratique du Congo, 49e année, Numéro spécial, 12 juillet 2008.

Ouvrages

BELESI MUTSHIL G. G., Aperçu général du portefeuille de la République démocratique du Congo : Naissance et développement dans le temps, *CADICEC-Information*, n° 89/90, Kinshasa, août 2001, pp. 27-42.

DRUCKER P. F., *La Grande Mutation, Vers une nouvelle société*, Les Éditions d'Organisation, Paris, 1970.

GARIBALDI GÉRARD, *L'Analyse stratégique, Comment concevoir les choix stratégiques en situation concurrentielle*, 3e édition, Les Éditions d'Organisation, Paris, 2001.

---

[8] M. E. PORTER, *L'Avantage concurrentiel des Nations*, InterÉditions, Paris, 1993.

Livre blanc sur le portefeuille de la République démocratique du Congo, Kinshasa, 24 novembre 1970.
MABI MULUMBA E., La réforme du cadre institutionnel, légal et réglementaire de la gestion du portefeuille de l'État, *CADICEC-Information*, n° 89/90, Kinshasa, août 2001, pp. 54-58.
MABI MULUMBA E., *Diagnostic de la gouvernance des entreprises du portefeuille de l'État*, Conférence à l'UCC le 25 juin 2020.
NANA MUNGIEL T., Diagnostic des entreprises du portefeuille : entraves endogènes, *CADICEC-Information*, n° 89/90, août 2001, pp. 43-51.
OKANA N'SIAWI LEBUN J., Les organes de gestion du portefeuille de l'État, *CADICEC-Information*, n° 89/90, août 2001, pp. 59-70.
OKANA N'SIAWI LEBUN J., La responsabilité sociale des entreprises du portefeuille en vue de l'émergence de la RDC, OPEDH, RDC et émergence économique à l'horizon 2030 : conditions et préalables, *Afrique et Développement*, n° 1, PUCC, 2019, pp. 143-161.
OMOMBO OMANA A., *Pour une croissance durable de la République démocratique du Congo, Une approche méthodique*, CEDI, Kinshasa, 2000.
OMOMBO OMANA A., Une approche de la restructuration du portefeuille de l'État, *CADICEC-Information*, n° 89/90, Kinshasa, août 2001, pp. 71-88.
PETERS TOM, *L'Entreprise libérée*, Libération Management, Dunod, 1993.
PORTER M. E., *L'Avantage concurrentiel des Nations*, InterÉditions, Paris, 1993.

Thèses et mémoires

KUPA MUKADI A., *Conditions d'émergence de l'économie de la République démocratique du Congo : opportunités et contraintes*, thèse de doctorat, Faseg-Unikin, octobre 2019.

Entreprises publiques en République démocratique du Congo et recrutement des dirigeants : quelles leçons de management 60 ans après l'indépendance ?

Patrick BAKENGELA SHAMBA

Introduction

Depuis les années 1980, plusieurs analystes et observateurs (Penouil, 1992 ; Ntumba Lukanga, 2013 ; Fikirine, 2013) constatent que la majorité des entreprises africaines, notamment celles du secteur public, enregistrent des résultats peu performants. Ils montrent aussi, comme le souligne Penouil (1992), que les entreprises publiques en Afrique n'ont pas permis aux États africains de résoudre leurs problèmes de développement.

Hubert Ntumba Lukunga (2013) remarque, pour sa part, une réelle diminution de la contribution des entreprises publiques congolaises aux recettes budgétaires de l'État. Il écrit à ce sujet :

« Avant l'indépendance, le portefeuille de l'État ne comptait que 76 entreprises, cependant, celles-ci avaient contribué pour le financement du plan décennal 1949-1959 pour plus de 40 % du montant total des investissements publics. Le revenu du portefeuille représentait 30 % du budget des recettes de l'État. En 1960, les recettes budgétaires ne représentaient que 7 % et vers la fin 1970, elles ne représentaient que 0,5 % ».

Ce même constat est fait par Damien Yuma Fikirini (2013) dans son étude portant sur les perspectives des réformes du secteur public pour le développement en République démocratique du Congo (RDC) :*« Les entreprises publiques ne satisfont plus au désir le plus légitime de l'État actionnaire, c'est-à-dire le paiement des dividendes à la fin de chaque exercice comptable…À titre d'exemple, en 2007, aucune entreprise publique n'avait versé des dividendes à l'État congolais. »*

Ces constats semblent contradictoires avec les observations faites sur certaines entreprises publiques en Europe. Les entreprises publiques, en Europe, ne sont pas toujours synonymes d'entreprises moins performantes. Gerard Charreaux (1997) se pose d'ailleurs une question intéressante :

« l'entreprise publique est-elle nécessairement moins performante ? » Il constate que certaines entreprises publiques sont cotées en bourse et enregistrent des résultats satisfaisants.

À titre d'exemple, en 2000, l'entreprise publique française« Énergie de France » (EDF) avait un capital 100 % détenu par l'État français. Cette entreprise avait été transformée en société anonyme avec un PDG et un conseil d'administration. En 2007, la part de l'État ne représentait que 83,32 % du capital de l'entreprise.

Un deuxième exemple est celui de l'entreprise publique « Gaz de France » (GDF) pour laquelle l'État détenait 100 % en 2000, 79,78 % en 2007 et environ 40 % en 2008. En 2021, l'État français reste l'actionnaire majoritaire avec 23,64 % des parts sociales. La dénomination commerciale de cette entreprise avait été changée de « GDF Suez »en « ENGIE ». Cette entreprise se positionne, à ce jour, comme un acteur majeur de la transition énergétique en France avec des activités orientées vers la fourniture de l'électricité, du gaz naturel et de service à l'énergie.

Ces constats nous poussent à nous poser la question de recherche suivante : quelles sont les logiques dominantes à la base du recrutement des dirigeantes entreprises publiques de 1960 à 202 ?

Pour répondre à cette question de recherche, nous avons fait usage de l'approche qualitative dans l'analyse des données. Les techniques documentaires ont été utilisées pour obtenir les données secondaires dans la base des données « Google scholar » et le moteur de recherche « Google ».

Les critères d'inclusion de l'échantillon étaient de retenir les publications scientifiques et non scientifiques abordant la question du recrutement des dirigeants des entreprises publiques en République démocratique du Congo.

L'analyse longitudinale des données a été privilégiée comme méthode de recherche basée sur la compréhension de la dynamique des événements sur les entreprises publiques et leur évolution au cours de la période de 1960 à 2020.

Cette recherche s'articule sur quatre points :

- d'abord, la revue succincte de la littérature sur les différentes conceptions de l'entreprise publique ;
- ensuite, l'étude de l'évolution des entreprises publiques en République démocratique du Congo de 1960 à 2020 ;
- après, l'analyse du mode de recrutement des dirigeants des entreprises publiques ;
- enfin, la discussion des résultats et propositions des solutions pour l'amélioration de la compétitivité des entreprises publiques en République démocratique du Congo.

I. Revue de la littérature relative à l'évolution des conceptions dominantes sur l'entreprise publique

La conception du rôle des entreprises publiques dans l'économie a évolué à travers le temps dans la littérature en sciences de gestion. Si dans les années soixante et septante, l'idée dominante avait été de permettre à l'État de prendre des initiatives entrepreneuriales et d'occuper largement l'espace économique à travers le modèle de l'État providence ou encore le modèle de « plus de l'État », nous sommes passés au modèle de « mieux de l'État » vers les années 1980 et au modèle « moins de l'État » des années 1990 avec l'idée de la privatisation des entreprises publiques.

Dans les années 2000, à la suite des échecs de l'expérience de la privatisation des entreprises, nous sommes passés au modèle de la transformation des entreprises publiques en sociétés anonymes avec un capital de l'État et des privés comme actionnaires.

Les entreprises publiques semblent, à notre avis, former une réalité spécifique que l'on ne doit pas assimiler à la réalité des entreprises privées. Cette dénomination « réalité spécifique » mérite un commentaire par rapport à la littérature des organisations publiques.

À ce propos, C. Défelix (1997) note trois conceptions importantes pour le cas de l'évolution des organisations publiques en France. La conception traditionnelle (avant les années 1980) qui consistait à considérer les entreprises publiques comme des « organisations spécifiques » traversées par des tensions spécifiques. Par conséquent, elles étaient censées être gérées avec des « méthodes spécifiques ». Ensuite, la conception moderne portée par les mouvements de modernisation des années 1980 qui postulait que l'on pouvait utiliser les méthodes de gestion des entreprises privées pour gérer les entreprises publiques. En d'autres termes, il s'agissait de gérer les « organisations spécifiques » avec des « méthodes non spécifiques ».

Enfin la troisième conception, que l'on qualifierait de postmoderne, consiste à remettre en cause la nature spécifique des entreprises publiques en montrant qu'à travers les évolutions récentes des formes juridiques des entreprises publiques, certaines d'entre elles peuvent opter pour le régime de droit privé tout en restant des entreprises « publiques ». Dans ce cas, elles deviennent des « organisations non spécifiques » tout en restant « publiques ». Cette conception prône l'utilisation de « méthodes non spécifiques » pour gérer les entreprises publiques devenues des « organisations non spécifiques ».

II. Évolution des entreprises publiques en République démocratique du Congo de 1960 à 2020

Les entreprises publiques congolaises, c'est-à-dire celles dont le capital appartient entièrement à l'État congolais, vont naître, après l'indépendance du Congo en 1960, suite à la reconversion des capitaux, aux fusions et aux négociations avec le Royaume de Belgique sur les titres de propriété des anciennes sociétés coloniales, dites les sociétés à charte.

Il est nécessaire de rappeler quelques éléments historiques à la base des transformations de la nature des entreprises coloniales après l'indépendance (Ndaywel, 1998 ; Saïd, 1969 ; Pal'abu, 2001). Le17 juin 1960, environ deux semaines avant l'indépendance, le Royaume de Belgique va prendre un décret royal invitant les entreprises œuvrant au Congo belge à choisir leur nationalité, c'est-à-dire à opter pour le droit congolais ou le droit belge. Les entreprises qui optaient pour le droit belge étaient exemptées du paiement d'impôt au Congo.

Le 27 juin 1960, un autre décret royal dissout les Sociétés à charte[1]. À l'indépendance, un contentieux oppose le jeune État congolais et la Belgique sur le transfert des titres de propriété ou de copropriété détenus par l'ancien Congo belge.

De l'indépendance de 1960 à 1966, les principales entreprises (de droit étranger) avaient poursuivi leurs activités et s'approprièrent l'essentiel des profits de production, en profitant du désordre institutionnel de la jeune République. À l'issue de cette période troublée, le nouveau gouvernement congolais, de la Deuxième République, prit conscience de la précarité de son autonomie économique et financière et intima l'ordre aux sociétés à capitaux, dont les entreprises minières, de localiser leurs sièges sociaux et leurs actifs financiers au Congo, au plus tard pour la fin de l'année 1966[2]. L'Union minière du Haut-Katanga refusa d'appliquer la loi, comme d'autres entreprises de l'époque. Elles furent nationalisées le 1er janvier1967, à l'échéance de l'ultimatum, c'est-à-dire transformées en sociétés distinctes dont le capital appartenait en totalité à l'État congolais. Il convient de noter aussi que pendant cette période, l'État va mettre en place une formule de privatisation de la gestion, dans laquelle il reste le détenteur des capitaux mais confie la gestion à des entreprises privées ou aux dirigeants expatriés, essentiellement occidentaux. Vers le début des années 1970, l'État congolais supprime les contrats de gestion avec les entreprises privées occidentales et se réserve le droit de nommer ses mandataires.

Cependant, malgré ces nationalisations, la gestion de la plupart des entreprises publiques avait été confiée à des équipes d'expatriés, belges

---

[1] Les sociétés à charte sont des sociétés créées de l'association de l'État du Congo belge avec les groupes financiers privés. Elles faisaient suite à l'insuffisance de structures administratives. Les sociétés à charte reçurent des prérogatives de puissance publique et des droits variés leur permettant de participer directement ou indirectement à la formation des sociétés dans tous les secteurs d'activités sans libération du capital.Ces sociétés étaient régies par la législation sur les sociétés commerciales. Elles avaient, toutes, le statut juridique de sociétés anonymes à responsabilité limitée(SARL). La participation de l'État congolais se situait dans une fourchette de10 % à 40 % du capital. Les titres de participation étaient émis.

[2] Ordonnance-loin° 66-341du7 juin1966.

notamment[3]. L'estimation faite par l'ambassade de Belgique montre qu'en1983, il y avait encore au Zaïre environ 250 entreprises étant entièrement ou partiellement entre des mains belges. C'est seulement au terme de l'Ordonnance du 11 juillet 1986 que les fonctions de mandataires de l'État, pour les entreprises publiques, seront réservées exclusivement aux candidats de nationalité zaïroise, sauf dérogation exceptionnelle du président de la République.

Les entreprises publiques nouvellement nationalisées vers les années 1967 ont donc souffert de l'absence d'un cadre juridique et institutionnel pour leur gestion. Jadis régies par la législation belge, ces entreprises désormais ne dépendaient plus ni de la législation belge, ni d'une législation congolaise inexistante pour elles. Ce n'est qu'en janvier 1978, soit dix ans après les premières nationalisations, que l'État congolais va mettre sur pied une loi-cadre régissant le fonctionnement des entreprises publiques au Congo.

Quant aux organes de coordination entre les entreprises publiques et l'État, il faut remarquer, comme le souligne Pal'abu (2001) et complété par nous-mêmes, la succession de diverses formules depuis1967 jusqu'à ce jour :

- En 1967 (Ordonnance n° 67/21 du 20 janvier 1967), le gouvernement crée la Direction du Portefeuille au ministère des Finances, chargée de la gestion et de l'administration du portefeuille.
- En 1968 (Ordonnance n° 68/177 du 29 mars 1968), la Direction du Portefeuille est transformée en Direction générale.
- En 1969 (Ordonnance n° 69/148du1er août1969), est créé le Service du Portefeuille, sous la tutelle de la présidence de la République.
- En 1970, par souci d'efficacité, le Service du Portefeuille est transformé en Comité du Portefeuille (Ordonnance n° 70/091du 11 mars1970).
- En 1970 (Ordonnance-loi n° 70/072 du 20 novembre1970), l'Institut de gestion du Portefeuille (IGP) est créé.
- En1975 (Ordonnance n° 75/117du15 juin1975), l'IGP est supprimé et remplacé par le Département du Portefeuille.
- En janvier 1989 (Ordonnance n° 89-033 du30 janvier1989), sur recommandation de la Banque mondiale, voit le jour le Conseil supérieur du Portefeuille (CSP) : une structure des conseils du gouvernement sur les entreprises publiques, à côté du Département du Portefeuille qui sera dénommé vers les années 1990 « ministèreduPortefeuille ».

[3] Villers (1995 : 98) note que la gestion de l'ONATRA (Office national des transports) était confiée à M. Paelinck, celle de la SNCZ (Société nationale des chemins de fer du Zaïre) à M. Georges Lievin Gunst, celle de l'Agence maritime zaïroise à F. de Meulder, celle de l'OFIDA (Office des douanes et accises) puis la Gécamines (anciennement : Union minière du Haut-Katanga) à M. Robert Crem, etc.

- En 2002, il est créé un Comité de pilotage de la réforme des entreprisespubliques (COPIREP), organe de réflexion et de mise en œuvre de la réforme des entreprisespubliques. Ilémarge aubudget de l'État.
- En2004, le COPIREP se voit doté du statut juridique de service public jouissant d'une autonomie administrative et financière.
- En 2008, les dispositions générales relatives à la transformation des entreprises publiques, les dispositions générales relatives au désengagement de l'État des entreprises du Portefeuille, les dispositions générales applicables aux établissements publicset les règles relatives à l'organisation et à la gestion du portefeuille de l'Étatont été prises à travers la Loi n° 08/007 du 7 juillet 2008.
- En 2009, lesmesures transitoires relatives à la transformation des entreprises publiques, la liste des entreprises publiques transformées en sociétés commerciales, établissements publics et services publics, les mesures portant la dissolution de quelques entreprises publiques, la création, l'organisation et le fonctionnement d'un établissement public dénommé « Fonds spécial du Portefeuille » et la création, l'organisation et le fonctionnement d'un établissement public dénommé « Comité de pilotage de la réforme des entreprises du portefeuille de l'État, COPIREP en sigle » ont été pris respectivement à travers respectivement le Décret n° 09/11 du 24 avril 2009 ; le Décret n° 09/12 du 24 avril 2009, le Décret n° 09/13 du 24 avril 2009, le Décret n° 09/14 du 24 avril 2009 et le Décret n° 09/15 du 24 avril 2009.

Malgré la mise en place des réformes des entreprises publiques en République démocratique du Congo, le magazine[4]*DESKECO*constate que dix ans après, la transformation des entreprises publiques en sociétés commerciales n'a pas permis d'améliorer le développement de leur situation économique et sociale.

III. Collecte des données et analyse des logiques sur les modes de recrutement des dirigeants des entreprises publiques

Volet : Collecte des données

Les données de notre analyse ont été récoltées à partir des sources documentaires portant sur trois périodes distinctes : la période avant 2001, la période de 2001 à 2009 et la période après 2009.

---

4 [https://deskeco.com/rdc-10-ans-apres-la-transformation-des-entreprises-publiques-en-societes-commerciales-est-un-fiasco](consulté le 6 juin 2021).

La période avant 2001 a été choisie pour comprendre les enjeux du choix des dirigeants pendant la période du régime Mobutu et celui de Laurent-Désiré Kabila de 1997 à 2001.

La deuxième période a été choisie pour comprendre les enjeux du choix des dirigeants pendant la période de transition politique avec le régime Joseph Kabila et ses quatre vice-présidents.

La troisième période a été choisie pour comprendre les enjeux du choix des dirigeants politiques après les élections présidentielles de 2006 jusqu'en 2020, caractérisé par le régime de Joseph Kabila et la coalition FCC-CACH.

Tableau n° 1 : Caractéristiques de la revue documentaire

Source	Intitulé	Références
Période avant 2001		
The New Humanitarian 13 août 2001	Kabila limoge les dirigeants des entreprises publiques.	https://www.thenewhumanitarian.org/fr/actualit%C3%A9s/2001/08/13
Période de 2003 à 2006		
10 août 2005	Économie-RDC : le partage des entreprises publiques passe mal dans l'opinion – analyse	http://ipsnews.net/francais/2005/08/10/economie-rdc-le-partage-des-entreprises-publiques-passe-mal-danslopinion-analyse/
Africabib.org 2005	La répartition « équitable et équilibrée » des responsabilités au regard de la Constitution de la transition et des instruments juridiques internationaux en matière des droits de l'homme en RDC	https://www.africabib.org/rec.php?RID=285583662
Période de 2006-2020		
VIGILANCE RDC14 janvier 2008	Portefeuille de l'État : Joseph Kabila nomme de nouveaux mandataires.	http://vigilancerdc.afrikblog.com/archives/2008/01/14/7554242.html
LionelKabeya in leganews.cd 6 mars 2020	Nomination des mandataires publics en RDC : Que prévoit la loi ?	https://www.leganews.cd/index.php/actualites/institutions/1860 nomination-des-mandataires-publics-en-rdc-que-prevoit-la-loi
Groupe d'étude sur le Congo 2021	Leyisa punda punda a leyisa yo : à quoi sert le go pass depuis dix ans.	http://congoresearchgroup.org/wp-content/uploads/2021/05/rapport-gec-leyısa-punda-punda-a-leyısa-yo-a-quoi-sert-le-go-pass-depuis-dix-ans-rdc.pdf

Source : Notre analyse.

Volet : Analyse des logiques de recrutement des dirigeants

Cette analyse concerne trois périodes : avant 2001, 2003-2006, 2006-2020.

III.1.Période avant 2001

Cette période est caractérisée par deux sous-périodes :

- La période de 1967 à 1997
- La période de 1997-2001

La sous-période 1967 à 1997

Cette sous-période est caractérisée par le monopartisme dans lequel les dirigeants des entreprises publiques étaient nommés par le président de la République. Il faut souligner la particularité de l'organisation politique dans cette sous-période.

Comme le souligne Jean Rymenam (1977), le Mouvement populaire de la révolution (MPR) fut créé en 1967. Ses statuts, adoptés le 30 mai 1972, en font un parti unique et totalitaire auquel pas une institution zaïroise, pas un secteur de la vie publique, pas un individu ne peut échapper. Tous les Zaïrois, y compris les militaires et les prêtres, sont d'office membres d'une section du parti[5].

La révision constitutionnelle de 1974 fait du président de la République l'organe suprême du MPR. Il était au-dessus de tous les organes même de la Constitution. Il cumulait les pouvoirs exécutif, législatif et judiciaire, il était à la fois président de la République, chef de l'État, président du Conseil législatif (Assemblée nationale[6]), président du Conseil judiciaire, commandant suprême des forces armées, avec le grade de maréchal. Il pouvait rendre des ordonnances-lois, arrêtés, juger, condamner, libérer, etc. Il exerçait la plénitude du pouvoir.

Les présidents délégués généraux des entreprises publiques étaient d'office présidents sectionnaires de la commission de Mobilisation, propagande et animation populaire (MOPAP) du Mouvement populaire de la révolution.

Le discours du président de la République du 24 avril 1990 consécutif aux consultations populaires annonce le début de la transition vers le régime démocratique et l'instauration du multipartisme. Cependant, la période de transition de 1990 à 1997 est caractérisée par l'existence du Conseil législatif devenu Assemblée nationale (Parlement de transition) et l'instauration par la conférence nationale souveraine du Haut Conseil de la République (HCR). Les mandataires de l'État sont essentiellement nommés par le président de la République.

La sous-période 1997 à 2003

Cette sous-période est caractérisée par la prise de pouvoir par « l'Alliance des Forces démocratiques pour la libération du Congo » (AFDL)le 17 mai 1997 etl'institutiond'un nouveau régime qui congédie le Parlement (HCR-PT) avant l'aboutissement du processus électoral susvisé. En juillet 2000, il

---

[5] [https://www.monde-diplomatique.fr/1977/05/RYMENAM/34238]

[6] La Constitution du Zaïre de 1983 (mise à jour en 1988) stipule que le Conseil législatif est un organe du Mouvement populaire de la révolution. Le bureau du Conseil législatif est composé d'un président, de deux vice-présidents et de deux secrétaires (Article 78). [https://www.droitcongolais.info/files/1.05.4.1.-Constitution_mise-a-jour-du-27-juin-1988.pdf]

avait été mis en placel'Assemblée constituante et législative – Parlement de transition ACL-PT[7].

Durant cette période, tous les anciens présidents délégués généraux sontdémis de leurs fonctions et remplacés par de nouveaux dirigeants proches de l'AFDL. La fonction du président du Conseil d'administration avait été séparée de celle de l'administrateur directeur général.

III.2.Période de 2003 à 2006

Le nouvel ordre institutionnel issu du dialogue intercongolais a réinstauré le bicaméralisme qui avait disparu depuis 1967 en instituant une Assemblée nationale composée de 500 membres et un Sénat comprenant 120 membres désignés par les composantes et entités issues de ce forum[8]. Une transition est mise en place avec un président et quatre vice-présidents issus de différentes composantes de rébellion. Durant cette période, il se pose ainsi la question du partage équitable et équilibré du pouvoir, y compris dans les entreprises publiques.

ZegbeZegs Fidèle (2005), dans son étudeintitulée« La répartition équitable et équilibrée des responsabilités au regard de la Constitution de la Transition et des instruments juridiques internationaux en matière des droits de l'homme en RDC », écrit à ce sujet :

« L'interprétation de la règle du "partage des responsabilités" entre les composantes et entités du dialogue intercongolais, telle que consacrée par la Constitution de la République démocratique du Congo du 4 avril 2003, continue à diviser l'opinion publique nationale. Une partie de l'opinion – notamment les anciens mouvements rebelles et quelques partis de l'opposition – soutient que "la répartition équitable et équilibrée du pouvoir" entraîne aussi comme conséquence le partage "des responsabilités" en ce sens que "toutes les composantes et entités" ayant participé au dialogue intercongolais de Sun City (Afrique du Sud) ont le droit d'accéder aux postes de commande dans l'armée, les entreprises publiques et les missions diplomatiques du pays...

Cependant, une autre partie de l'opinion nationale – notamment le camp présidentiel – souligne que la désignation des mandataires dans les fonctions publiques relève des compétences propres du seul chef de l'État. Sans doute pense-t-elle aussi que "seules les composantes du dialogue intercongolais" sont habilitées à fournir les dirigeants aux différents postes de responsabilité. »

Cependant pour Zegbe Zegs Fidèle (2005), décider de ne confier qu'aux seuls membres des composantes du dialogue intercongolais ces postes de

---

[7] Décret-loi constitutionnel n° 096/2000 du 21 juillet 2000 portant organisation et exercice du pouvoir en RDC.
[8] [http://www.senat.cd/index.php/senat/historique]

responsabilité, c'est exclure les autres nationaux qui n'avaient pas voulu ou pu se faire représenter à ce dialogue.

Le magazine *IPS* fait le constat suivant, après la publication du Décret du 4 août 2005, nommant de nouveaux mandataires de l'État à la tête des entreprises publiques[9] : *« Cette nomination ne semble pas répondre aux attentes des Congolais qui s'indignent de la trop forte politisation de l'outil de production économique. Ainsi, quatre grandes composantes se sont partagé les postes de gestion dans les entreprises publiques : le PPRD (Parti du peuple pour la reconstruction et le développement), proche du président Joseph Kabila ; le RCD (Rassemblement congolais pour la démocratie), l'ex-rébellion de Goma, soutenue par le Rwanda ; le MLC (Mouvement de libération du Congo), soutenu par l'Ouganda ; et l'opposition politique dite non armée, c'est-à-dire celle qui s'était opposée à la politique de feu président Laurent Kabila sans prendre les armes. »*

La configuration générale inspire plus de préoccupations qu'elle ne rassure. Les critères de compétence auraient été sacrifiés à l'autel des calculs politiciens. « Il est dommage que l'appartenance à telle ou telle autre composante politique ait prédominé au détriment de la compétence des candidats ».

III.3.La période 2006-2020

Cette période est caractérisée par deux sous-périodes :

- La période de 2006 à 2019
- La période de 2019 à 2020

La sous-période 2006 à 2019

Elle est caractérisée par les élections ayant apporté la majorité (Parti du peuple pour la reconstruction et le développement).Cette période est aussi caractérisée par l'idée de procéder aux recrutements des dirigeants des entreprises publiques au moyen d'un test de recrutement organisé par le COPIREP.

Le concours avait concerné à la fois les postes passifs du Conseil d'administration et les postes opérationnels notamment celui d'administrateur directeur général, d'administrateur général adjoint, d'administrateur directeur financier et d'administrateur directeur technique.

Les conditions de recrutement avaient été fixées de la manière suivante[10] : *« Pour être candidat mandataire, il faut être de nationalité congolaise et avoir entre 30 et 60 ans maximum. Il faut être détenteur d'un diplôme universitaire, justifier d'une expérience professionnelle d'au moins*

[9] [http://ipsnews.net/francais/2005/08/10/economie-rdc-le-partage-des-entreprises-publiques-passe-mal-danslopinion-analyse/]

[10] Kinshasa : dépôt des candidatures des futurs mandataires des entreprises publiques | Radio Okapi.

10 ans des fonctions similaires ou assimilables, et avoir une maîtrise parfaite de la langue française ».

Le concours avait été lancé du 14 au 27 juin 2007. Pour cette innovation dans le recrutement des mandataires des entreprises publiques[11], 6 672 candidatures avaient été enregistrées et1 492 candidats, dont 130 femmes, avaient été déclarés éligibles pour pourvoir aux postes dans 26 entreprises publiques.

Le 12 janvier 2008, cependant, après cette nomination et le choix des acteurs choisis, quelques analystes émettent les doutes sur le respect du critère de méritocratie.

Sous la plume de Ngyaluka Martinez (2008), la livraison du 14 janvier 2008 du quotidien *La Référence plus*, édition nationale, 16e année, n° 4168, intitulait son article : « Qui sont les nouveaux mandataires publics ? » Il constatait que l'ordonnance de nomination de nouveaux mandataires publics transpirait une prédominance de la donne politique sur le critère de compétence. Selon lui, le doute planait dans l'opinion quant à la capacité de la plupart de ces nouveaux gestionnaires à travailler pour le redressement économique des entreprises publiques. Selon lui, ces gestionnaires étaient« arrivistes, députés invalidés pour fraude électorale, candidats impopulaires aux dernières législatives et sénatoriales, dinosaures de l'ère mobutienne ayant subi la transhumance politique, courtisans de la cour du chef de l'État, fossoyeurs de 1+4, harpagons de l'AFDL, anciens seigneurs de guerre du RCD, aigris et naufragés du gouvernement Gizenga, telle est la sociologie de nouveaux mandataires publics qui vont gérer le portefeuille de l'État à la suite d'une ordonnance présidentielle rendue publique samedi 12 janvier dernier »(Ngyaluka, 2008 :5).

Le magazine *Congo Vision* constatait[12] :

L'annonce par le gouvernement d'une procédure scrupuleuse pour la sélection des mandataires des entreprises publiques a suscité d'énormes espoirs dans le chef de la population congolaise. Cela d'autant plus que le gouvernement congolais, par la ministre du Portefeuille [...] a pris l'audacieuse option de vouloir moderniser le secteur des entreprises publiques.L'implication du Comité de pilotage pour la réforme des entreprises publiques (COPIREP) mis en place par le gouvernement ainsi que le cadre retenu pour ce test (l'Université protestante du Congo) ont eu l'effet de crédibiliser ce processus.

Mais seulement voilà ! À la lecture des noms des heureux nominés, on se rend vite compte que le président de la République, le Premier ministre, et la ministre du Portefeuille viennent de louper l'occasion de prouver au peuple

---

[11] Portefeuille de l'État : Joseph Kabila nomme de nouveaux mandataires – VIGILANCE RDC (afrikblog.com).

[12] *Congo Vision* : Nouvelles visions pour le Congo et l'Afrique, disponible sur [http://congovision.com/nouvelles/misna1.html] (consulté le 30 octobre 2020).

congolais que le changement de mentalités dont ils parlent n'est pas un simple creux slogan pour le gouvernement.

Comment expliquer que certaines personnes nommées ont été membres des mouvements politico-militaires ou des acteurs clés des partis politiques n'ayant suffisamment d'expérience dans le domaine dans lequel ils ont été nommés ?

CongoVision conclut, à la suite de ce recrutement des mandataires des entreprises publiques congolaises[13] :

« Les affinités politiques semblent avoir prévalu sur les capacités techniques et intellectuelles, et l'équilibre géopolitique a été largement bafoué. Organiser un cirque de tests avec pompe simplement pour manipuler l'opinion nationale et internationale est une grave insulte à notre peuple. Au Congo, on est encore loin de la culture méritocratique ! La notion managériale de l'homme qu'il faut à la place qu'il faut demeure une illusion. »

La sous-période 2019 à 2020

La sous-période de 2019 à 2020 a été caractérisée par le changement de régime et l'existenced'une coalition des partis au pouvoir, le Front commun pour le Congo (FCC) et le Cap pour le changement, CACH[14]. En rapport avec la nomination des mandataires des entreprises publiques, le magazine *Politico.cd* dans son numéro du 13 mars 2020[15] rapporte qu'il a été convenu que la nomination des mandataires publics à tous les niveaux devrait se faire selon la clé de répartition de 35 % pour la plateforme politique CACH et 65 % pour la plateforme FCC.

IV. Discussions des résultats et recommandations

L'analyse des résultats sur les modalités de recrutement des dirigeants des entreprises publiques en République démocratique du Congo montre une forte dépendance des entreprises publiques aux acteurs politiques.

Gérard Charreaux(1997) en étudiant le cas des entreprises publiques françaises se pose la question de savoir si les entreprises publiques sont-elles toujours moins efficaces ?

Il montre d'abord que sur le plan conceptuel, la notion d'entreprise publique peutêtre appréhendée en reconsidérant celle de propriété. Selon l'approche consacrée par la théorie des contrats incomplets (Grossman et Hart, 1986 ; Hart et Moore, 1990), la propriété peut être caractérisée en

[13] *Congo Vision* : Nouvelles visions pour le Congo et l'Afrique, idem.

[14] Le CACH ayant gagné les élections présidentielles et le FCC ayant gagné les élections à l'Assemblée nationale.

[15] https://www.politico.cd/la-rdc-a-la-une/2020/03/13/rdc-repartition-des-entreprises-publiques-65-pour-le-fcc-et-35-au-cach.html/55553/(consulté le 30 novembre 2020).

fonction de deux aspects, l'allocation des droits de décision « résiduels » (le contrôle au sens anglo-saxon) et l'appropriation des gains résiduels. Relativement à un actif, la notion de droit de décision résiduel recouvre celle de prendre toutes les décisions concernant l'usage de l'actif qui ne sont ni contrôlées explicitement par la loi, ni attribuées contractuellement à d'autres agents. L'autre composante de la propriété est liée à l'appropriation des gains résiduels (ou à l'absorption des pertes), c'est-à-dire des gains associés à la possession de l'actif.

Vue à travers ces deux dimensions, l'entreprise publique se caractériserait simultanément, d'une part, par un rôle déterminant de l'État (ou des collectivités publiques) dans les décisions résiduelles – lié notamment à la possibilité de nommer les dirigeants et de leur accorder une latitude décisionnelle plus ou moins importante sur les options stratégiques –, et d'autre part, par une appropriation majoritaire des gains résiduels.

Pour Charreaux (1997), dans le cas français, la plupart des entreprises publiques sont issues des différentes vagues de nationalisations qui se sont produites après-guerre. Historiquement, les raisons qui ont justifié ces nationalisations sont principalement de nature idéologique ou politique. Les objectifs invoqués sont le rééquilibrage des rapports travail/capital, la sauvegarde du contrôle de la nation sur certains secteurs-clés, voire l'établissement d'une véritable démocratie industrielle.

Le cas des entreprises congolaises montre un conflit d'intérêts entre la problématique des partis politiques qui ne sont pas financés par l'État et la problématique d'accès aux entreprises publiques vue comme un moyen indirect qui permet d'accéder aux ressources pouvant indirectement financer les partis politiques. La question du partage des entreprises publiques devient ainsi un enjeu stratégique, non pas pour le développement de ces entreprises, mais pour les partis politiques.

De 1997 à 2020, au moment du multipartisme, le partage des postes entre les acteurs politiques devient une question récurrente. La logique en politique domine sur celle économique ou celle du développement de la communauté.

60 ans après l'indépendance, les enjeux politiques ne doivent pas être considérés comme la seule logique dominante dans le recrutement et le fonctionnement des entreprises publiques.

Bibliographie

BAYART J.-F. (1989), *L'État en Afrique : la politique du ventre*, Paris, Fayard.

BOLTANSKI L. et THEVENOT L. (1991), *De la justification. Les économies de la grandeur*, Paris, Gallimard.

BOURDIEU P.(1979), *La Distinction : critique sociale du jugement*, Paris, Minuit.

BOURGOIN H. (1984), *L'Afrique malade du management*, Paris, Picollec.

CADICEC (2001), *L'avenir des entreprises du portefeuille en République démocratique du Congo*, n° 89/90, Kinshasa, août.

CROZIER M. et FRIEDBERG E. (1977), *L'Acteur et le Système*, Paris, Seuil.

DELALANDE P. (1987), *Gestion de l'entreprise industrielle en Afrique*, Paris, Economica.

FAYE E. F. (2003), Les contre-performances des entreprises publiques sénégalaises : un problème de gouvernement ?, *Revue africaine de gestion* (1).

GROSSMAN S. etHART O., The Costs and Benefits of Ownership: A Theory of Vertical and LateralIntegration, *Journal of Political Economy*, vol. 94, 1986, p. 691-719.

HART O. et MOORE J., PropertyRights and the Nature of the Firm, *Journal of Political Economy*, vol. 98, p. 1119-1158.

NGYALUKA M. (2008), « Qui sont les nouveaux mandataires publics », in *La Référence Plus,* édition nationale, 16e année, n°4168, Kinshasa, 14 janvier 2008.

WELEPELEELATRE C.&NTUMBA LUKUNGA H. (2013), *Les Réformes du secteur public en République démocratique du Congo*.

ZEGBE Z.-F. (2005), dans son étude intitulée « La répartition équitable et équilibrée des responsabilités au regard de la Constitution de la transition etdes instruments juridiques internationaux en matière des droits de l'homme en RDC », in *Congo-Afrique*.

Webographie

Congo Vision : Nouvelles visions pour le Congo et l'Afrique, disponible sur [http://congovision.com/nouvelles/misna1.html] (consulté le 30 octobre 2020).

[https://www.politico.cd/la-rdc-a-la-une/2020/03/13/rdc-repartition-des-entreprises-publiques-65-pour-le-fcc-et-35-au-cach.html/55553/(consulté le 30 novembre 2020).

Pression démographique et développement en RDC. Corrélation linéaire ou curvillaire ?

Ruffin L.-M. MIKA MFITZSCHE, *pss.*

Introduction

Les recherches théoriques et empiriques menées depuis 1970 sur la corrélation entre population et développement ou croissance démographique et croissance économique, ou encore, sur les conséquences de la croissance démographique, sont, dans l'essentiel, sous-tendues par le paradigme malthusien. Celui-ci avait été établi au XVIIIe siècle, dès la première version du livre de Thomas R. Malthus, publié en 1798, et intitulé *Essai sur le principe de population.* Selon cet auteur, le pouvoir multiplicateur de la population est infiniment plus grand que le pouvoir de la terre de produire les ressources. Si rien n'est fait pour freiner le pouvoir multiplicateur de la population, celle-ci s'accroît de manière géométrique au moment où les subsistances le font de manière arithmétique.

En fait, c'est depuis 1958, avec la publication du livre de A. Coale et E. Hoover que le postulat malthusien basé sur les subsistances ou l'alimentation fut élargi par les néomalthusiens à la question du développement et de l'environnement, plus précisément, à la corrélation entre population et développement, population et environnement. Pour eux (les néomalthusiens), ce postulat était devenu une hypothèse d'école qui démontrait comment la croissance démographique compromettait nécessairement la croissance économique et provoquait la dégradation de l'environnement de manière plus ou moins irréversible[1].

Quand on sait que cette hypothèse a influencé, et influence encore, la formulation et la mise en œuvre des programmes d'aide au développement dans les pays en développement, on ne peut pas ne pas chercher à en évaluer la pertinence. À ce propos, s'il est vrai qu'il s'agit d'un vieux débat, autour duquel plusieurs conférences, colloques et congrès ont été tenus par la Division de la population des Nations unies et par l'Institut national d'études

[1] Lire J. VERON, *Éléments du débat population développement. Les dossiers du CEPED*, n° 9, 1989.

démographiques (INED[2]), le sujet garde tout son caractère polémique et idéologique quand on passe du général au particulier, c'est-à-dire quand on cherche à l'appliquer à un pays précis.

Du point de vue conceptuel, Leibenstein et Nelson étaient les premiers à traduire la rationalité de cette hypothèse initiale sur « la loi des rendements décroissants » en termes de *« trappe malthusienne*[3] *»*. Par la suite, plusieurs modèles économétriques, avec une grande complexité d'équations, tels les modèles démo-économiques Bachue et Coale-Hoover, avaient essayé d'en démontrer la pertinence statistique. Deux autres modèles, notamment le modèle antimalthusien (E. Boserup, J. Simon) et non malthusien, s'y opposeront. Le premier présentera globalement la pression démographique comme « créatrice des richesses », « stimulant précieux » et « élément moteur » de l'innovation technologique et de la progression économique. Le deuxième considérera que la croissance démographique est en soi neutre. Car il n'y a aucune corrélation négative ou positive évidente, donc véritablement significative, entre taux de croissance démographique et taux de croissance économique (P. Bairoch, S. Kuznets, D. Blanchet).

Notre contribution à ces assises revient à vérifier ces trois hypothèses économétriques en les appliquant au cas de la RDC. Pour ce faire, nous allons commencer par résumer succinctement chacune de ces hypothèses, avant de dresser l'évolution démographique de la RDC, en la comparant simultanément, et de manière évolutive, à sa situation économique depuis le 30 juin 1960. Ce qui nous permettra de dire, *in fine*, si la croissance démographique de la RDC depuis 1960 est directement ou non responsable de la crise économique chronique qui sévit en RDC depuis quelques décennies.

---

[2] Lire J. C. CHASTELAND, J. VERON et M. BARBIERI (dir.), *Politiques de développement et croissance démographique rapide en Afrique*, Actes de la Conférence internationale « Développement et croissance rapide : regard sur l'avenir de l'Afrique » (Paris, 2-6 septembre 1991), Paris, INED/CEPED/PUF, 1993. G. TAPINOS, D. BLANCHET et D. E. HORLACHER (dir.), *Conséquences de la croissance démographique rapide dans les pays en développement*, Actes du groupe d'experts de l'Institut national d'études démographiques et de la Division de la population des Nations unies (New York, août 1988), Paris, INED, 1991.

[3] J. VERON, « Théories reliant population, économie et sociétés : du nouveau depuis Malthus ? », in M. LORIAUX (dir.), *Population et développement : une approche globale et systémique*, Louvain-la-Neuve/Paris, Academia Bruylant/L'Harmattan, 1998, p. 378.

1.Résumé de trois modèles démo-économétriques les plus représentatifs sur la corrélation entre croissance démographique et croissance économique

Il s'agit de modèles néomalthusien (Coale-Hoover), antimalthusien (E. Boserup, J. Simon) et nonmalthusien (P. Bairoch, S. Kuznets, D. Blanchet[4]) :

Le modèle néomalthusien (Coale-Hoover) : sur base d'études menées en Inde, entre 1956-1986, ce modèle est celui qui a eu « le plus d'influence sur la formulation des politiques d'aide » dans les pays en développement. En effet, « il a apporté la légitimité scientifique qui manquait aux programmes d'aide internationale, au moment où la prise de conscience de la croissance démographique du tiers-monde inquiétait certains responsables politiques des pays industriels[5] ». Il part de ce que le développement repose sur le taux d'épargne et les investissements dans les secteurs productifs, suivant la logique coût-bénéfices : pour démarrer, on injecte un certain pourcentage de l'épargne accumulée dans le circuit économique (cf. fonction keynésienne de l'épargne). De la rentabilité issue de cette injection, on investit de nouveau (fonction macro-économique de production). Et d'investissements en investissements, on déclenche un processus macro-économique important et décisif pour assurer le développement. Or, ce processus de rentabilité macro-économique est bloqué par la croissance démographique, parce qu'elle réduit non seulement le taux d'épargne et empêche toute accumulation de capitaux, mais aussi augmente les dépenses de consommation et d'investissements sociaux dans les secteurs immédiatement non productifs tels l'éducation, la santé, l'habitat, la protection sociale et les services d'assainissement. En obligeant l'État à satisfaire les besoins essentiels de consommation, la croissance démographique crée une situation économique de sous-emploi chronique, et donc du chômage, de pauvreté, de malnutrition et de misère. Les effets de la croissance démographique sur la croissance économique sont pour ainsi dire globalement négatifs, et cela à trois niveaux :

- la croissance démographique provoque une dilution du capital nécessaire à l'investissement ;
- elle augmente le rapport de dépendance, vu le nombre d'inactifs, constitués par une population jeune dont les besoins seront satisfaits au détriment de l'épargne et de l'investissement ;
- elle augmente les dépenses improductives, relatives à l'éducation et à la santé, aux dépens d'autres dépenses productives.

---

[4] Nous reprenons ici ce que nous avons écrit dans un de nos livres, cf. R. L.-M. MIKA MFITZSCHE, *Éthique et Démographie*, Paris, L'Harmattan, 2008, p. 88.

[5] J. C. CHASTELAND *et al.*,*op.cit.*, p. 4.

D'où la nécessité de maîtriser la croissance démographique, d'accélérer la baisse de la fécondité et de diminuer le nombre d'enfants par femmes, afin d'augmenter le niveau d'épargne et le capital nécessaire pour les investissements productifs. A. J. Coale et E. M. Hoover citent en exemple le fait que 25 ans de baisse de fécondité ont, d'après leurs études en Inde, « pour effet d'accroître en 3 décennies le revenu du consommateur d'environ 30 à 50 % de plus que ce qui se serait passé avec une fécondité constante. 75 ans plus tard, une fécondité plus réduite donne un revenu par consommateur environ deux fois plus élevé que dans l'hypothèse forte[6] ».

De ce postulat sont nés plusieurs travaux néomalthusiens et modèles démo-économiques très complexes[7], justifiant la nécessité de réduire la fécondité pour augmenter le revenu par habitant et accélérer le processus du développement. Nous pouvons citer les travaux de S. Enke, le modèle Bachue du BIT appliqué au cas des Philippines, du Kenya et de l'ex-Yougoslavie et le modèle du Club de Rome. S. Enke a calculé le bénéfice net d'une naissance évitée et démontre, statistiques à l'appui, que le financement de la planification familiale est de loin moins coûteux et rapidement plus rentable que le financement du développement. En termes de revenu moyen par habitant, une naissance étant une charge nette, la limitation des naissances est plus avantageuse. Ce que le modèle Bachue du BIT, basé sur une approche systémique, a complexifié et que le modèle du Club de Rome a amplifié avec sa célèbre théorie de la croissance zéro. Celle-ci fut élaborée par D. H. Meadows, J. Randers et W. W. Behrens, et accusait la croissance démographique de tous les maux[8]. Elle est, depuis ce temps, soutenue par plusieurs organismes de contrôle de population et par les Organismes des Nations unies, tels le FNUAP, l'OMS, l'UNICEF, l'UNESCO et le FAO. Elle préside à tous les programmes d'aide au développement dans les pays en développement. Pour ne parler que de son actualité en RDC, nous pouvons nous référer à la 4e Conférence nationale pour le repositionnement de la planification familiale, tenue à Kinshasa, du 3 au 5 décembre 2019, sous le haut patronage du président de la République. Le thème de la conférence, « Émergence de la RDC en 2030 : Place et rôle de la planification familiale », est par lui-même néomalthusien. Le Comité politique de plaidoyer (CPP) et le Comité technique multisectoriel permanent de la planification familiale (CTMP/PF) cherchaient à mobiliser des ressources additionnelles domestiques et internationales pour atteindre les objectifs du Plan stratégique national à vision multisectorielle de la planification familiale (2014-2020), adopté le 10 janvier 2014 lors de la 2e Conférence nationale sur le positionnement de la planification familiale. Ce plan s'inscrit dans la mise en œuvre du Plan national de développement

---

[6] Cité par R. L.-M. MIKA MFITZSCHE, *Éthique et Démographie*, p. 88-89, note 13.
[7] Lire R. WERI, « Les modèles de simulation démo-économique : utilité ou gaspillage ? », in M. LORIAUX, *op. cit.*, p. 391- 423.
[8] Lire D. H. MEADOWS *et al.*,*Halte à la croissance ?*, Paris, Fayard, 1972.

sanitaire (PNDS)/2011-2015.À en croire le ministre de la Santé de l'époque, celui-ci se voulait être une contribution aux actions du gouvernement inscrites dans le Document de la stratégie de croissance et de réduction de la pauvreté de seconde génération(DSCRP 2). « Ces actions visent, entre autres, à réduire la pauvreté, à améliorer les conditions sociales de base de la population congolaise grâce à la maîtrise de la démographie et à réduire la mortalité maternelle et infanto-juvénile[9] ».

Scientifiquement parlant, est-ce aussi simple que cela ? Les autres modèles économétriques (antimalthusien et non-malthusien) n'en sont pas là : ils affirment, bien au contraire, que maîtriser la croissance démographique par les mesures de limitation des naissances ne suffit pas à lui seul pour assurer l'augmentation du taux de croissance économique.

Le modèle antimalthusien (E. Boserup) : même si E. Dupréel et A. Landry étaient les premiers à présenter la croissance démographique comme « un facteur de progrès » ou « un moteur de développement économique[10] », c'est E. Boserup et J. Simon qui ont contesté de la manière la plus radicale le mécanisme de la trappe malthusienne : pour E. Boserup (1965), antimalthusienne déclarée, c'est plutôt la trappe de la faible densité (*trappe boserupienne*) qui empêche le changement du système d'utilisation du sol et laisse les sociétés conserver les techniques élémentaires de productivité agricole. Autrement dit, c'est la trappe de faible densité qui est à l'origine du manque de ressources ou de subsistances. C'est quand la densité de la population devient forte ou excessive que le changement s'impose et peut stimuler la créativité, diversifier la demande par accroissement des besoins. La forte croissance démographique amène ainsi tous les domaines d'activités industrielles et agricoles à l'innovation. Elle permet d'augmenter la productivité, d'élargir les marchés et de développer les moyens de communication, et *in fine*, de déclencher le processus du développement. E. Boserup cite en exemple le passage de techniques agricoles extensives, propres à une faible densité, à de techniques intensives pour plus de productivité, exigeant du coup l'irrigation, le recours aux engrais et la mécanisation. C'est le chemin qu'avait suivi au XVIIIe siècle la révolution agricole européenne : les techniques de culture intensive comme la fertilisation des sols par les légumineuses fourragères s'étaient banalisées sous la pression de la croissance démographique. Les effets spectaculaires de la Révolution verte en Asie, dans les pays comme la Thaïlande, l'Indonésie et la Malaisie, grâce à la mise en œuvre de techniques agricoles performantes, sont de cet ordre. Bref, « dans la mesure où cet essor technique endogène favorise la productivité et la spécification des mécanismes économiques, la pression démographique est, à long terme,

---

[9] Cf. « Lettre du ministre de la Santé publique », in *Planification familiale. Plan stratégique national à vision multisectoriel (2014-2020)*, 1994, p. 3.

[10] Lire E. DUPREEL, *Deux essais sur le progrès*, cité par M. LORIAUX, *op. cit.*, p. 179, note 15.

promotrice du changement et du progrès[11] ». Ainsi, au lieu de crisper l'économie, en exerçant une pression énorme sur les ressources et les infrastructures, la croissance démographique favorise un sursaut technique favorable au développement économique. L'exemple le plus spectaculaire qui l'illustre est le Japon. Selon H. Brochier, spécialiste français du Japon, c'est la pression démographique qu'avait subie le Japon qui est le premier facteur de son essor technico-économique[12]. Même l'Europe, c'est en pleine explosion démographique, au XIXe siècle, qu'elle avait commencé son expansion économique. La pression démographique sur les ressources n'est pas, pour ainsi dire, insurmontable. Même si, à court terme, elle semble être une contrainte lourde, elle peut être à long terme un puissant facteur d'innovation et de progression économique ; un « amplificateur » de l'essor économique et du progrès technologique. Dans ce sens que le nombre de consommateurs grandissant, la pression de la demande devenant toujours plus grande, par accroissement des besoins, l'agriculture devient intensive, le marché plus important, le commerce plus fructueux, le jeu de l'offre et de la demande plus intéressant. Ce qui fait que l'État, appelé à beaucoup de transformations, obligé à mettre en valeur les ressources sous-utilisées, active les recouvrements des créances indispensables à la productivité. Petit à petit, avec un peu d'organisation, il se libère tout un jeu croissant d'échange économique, basé d'une part sur la stimulation permanente de la demande et d'autre part sur l'organisation de la productivité. L'État peut, ainsi, dépasser le point de l'économie de subsistance, et en venir à un système productif capitalistique axé sur les variables endogènes (besoins fondamentaux de se nourrir, se loger, se former, se déplacer…). C'est sans doute la raison pour laquelle J. Simon dit que la « trappe malthusienne » est une mythologie[13]. Car ce n'est pas la quantité des ressources qui est importante, mais les moyens techniques de production et les modes de consommation en vigueur. Dans la mesure où on peut importer les moyens techniques de production intensive, la contrainte démographique n'a plus lieu de peser énormément sur les ressources, et donc sur la croissance économique.

Le modèle non malthusien (S. Kuznets) : après avoir reconstitué statistiquement l'histoire économique de plusieurs pays développés sur une longue période (depuis la révolution industrielle) et celle d'au moins 40 pays en développement sur une courte période, S. Kuznets était arrivé à la conclusion suivante : il n'y a pas de « corrélationlinéaire significative » entre le taux d'accroissement démographique et le taux de croissance du revenu par tête ou le taux de croissance du niveau de vie, donc de croissance

---

[11] R. L.-M. MIKA MFITZSCHE, *op.cit.*, p. 90.

[12] H. BROCHE,*Le Miracle économique japonais*, Paris, Calmann Levy, 2e édit., 1971, p. 176.

[13] J. SIMON, « There is no low-level fertility and development Trap », *Population Studies*, vol. 34, n° 3(November 1980), p. 476-486.

économique. Si corrélation il y a, elle est statistiquement parlant très faible et trop diversifiée, donc trop peu significative, pour être soulignée. Plusieurs autres études économétriques[14], sur base d'un certain nombre d'indicateurs ou variables économiques, tels le PIB, le taux d'épargne, le revenu par tête, l'emploi et les investissements, sont arrivées à la même conclusion de la non-significacité de la corrélation entre croissance démographique et croissance économique (S. Kuznets, 1967 ; P. Bairoch, 1981). D. Blanchet (1991), qui en avait vérifié la pertinence à l'aide de plusieurs techniques de régression, avait également fini par conclure que la croissance démographique était neutre, c'est-à-dire n'était pas la « cause principale » du sous-développement[15]. S'il y avait un rapport entre la croissance démographique et la croissance économique ou le développement, note H. Le Bras (un démographe français), il est comparable à celui de la fièvre (développement) et du thermomètre (population). Casser le thermomètre (réduire la fécondité) n'a jamais fait guérir de la fièvre (apathie économique). Selon lui, « ni au cours des deux derniers millénaires, ni à l'échelle des pays de la planète actuelle, l'influence de la population sur le niveau de vie, la croissance économique et le bien-être n'est perceptible[16] » : il y a plus d'indétermination que d'indices raisonnablement « plausibles » ou « indiscutables ». Comme le disait J. C. Chasteland, un autre démographe français, en 1992, lors du Colloque annuel de la Banque africaine de développement, l'issue de la relation population/développement est d'autant plus « incertaine » que la croissance démographique peut avoir des effets aussi bien bénéfiques que défavorables. Car « une même situation démographique peut constituer un stimulant à la croissance dans une société et, dans une autre, un frein à cette même croissance[17] ». Pour L. Lassonde, *« non seulement aucune théorie n'a permis de démontrer l'existence des liens entre la population et le développement, mais encore la réalité tend à montrer que les évolutions s'écartent de plus en plus du modèle type : transition démographique-développement industriel-population en équilibre[18] ».*

Que retenir ? Une chose : la croissance démographique est un facteur « secondaire », « indirect », pouvant, à court terme et en temps de crise

---

[14] Il s'agit des études suivantes : Bilsborrow, 1980 ; P. Gregory, 1980 ; G. Rodgers, 1984 ; J. Hammer, 1984 ; D. Ahlburg, 1988 ; P. Paiva, 1989.

[15] D. BLANCHET,« Estimer l'effet de la croissance démographique sur la croissance économique dans les PVD : problèmes méthodologiques », inG. TAPINOS, D. BLANCHET et D. E. HORLACHER, *op. cit.*, p. 57-84.

[16] H. LE BRAS, *Les Limites de la planète. Mythes de la nature et de la population*, Paris, Flammarion, 1994, p. 53.

[17] J.-C. CHASTELAND cité par J.-C. GRIMAL et G. HERZICH, *La Population du monde*, Paris, Le Monde-Éditions, 1995, p. 151.

[18] L. LASSONDE, *Les Défis de la démographie. Quelle qualité de vie pour le XXIe siècle ?*, Paris, La Découverte, 1996, p. 183.

économique, accentuer certaines difficultés ou inhiber « les changements positifs et le progrès économique et social[19] ».

S'il en est ainsi, que peut-on dire du cas de la RDC ? Quel est le type de corrélation qui spécifie la relation entre la croissance démographique et la croissance économique ? Pour répondre, il faut, avant de mesurer l'état de son économie, commencer par dresser son état démographique depuis 1960.

2.Situation démographique de la RDC depuis 1960

Il n'est pas facile de présenter statistiquement, et de manière fiable, la situation démographique de la RDC, vu que le dernier recensement scientifique et général de la population et de l'habitat remonte à juillet 1984. Pour en saisir la quintessence, nous allons nous porter sur les statistiques établies par la Division de la population des Nations unies, l'Institut national de la statistique (INS) et L. de Saint-Moulin, un des spécialistes de l'évolution de la population congolaise depuis 1880[20]. Nous avons aussi lu l'article de R. Pourtier, intitulé, « La RDC face au défi démographique[21] ».

Les chiffres avancés ici et là sont l'actualisation des données qui viennent de trois sources :

- une enquête réalisée en 2001 sur la structure par âge ;
- les enquêtes démographiques et de santé de 2007 et de 2013-2014 sur la fécondité et la mortalité (EDS/RDC, 2007 ; EDS/RDC II, 2013-2014) ;
- le recensement de juillet 1984.

Bien qu'ils aient été affectés d'un coefficient de croissance « fondé sur la structure et les dynamiques de population alors observées », ils peuvent être considérés comme relativement cohérents. Quant aux projections, « effectuées à partir de la structure par âge et de l'évolution des composantes fécondité et mortalité », elles « donnent des résultats globalement acceptables à plus ou moins 5 millions près pour une population estimée par les Nations unies à 84 millions d'habitants en 2018, soit une marge d'erreur de l'ordre de 6 %[22] ». Dans tous les cas, si l'on considère la dynamique démographique de la RDC, il se révèle qu'il est un des pays africains qui ont

[19] M. LORIAUX, « La peur du nombre ou les défis de la croissance démographique ? », *Politique africaine*, n° 44, 1991, p. 23, cité par R. L.-M. MIKA MFITZSCHE, *Enjeux éthiques de la régulation des naissances en Afrique. Sexualité, fécondité, développement*, 2e édit., Kinshasa, La Confidence, 2013, p. 55.

[20] Cf. L. DE SAINT-MOULIN, « La population congolaise : situation et perspectives », *Congo-Afrique*, n° 444 (avril 2010), p. 263-280 ; id., « Essai d'histoire de la population congolaise », *Congo-Afrique*, n° 217 (septembre 1987), p. 389-407.

[21] R. POURTIER, « La RDC face au défi démographique », notes de l'Ifri, sept. 2018, site internet Ifri.org, consulté le 15/12/2020.

[22] *Ibidem.*

la plus forte croissance démographique au monde (3,3 %). En effet, avec un taux de natalité de 42 pour mille et un Indice synthétique de fécondité (ISF) de 6 enfants par femme, la population de la RDC ne peut que croître rapidement. Si on se base sur les statistiques de l'Institut national de la statistique (INS), pour la même année (2018), la population de la RDC s'élèverait à plus de 85 millions d'habitants. En voici les principaux paramètres dressés par World Population Prospects(2017) :

Population en million	**Densité au km²**	**Projection 2050**	**Natalité pour mille**	**Mortalité pour mille**
81,3	35	197	42	9,7
Mortalité infantile	ISF	0-14 ans	+ 60 ans	Esp. de vie
66 pour mille	**6**	**46 %**	**5 %**	**60 ans**

Source : World population Prospect : The 2017 Revision.

Il s'agit donc d'une population jeune, parmi les plus jeunes du monde : 46 % ont moins de 15 ans et 5 % ont 60 ans et plus. La pyramide des âges ci-dessous est plus que parlante :

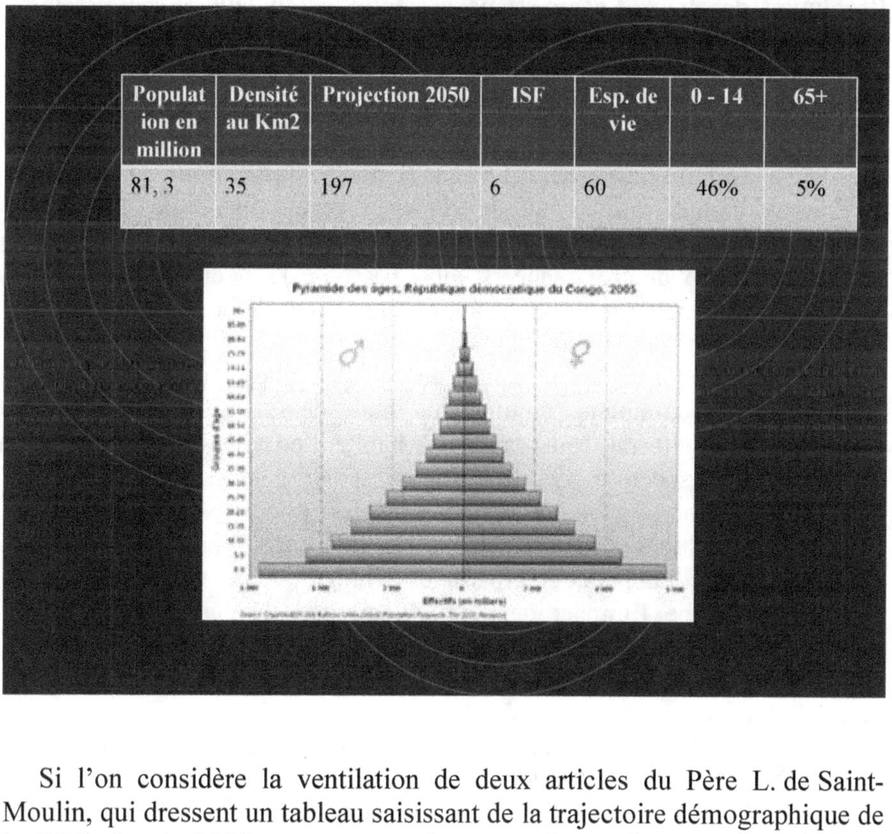

Si l'on considère la ventilation de deux articles du Père L. de Saint-Moulin, qui dressent un tableau saisissant de la trajectoire démographique de la RDC depuis 1880, on peut conclure une chose : le taux de croissance démographique de la RDC s'est emballé à partir de 1940, passant de 1 % à 2 % en 1950 et 3,1 % par an au recensement de juillet 1984, un doublement tous les 23 ans. Vu que ce taux d'accroissement est constant, il n'est pas surprenant que la population de la RDC, qui était de l'ordre de 14,8 millions d'habitants au moment de l'indépendance, soit aujourd'hui passée à environ 85 millions, donc 5,8 fois plus nombreux qu'en 1960. Les projections de *World Population Prospect* tablent sur une population totale de 197 millions en 2050. De toute manière, il apparaît que la population de la RDC est, depuis 1960, en constante croissance : 14 085 389en 1958, 19 531 722 en 1970, 30 729 443 en 1984 et à 69 000 017en 2010[23]. Il faut s'attendre à ce que cette population double tous les 25 ans. Le tableau ci-dessous l'illustre bien :

1880	1920	1960	1984	2017	2050
15 à 20 millions	10 millions	14,5 millions	30,2 millions	81,3 millions	197 millions

Source : L. de Saint-Moulin et World Population Prospect : The 2017 Revision.

L'image la plus saisissante de cette croissance est, sans aucun doute, l'évolution des taux d'accroissement naturel et du taux d'accroissement intercensitaire des régions de 1938 à 1984, comme des taux de croissance par sous-région de 1938 à 1984[24], de l'évolution et de la projection de la population par province[25]. Le taux de croissance de la population urbaineest le plus évident de tous les indicateurs démographiques en croissance. « La population de l'ensemble des 21 villes et des 179 cités pour lesquelles un chiffre particulier a été indiqué dans le recensement de 1984 peut aujourd'hui être estimée à 24,5 millions, soit 35 % de la population totale[26] ». Le taux de croissance est ainsi passé de 12 % en 1958 à 22 % en 1970 et à 28 % en 1984 et à 45 % aujourd'hui. La ville de Kinshasa est, par exemple, passée de 400 000 habitants en 1960 à plus de 9 millions aujourd'hui. Les bourgades qu'étaient en 1960 les villes comme Lubumbashi et Mbuji-Mayi comptent aujourd'hui plus de 1,5 million d'habitants chacune. « En 2030, un Congolais sur 2 habitera en ville et en 2050, selon les dernières perspectives des Nations unies, 64 % de la population de la RDC sera urbaine[27] ». On ne peut pas ne pas, donc, se poser un certain nombre de questions relatives à la prise en charge économique de cet indéniable et continuel taux de croissance démographique. On ne peut pas ne pas se soucier de l'impact de cette dynamique démographique sur les indicateurs socio-économiques, quand on considère les conditions de vie déjà très difficiles des trois quarts de la population aujourd'hui.

---

[23] L. DE SAINT-MOULIN, « La population congolaise : situation et perspectives », p. 274.
[24] *Idem*, « Essai d'histoire de la population du Zaïre », p. 401 et 405.
[25] L. DE SAINT-MOULIN, « La population congolaise : situation et perspectives », p. 274.
[26] *Ibidem.*
[27] Cf. *World Urbanisation Prospects* : The 2018 Revision, mai 2018.

Bien plus encore, ces questions s'imposent quand on sait que le « dividende démographique » est aujourd'hui le « maître-mot » de toute analyse démo-économique des pays en développement ; que plusieurs conférences et colloques qui se tiennent sur « le dividende démographique » sont supervisés par les instances africaines[28]. Pour ne parler que de la RDC, la question du « dividende démographique » est dans toutes les bouches quand il s'agit du développement ou de l'émergence de la RDC en 2030[29]. Le « Document stratégique de réduction de la pauvreté (DSRP) 2-2011-2015 » du ministère du Plan (2011) et le « Plan stratégique national à vision multisectoriel (2014-2020) » du Ministère de la santé (2014), soutiennent que le pays n'atteindra pas son émergence si le taux de croissance démographique n'est pas maîtrisé. C'est comme si le taux de croissance démographique était le premier responsable du sursis de l'économie de la RDC. Mais est-ce vrai ? Que permet de conclure l'analyse de l'évolution de l'économie de la RDC ? Quel est réellement l'impact ou la part de la pression démographique sur l'économie ?

3.L'évolution de l'économie de la RDC depuis l'indépendance

Nous allons analyser cette évolution en 3 étapes, en étant attentifs à l'évolution de quelques indicateurs économiques, particulièrement le taux de croissance annuelle du PIB réel par habitant, le taux d'inflation et d'activité économique des secteurs productifs (industrie manufacturière). La première étape va courir de l'indépendance à 1990, la deuxième de 1990 à 2000 et la troisième de 2001 à 2018.

3.1.De 1960 à 1990

Selon un article du professeur Muhinduka Di-kuruba[30], au lendemain de l'indépendance, le produit intérieur brut commercialisé (PIBC) du Congo suivait « un taux d'accroissement annuel exponentiel observé depuis 40 ans,

---

[28] La 7e Conférence africaine sur la population, tenue à Johannesburg, du 30 novembre au 5 décembre 2015, avait pour thème « Dividende démographique en Afrique : Perspectives, opportunités et défis » ; la 7e Conférence africaine sur la santé et les droits reproductifs, tenue à Accra, du 10 au 12février 2016, avait pour thème « Réaliser le dividende démographique en Afrique : l'importance cruciale de la santé et des droits sexuels et reproductifs des adolescents et des jeunes » ; le Sommet de l'Union africaine qui s'était tenu à Kigali, du 17 au 21 mars 2016, avait pour thème « Tirer pleinement profit du dividende démographique en investissant dans la jeunesse ».

[29] La 4e Conférence nationale pour le repositionnement de la planification familiale qui s'était tenue à Kinshasa, du 3 au 5 décembre 2019, avait accordé, dans le cadre de l'émergence de la RDC en 2030, un grand espace au dividende démographique.

[30] MUHINDUKA DI-KURUBA, « Aperçu de la politique économique zaïroise et perspective », *Zaïre-Afrique*, n° 276 (juin-juillet-août 1993), pp. 337-338.

soit de 6 % l'an[31] ». Le pays était, à son indépendance, « l'un des plus industrialisés d'Afrique avec un éventail d'industries » : minière, alimentaire, textile et connexe, chimique, industrie du ciment, de construction navale, de manufacture de matériel électrique. L'agriculture vivrière et d'exportation (café, caoutchouc, huile de palme, coton, manioc…) était prospère et contribuait au budget de l'État à raison de 40 %. Le système de transport (fluvial et autres), au service de l'activité économique exportatrice, était « unique en Afrique par son étendue, ses complémentarités bien ajustées ». Bien que cette économie ait péché par son extraversion et sa trop forte dépendance vis-à-vis de la métropole, on peut dire que le Congo avait hérité d'une « économie prospère », dont les déficiences (extraversion et dépendance) devaient être corrigées par les nationaux. Ce qui ne fut pas fait, non seulement par manque de prospective et d'initiative ou d'élite capable d'assumer le pouvoir économique (tous préféraient la politique, laissant l'économie dans les mains des intérêts privés étrangers et aux grandes firmes étrangères, un peu comme aujourd'hui), mais aussi de temps. Le pays avait été rapidement déchiré par la guerre civile (1960-1965). Il était trop vite devenu ingouvernable, à cause de l'anarchie de l'administration et de la guerre civile. Difficile donc d'organiser l'économie, en se dotant d'industries des biens d'équipements et d'approvisionnement, et d'éviter le recul de tous les indicateurs économiques : le PIBC est, par exemple, passé de 6 % à 4 % entre 1960 et 1966, malgré la résistance des entreprises agricoles et industrielles (minière et manufacturière).

De 1967 à 1990, grâce au cours élevé du cuivre et un climat relatif de paix sociale (fin des troubles sociaux, reconstruction de l'appareil de l'État), les stratégies de relance de la croissance économique avaient été brisées par la politique de grands travaux et les mesures économiques de zaïrianisation de novembre 1973 et de radicalisation du 30 décembre 1974. La zaïrianisation des secteurs agricoles, commerciaux, industriels, manufacturiers et miniers, à quoi s'étaient ajoutées les mesures de radicalisation par la prise de contrôle de l'État de toutes les grandes unités de production et de distribution, avait donné un coup fatal à une économie déjà moribonde. Dans tous les cas, si ces mesures étaient peut-être bien pensées (utilité économique incontestable/barrage d'Inga), elles étaient mal orientées (transfert aux particuliers, passant d'une bourgeoisie étrangère entrepreneuriale à une bourgeoisie nationale de consommation) et mal appliquées (safaris technologiques, éléphants blancs…). Au lieu de relancer l'économie et l'expansion industrielle, elles les avaient affaiblies en raison d'une logique de gabegie peu soucieuse de rentabilité financière, et qui pesait lourdement sur le budget de l'État. Cette logique avait, ne l'oublions pas, installé le pays dans une économie d'endettement et de cessation de paiement dont les effets continuent depuis les années 1970 à compromettre

[31] A. HUYBRECHTS *et al.*,*Du Congo au Zaïre 1960-1980. Essai de bilan*, cité par MUHINDUKA DI-KURUBA, p. 337.

l'envol de l'économie nationale. Par ailleurs, les mesures de suppression de tous les mécanismes de contrôle de l'économie (suppression de la Cour des comptes, suppression du Conseil d'administration de la Banque centrale, neutralisation de l'Inspection des finances, dépendance des gestionnaires du chef de l'État...) ne pouvaient qu'aggraver l'agonie d'une économie autrefois prospère.

Et ce ne sont pas les mesures prises de 1976 à 1991 qui pouvaient remédier à la crise[32]. Il s'agit de mesures de rétrocession prises en septembre 1976, de mesures du « Plan Mobutu » en 1977[33], du « Programme de réforme économique » de 1983, du « Premier plan quinquennal de développement économique et social 1986-1990 » et de programmes successifs d'ajustement structurel du FMI et de la Banque mondiale (BM) en vigueur depuis 1976. Quand on sait que ces institutions (FMI et BM), pour ne parler que d'elles, ne s'occupent ni de la politique agricole, ni de la politique industrielle et sociale d'un pays, bien au contraire, cela ne peut surprendre. Bref, toutes les mesures économiques prises de 1976 à 1991 avaient échoué. Non seulement elles étaient trop ambitieuses, et mal conçues, mais aussi plus indiquées par les intérêts politiques (respectabilité internationale) et pécuniaires (pour obtenir des fonds de la Banque mondiale, du FMI et autres institutions bancaires internationales) que par la volonté de développer le pays.

En résumé, la crise qui frappe aujourd'hui l'économie de la RDC remonte au lendemain de l'indépendance. Le pays n'avait connu un peu d'euphorie économique que de 1967 à 1972, suite au boom minier de 1966 à 1973 et à la réforme monétaire de 1967. Mais, dès 1974, le pays va sombrer très rapidement dans une crise économique sans précédent. Une étude de l'évolution des différents secteurs productifs au PIBC, à partir de la valeur ajoutée, montre clairement l'évolution de la débâcle[34] :

- L'industrie manufacturière qui avait un taux de croissance positif jusqu'en 1974 connaît un important mouvement de déclin dès 1975. Sa contribution au PIBC va passer de 9,36 % en 1974 à 7,32 % en 1986 et 7,4 % en 1988, pour se situer à 8,2 % en 1989-1990.
- L'activité minière et métallurgique va passer de 37,5 % en 1989 à 33,8 % en 1990, suite à l'éboulement de la mine d'or de Kilomoto.

Il faut dire que la crise qui couvait depuis le lendemain de l'indépendance, et de façon précise depuis 1974, s'est véritablement aggravée à partir de 1990. Les raisons sont aussi bien d'ordre économique

---

[32] Il s'agit de mesures relatives à la politique industrielle (promotion de la production interne, relance de la production, réduction de la dépendance extérieure, création de zone franche d'Inga) ou à la politique agricole, présentées dans le Plan directeur du développement agricole et rural de mai 1991 comme moteur de développement économique et social.

[33] Pour en mesurer la pertinence dans la rue, le programme agricole minimum (PAM) de ce plan avait été qualifié avec humour par la rue de « Peuple Alia Matiti ».

[34] Lire MUHINDUKA DI-KURUBA, p. 347.

que politique : les premières (d'ordre économique) font allusion au choc pétrolier ayant entraîné une augmentation en flèche des prix des produits pétroliers, à la chute inattendue du cours du cuivre en 1973 et à l'échec cuisant de la politique de zaïrianisation, vu ses conséquences désastreuses pour l'économie nationale (destruction de l'outil de production, baisse de productivité des industries manufacturières, baisse de taux d'exportation des produits agricoles et manufacturiers...). Les secondes (d'ordre politique) font allusion à la turbulence politique et à ses conséquences directes et indirectes, notamment la réduction de l'aide au développement, la suspension des relations avec les Institutions financières internationales et les troubles sociopolitiques, caractérisés par les pillages successifs (1991 et 1993) et la guerre civile (1996,1998). Les programmes d'ajustement structurel concoctés par la BM et le FMI, avec leurs mesures d'assainissement pour assurer le service de la dette, ne pouvaient qu'empirer la crise.

3.2.De 1990 à 2000

La professeur Cl. Tshimanga Mbuyi parle de cette période comme de celle de la *« déglingue économique totale*[35] *»*, vu le niveau de la débâcle économique et de la détérioration des principaux indicateurs économiques. Pour y voir un peu plus clair, considérons quelques indicateurs économiques établis par l'Institut national de la statistique, tels le PIB, l'inflation et l'activité économique[36] :

- Le PIB(p. 284) : le PIB avait reculé de 43,7 %, soit 5,6 % par an. Ce recul est l'expression d'une forte régression de l'activité économique dans les années 1990-1993 (-10,8 % par an).
- L'inflation(p. 285) : ces années-là ont été des années hyperinflationnistes, avec des taux jamais connus, jusqu'à atteindre 9 756,9 % en 1994, avec une moyenne annuelle de 884 %. La situation s'était aggravée, il est vrai, à la suite d'énormes déficits budgétaires successifs, faute d'obtenir des prêts sur des marchés extérieurs.
- Le niveau d'exportation et d'importation des biens et des services (p. 287) : le niveau le plus bas d'exportation avait été atteint en 1995, avec 23,8 milliards de zaïres (contre 131,2 milliards en 1997). Quant

[35] Cl. Tshimanga Mbuyi, « L'économie congolaise de 1990 à 2018. De la décroissance à la croissance », *Afrique et Développement*, n° 1, Nouvelle série, 2019, p. 12. Pour comprendre, on peut lire E. Mabi Mulumba, « Quelles perspectives économiques pour le développement durable de la RD Congo ? », *Congo-Afrique*, n° 538 (octobre 2019), pp. 776-784 ; Cl. Sumata, « Essai d'évaluation des contre-performances de la RD Congo dans la réalisation des objectifs du Millénaire pour le développement : Évidences empiriques et analyse prospective », *Afrique et Développement*, *op.cit.*, pp. 57-80.

[36] Institut national de la statistique/Banque centrale du Congo, « Économie congolaise de 1990 à 2000 », *Congo-Afrique*, n° 3 75 (mai 2003), pp. 284-289.

au niveau d'importation, il avait été de 6,4 % et 6,7 % du PIB, respectivement pour les années 1999 et 2000 (contre 20 % pour les autres années). La baisse s'explique non seulement par la diminution de l'activité économique à cause de la guerre et de l'insécurité, mais aussi par « l'amenuisement des moyens de paiements extérieurs ».

- L'activité économique(p. 287-289) : le recul de l'activité économique dans le secteur aussi stratégique que les mines (-55,6 %), la manufacture (-63,3 %), les bâtiments et les travaux publics(-33,3 %), ainsi que dans les services (-62 %) et l'agriculture (en perte de vitesse depuis 1994) était *« imputable pour l'essentiel à la faiblesse des exportations due à la baisse de la production des produits d'exportation, "6,5 % du PIB en 2000 contre 29,5 % en 1990", et de la demande intérieure peu soutenue, suite notamment à la réduction des dépenses des ménages. Le revenu salarial, l'une des sources du revenu des ménages, s'est en effet inscrit à la baisse »*. Les dépenses des ménages, donc la demande intérieure, sont, bien entendu, corollaires avec le revenu salarial. Ainsi, avec la diminution de la demande, les entreprises ne pouvaient que produire moins (réduction de la capacité de production) et investir moins. Pas étonnant donc que les investissements publics et privés aient baissé de 54 % de 1990 à 2000, soit 7,5 % en moyenne annuelle, et que le volume important d'importation et d'exportation ait aussi subi le coup.

Aujourd'hui, plus qu'hier, il semble que l'économie est en train de sortir de la contre-performance de 1990-2000. À cette époque, le pays avait connu un « marasme économique, une dégradation notoire des principaux indicateurs macro-économiques[37] », notamment le % du PIB annuel, le taux d'inflation, le solde budgétaire (% du PIB), la balance commerciale (% du PIB) et la masse monétaire (% du PIB). Le taux d'inflation qui avait reculé en 1997, jusqu'à atteindre 18,98 % en 1997, était passé de 134,85 % à 511,21 % de 1998 à 2000 ; le recul de la croissance s'était accéléré, passant de -1,62 % en 1998 à -6,91 %en 2000 ; la balance commerciale PIB était passée de 6,09 % en 1999 à -4,12 % en 2000, suite à la régression des exportations et des importations. Le tableau de l'évolution des indicateurs économiques (1990-2000) établi par Cl. Tshimanga Mbuyi est, à ce propos, très instructif[38]. Il permet de conclure en ces termes (à la suite de plusieurs économistes) : « en 40 ans d'indépendance, la RDC a connu 33 ans de crise ouverte et 7 ans seulement de vie sociale normale, soit 1967 à 1974, âge d'or de l'histoire économique du pays[39] ».

---

[37] CL. TSHIMANGA MBUYI, p. 19.
[38] *Ibid.*, p. 18.
[39] *Ibid.*, p. 19.

3.3. De 2001 à 2018

À en croire Cl. Tshimanga Mbuyi[40], en ces années, l'évolution de l'économie congolaise s'était déroulée en trois temps : premièrement, les efforts de relance économique étaient soutenus par le contexte d'ouverture internationale. Deuxièmement, ceux-ci s'étaient concentrés sur la non-résilience de l'économie, suite aux chocs exogènes. Troisièmement, malgré les chocs exogènes et endogènes, l'économie avait connu un court temps de croissance économique (2001 à 2018). En effet, la normalisation des relations avec les Institutions financières internationales (Bretton Woods, après 11 ans de rupture ; FMI, Banque mondiale), permise par l'avènement d'un nouveau régime, le 26 janvier 2001 (prise de pouvoir de Joseph Kabila), avait réussi à casser l'hyperinflation et à créer un environnement propice à la relance des activités économiques. Le taux de l'hyperinflation était passé de 511,21 % en 2000 à 4,44 % en 2003. Le taux de croissance économique était passé de -2,10 % à 2,95 % de 2001 à 2002. Le déficit des finances publiques était passé de 5,2 % du PIB en 2000 à 0,8 % en 2001. L'année 2002 avait connu un excédent budgétaire. Le taux de croissance était passé de 2,95 % en 2002 à 5,58 % en 2003, suite à l'amélioration de la production agricole d'exportation (huile de palme et de palmiste, café robusta et arabica, caoutchouc, bois sciés et grumes, coton fibre). Avec la décélération de l'hyperinflation, passant de 511,21 % en 2000 à 135,09 % en 2001, 15,78 % en 2002 et 4,44 % à partir de 2003, tous les espoirs étaient pour ainsi dire permis pour renouer avec un taux de croissance du PIB positif. En effet, celui-ci passa de -2,10 % en 2001 à 2,95 % en 2002, 5,58 % en 2003, 6,74 % en 2004[41].

Il faut le reconnaître : cette évolution fut sans doute de bons augures. Le taux de change du franc congolais fut maîtrisé. L'écart entre le taux parallèle et le taux officiel fut réduit, passant de 182 % en 2000 à 0,8 % en 2003. Fut aussi réduit le déficit des opérations financières de l'État, passant de 5,2 % du PIB en 2000 à 0,8 % en 2001[42]. On réussit également à aligner les dépenses publiques sur les recettes réellement mobilisées. Les réformes structurelles initiées (Code des investissements, Code du travail, Code forestier et du cadastre minier), après avoir amélioré le climat des affaires, remirent l'économie sur la voie de la stabilisation macro-économique. Le pays pouvait alors profiter du « décaissement de la 3e tranche de la FRPC » (Facilité pour la réduction de la pauvreté et la croissance), de l'ordre de plus ou moins 37 millions de dollars, pour équilibrer sa Balance des paiements, accéder ainsi aux avantages financiers réservés aux PPTE (Pays pauvres très endettés) et consolider sa stabilité macro-économique. L'embellie qu'avait renforcée l'amélioration de la gestion des finances publiques permit *« la*

---

40 *Ibidem.*

41 Cf. Tableau de l'évolution des indicateurs économiques 2001-2008, dressé par Cl. Tshimanga Mbuyi, *op.cit.*, p. 23.

42 *Ibid.*, p. 21.

conclusion d'un nouveau programme triennal dénommé PEG-II en 2009, un programme appuyé par la Facilité élargie de crédit (FEC) et visant ici encore la consolidation de la stabilité macro-économique, l'amélioration de la gestion des finances publiques, le renforcement de la BCC et l'assainissement du climat des affaires. Tous les objectifs quantitatifs attendus de ce programme furent atteints[43] ».

Nonobstant ces quelques années de relance de la stabilité du cadre macro-économique, l'euphorie ne fit pas long feu. Dès 2005, la croissance faiblit et continua de fléchir suite aux chocs exogènes et endogènes, notamment la récession mondiale provoquée par la crise financière internationale de 2008, la chute des cours mondiaux du cuivre et du pétrole et la nécessité de sécuriser le pays en vue de la bonne tenue des élections. Le taux de croissance de l'économie passa de 6,74 % en 2004 à 5,32 % en 2006 et 2,86 % en 2009 ; le taux d'inflation passa de 9,22 % en 2004 à 21,27 % en 2005, puis à 53,44 % en 2009. Le rapport de la balance commerciale PIB passa de -3,88 % en 2004 à -6,43 % en 2005, puis à -9,32 % en 2009, s'aggravant annuellement à cause de l'augmentation des importations et la baisse des exportations. Pour suivre l'évolution de la régression de différents indicateurs économiques, particulièrement de 2009 à 2017, on peut consulter, encore une fois, le tableau dressé par Cl. Tshimanga Mbuyi[44]. Le ralentissement de l'activité économique de ces années-là s'explique en grande partie par la récession mondiale et la chute des cours mondiaux de certains produits miniers, notamment le cuivre et le pétrole. C'est ainsi que la contribution de la branche extractive de l'économie nationale avait baissé, passant de 4,7 % à 1,3 % entre 2014 et 2015, jusqu'à atteindre un niveau de 0,2 % en 2016. D'où le ralentissement de l'activité économique, passant de 9,5 % en 2014 à 6,9 % en 2015, jusqu'à atteindre 2,4 % en 2016, « soit son plus bas niveau depuis 2002 ». Ce qui explique aussi la pression inflationniste avec un taux de 23,60 % en 2016 contre 0,82 % et 1 % respectivement en 2015 et 2014, et « une dépréciation de la monnaie nationale avec un taux de change qui varie sans cesse ». Quant aux finances publiques, le déficit s'était creusé d'année en année, passant de 0,3 % en 2014 à 0,6 % en 2015 et 1,2 % en 2016[45]. Comme cela se voit, dans la mesure où la santé de l'économie de ce pays dépend à plus de 90 % de la bonne tenue du secteur minier, elle restera vulnérable[46] ; elle ne pourra jamais résister aux chocs exogènes tels que le volume des exportations des produits miniers et la volatilité de leurs cours mondiaux.

---

[43] *Ibid.*, p. 22.
[44] *Ibid.*, p. 24.
[45] *Ibid.*, p. 25.
[46] Pour s'en rendre compte, il suffit de prendre en considération la part en % du secteur minier dans les exportations, par exemple de 2006 à 2017 comme le montre le graphique proposé par CL. TSHIMANGA MBUYI, *op.cit.*, p. 26 (graphique 2.2).

Ceci dit, il est, malgré tout, fort possible que le pays retrouve les années de « reprise économique » (2001-2009, le taux moyen de croissance ayant atteint 4,46 % et l'inflation estimée à 32,8 %) et de la « stabilité économique » (2010-2016, avec un taux moyen de croissance de 6,91 % et une inflation estimée à 7,8 %). Autrement dit, avec les ressources naturelles que le pays possède, et surtout une population jeune et en croissance démographique continue depuis 1960 (donc un marché potentiel de plusieurs millions), il est fort probable que l'économie de la RDC retrouve le lustre qu'elle cherche depuis le lendemain de l'indépendance.

Selon nous, cela n'est possible qu'à 7 conditions.

Premièrement, il faut que la guerre à l'Est du pays se termine et permette ainsi la stabilité institutionnelle et politique nécessaire aux activités économiques(suite à l'amélioration du climat des affaires). *Deuxièmement*, il faut que le secteur minier qui avait été, il y a quelques années, le plus productif du monde (cobalt, diamant, cuivre, or, zinc), retrouve son niveau d'antan et bénéficie d'une hausse des cours mondiaux, comme en 2017 et 2018. *Troisièmement*, il faut que le gouvernement continue de maîtriser l'hyperinflation provoquée par le déficit public (plus de 9 795,47 % en 1994 à 511,21 % en 2000, puis 135,09 % en 2001, 15,78 % en 2002 et 4,44 % en 2003, 2,72 % en 2012 et 0,82 % en 2012). *Quatrièmement*, il faut que l'État arrive à poursuivre les efforts de maîtrise de son train de vie (réduction des dépenses de l'État), à mobiliser les recettes en élargissant l'assiette fiscale et parafiscale (nouveaux investissements) et en réduisant la fraude et l'évasion fiscale dans les régies financières,[47] comme les effets pervers de la législation fiscale et de tarifs douaniers. *Cinquièmement*, il faut que l'État arrive à diversifier les sources de la croissance économique et à relancer l'activité économique, notamment en multipliant les créneaux d'activités à haute rentabilité financière, telles les nouvelles technologies, l'industrie manufacturière et l'agriculture. *Sixièmement*, il faut que l'État arrive à relancer la demande en mettant en place une politique budgétaire « plus rationnelle » et une politique salariale « plus dynamique » afin de « booster » la consommation, et par ricochet, les investissements aussi bien privés que publics. *Septièmement*, il faut que l'État parvienne à mener une lutte sans merci contre l'économie nationale de prédation, non seulement en s'assurant une bonne gestion des ressources naturelles (contre le bradage du patrimoine minier, forestier et pétrolier), mais aussi en se donnant des principes de bonne gouvernance et de lutte effective contre la corruption.

Ainsi, avec l'avènement de la paix, la rationalité macro-économique et l'adoption d'un minimum de règles de bonne gouvernance, la RDC peut espérer des lendemains meilleurs. Mais, qui de la part de la croissance démographique dans la débâcle économique dont le pays souffre depuis

---

[47] Lire : J.P LOPAKA, « La fraude et l'évasion fiscales dans les régies financières : obstacle à l'émergence économique de la RDC. Cas de la DGDA », in CL. TSHIMANGA MBUYI, *op.cit.*, pp. 113-124.

l'indépendance ? Selon l'hypothèse économétrique néomalthusienne (Coale-Hoover), *« leseffets de la croissance démographique sur la croissance économique sont globalement négatifs. D'où la nécessité de maîtriser la croissance démographique si l'on veut se développer »*. Au-delà de la controverse théorique entre modèles économétriques (antimalthusien et non-malthusien) ; au-delà de l'idéologie néomalthusienne qui sous-tend cette hypothèse, selon laquelle la croissance démographique est la cause de tous les maux, nous allons en vérifier la pertinence en l'appliquant à la crise économique que traverse la RDC depuis 1960.

Pour ce faire, rien de mieux que de partir du diagnostic de la crise fait par la Banque mondiale en 1995 et de ce que révèle le panorama de l'évolution de la crise économique en RDC, depuis 1960, en suivant pas à pas l'analyse de l'Institut national de la statistique et d'un certain nombre de professeurs d'économie, à l'exemple de Cl. Tshimanga Mbuyiet Cl. Sumata :

- Dans un « document d'orientations stratégiques pour la reconstruction économique du Zaïre » (1995), le diagnostic de la Banque mondiale avait été sans complaisance sur les raisons du délabrement avancé de l'économie du pays. La débâcle de l'économie du pays avait une cause profonde : *« la mauvaise gestion des affaires du pays »*, mauvaise gestion caractérisée par *« un certain nombre de taresde comportement »*, notamment *« le manque de vision dans la politique de développement, l'incapacité à répondre aux besoins de la population, les détournements en vue de soutenir le régime politique, le refus de poursuivre des politiques macroéconomiques prudentes et transparentes, la perversion de l'armée, de la police et de la justice à des fins de gain personnel, le découragement des investisseurs privés et plus particulièrement des étrangers, et enfin la méfiance à l'égard des bailleurs de fonds[48] »*. Selon la Banque mondiale, si son programme d'ajustement structurel entre 1984-1986 avait échoué, c'est parce que son expertise n'avait pas pris en compte la *« mauvaise gestion des ressources publiques et autres carences de l'action des gouvernants[49] »*.
- Suivant le panorama de l'évolution de la crise économique en RDC, de 1960 à 2018, il se dégage clairement trois évidences : premièrement, la crise est, pour l'essentiel, « imputable à la faiblesse des exportations due à la baisse de la production des produits d'exportation » et à la « faiblesse de la demande intérieure », liée à la réduction des dépenses des ménages suite à la baisse du revenu salarial[50]. Deuxièmement, l'histoire de la crise économique montre

[48] Banque mondiale(1994), Région Afrique (Confidentiel, p. 13), cité par Kalonji Ntalaja, « Le miracle économique de l'Asie de l'Est : leçons pour le Zaïre ? En marge du Rapport de la Banque mondiale », *Zaïre-Afrique*, n° 292 (février 1995), p. 81, note 2.
[49] *Ibidem.*
[50] Institut national de la statistique/Banque centrale du Congo, *op.cit.*, p. 287.

que la crise est plus le fait d'instabilité politique et de mauvaises décisions économiques que d'investissements sociaux exigés par la croissance démographique. Troisièmement, il apparaît clairement qu'il a été, durant toutes ces années de crise, plus question de la stabilité de la monnaie, du règlement de la dette (à 90 % annulée ou allégée), de la maîtrise de l'inflation ou de l'hyperinflation, de la mobilisation des ressources extérieures et de politiques budgétaires macroéconomiques que de la création d'emplois et de l'amélioration du pouvoir d'achat de la population. Ce qui pouvait réduire tant soit peu le chômage, à l'origine de la précarité et de la pauvreté de masse. En effet, depuis 1975, la politique économique a été plus conçue en vue d'exécuter les programmes d'ajustement économique et financier concoctés par le FMI et la Banque mondiale que de financer la politique industrielle, la politique agricole, la politique des transports et la politique sociale[51]. Il a donc été plus souvent question de l'assainissement des comptes pour le service de la dette que d'investissements sociaux. « Le service de la dette mobilisait plus de deux tiers des dépenses de l'État[52] ». Les dépenses sociales relatives aux services essentiels (éducation, soins de santé, protection sociale, infrastructures communautaires de base/eau potable, électricité, routes, logement, équipements collectifs...) ont toujours été trop faibles pour améliorer le bien-être de la population et financer le développement durable. Elles étaient si réduites et subissaient des coupes à telle enseigne qu'il était impossible de faire face au coût de la vie et de lutter efficacement contre la faim et la pauvreté de masse. Le secteur d'infrastructures continue de souffrir d'un déficit très important. Ce n'est donc pas par hasard que la RDC n'est pas en passe de réaliser en 2030 aussi bien les Objectifs de développement durable (ODD) que les Objectifs du millénaire pour le développement (OMD) (beaucoup reste à faire[53]).

Même en période de courte embellie économique, la politique budgétaire ne s'était jamais préoccupée d'une politique salariale capable de promouvoir la rentabilité des secteurs des biens et des services commercialisables (importantes inégalités salariales entre le secteur privé et le secteur public). Les ressources publiques consacrées à l'accès à l'eau et à l'assainissement n'avaient jamais bénéficié d'un quelconque réajustement. Le financement de l'éducation, par exemple, n'avait jamais atteint le minimum requis par l'EPT. « En moyenne, seul un peu plus de 8 % du budget national prévu était réellement consacré à l'éducation[54] » (bien loin du minimum requis de 15 %

[51] Lire J. SEGERS,« Panorama de l'évolution de l'économie zaïroise », *Zaïre-Afrique,* n° 117 (août-sept. 1977), p. 397-417.
[52] CL. TSHIMANGA MBUYI, *art. cit.*, p. 13.
[53] Lire CL. SUMATA, *op. cit.*, p. 57-78.
[54] H. NLANDU,« Le financement de l'éducation congolaise : analyse de la pertinence du budget de l'éducation », in *Afrique et Développement*, p. 234.

par l'EPT). On peut alors comprendre ce qu'écrivait M. Ekwa Bis Esal, en 2010, sur l'état de l'enseignement lors de la célébration des 50 ans d'indépendance : « les infrastructures scolaires insuffisantes et vétustes et inégalement réparties selon les provinces ne permettent pas de faire face à la demande de scolarisation[55] ». Les choses n'ont pas changé depuis. Il en est de même du *ratio d'exécution/total dotation budget national (en %) par grandes fonctions* (autres secteurs sociaux prioritaires). Le tableau de l'évolution du *ratio exécution/total dotation budget national (en %)* dressé par H. Nlandu en donne une idée précise[56] : le secteur de *logement et d'équipements collectifs* est à 1,19 %, la *santé* à 2,94 %, la *protection sociale* et les *affaires sociales* sont à 0,86 %, la *protection de l'environnement, de la faune et de la flore* est à 0,29 %.

Le comble est que le budget de l'année 2020 ne pourra pas, à cause de sa modicité, relever le défi du financement des secteurs sociaux prioritaires pour réduire la pauvreté de masse[57]. En effet, le pays ne pourra pas dégager une allocation budgétaire conforme aux attentes de la population dans les efforts à fournir pour qu'elle sorte de la pauvreté : amélioration de la couverture de santé publique, valorisation de l'enseignement et des conditions de vie des enseignants, lutte contre le chômage massif en encourageant l'entrepreneuriat et en finançant la formation des jeunes et leur entrée sur le marché de l'emploi. N'oublions pas que sur le plan social, les indicateurs sont très préoccupants : 55,8 % de la population souffre de la faim ; 41,8 % d'enfants de moins de 5 ans souffrent d'une sous-alimentation chronique et ont un retard de croissance ; *« plus de 90 % des ménages n'ont pas accès aux installations d'assainissement améliorées pour déverser de l'eau dans un égout. Plus de 49 % de ménages, soit environ un ménage sur deux, sont affectés par l'insécurité alimentaire, dont 16,4 % de façon sévère. Plus de la moitié de ménages (51,9 %) sont économiquement vulnérables, car affectant près de 65 % de leurs dépenses mensuelles à l'achat de la nourriture. La pauvreté demeure omniprésente. Les indicateurs de pauvreté restent élevés par rapport aux normes régionales. Près des trois quarts de la population vivent en dessous du seuil de pauvreté de 1,90 dollar/jour en parité du pouvoir d'achat (PPA[58]) ».* Prenons l'Indice du développement humain (IDH), la RDC occupe la 179e place sur 189, avec une note de 0,459 en 2018.

Par rapport à la croissance démographique, la théorie non malthusienne (S. Kuznets, Bairoch, Blanchet, H. Le Bras) est, scientifiquement, la plus

---

[55] M. EKWA BIS ESAL, « L'enseignement et le développement en RD Congo, 50 ans après l'indépendance », *Congo-Afrique*, n° 447 (sept. 2010), p. 589. Lire M. EKWA BIS ESAL, *École trahie*, Kinshasa, Édit. CADICEC, 2000.

[56] H. NLANDU, p. 233-234.

[57] Lire S. BAHARANYI NACIYIMB, « Le budget de l'année 2020 marque-t-il l'alternance tant espérée par la population congolaise »,*Congo-Afrique*, n° 544 (avril 2020), pp. 331-347.

[58] Ministère du Plan (RDC), Rapport d'examen national volontaire des objectifs de développement durable, Ministère du Plan, mai 2020, p. 3.

objective et la plus soutenable : la croissance démographique avait un effet neutre ; elle pouvait ainsi être un élément dynamique ou un frein pour l'économie. En dernier ressort, tout dépendait plus de facteurs d'ordre institutionnel et politique que de la simple évolution du taux de croissance démographique. En effet tout dépend bien plus de l'intelligence et du niveau d'efficience organisationnelle de la productivité des gouvernants. Le cas de l'Asie de l'Est est là pour servir d'exemple, d'autant plus que ces pays sont partis du même niveau de revenus et d'infrastructures que la RDC, et se sont rapidement développés grâce au capital humain et, surtout, au dirigisme des États et à leur bonne gouvernance[59]. Pour ce qui concerne la RDC, on ne peut pas ne pas constater la non-significativité statistique de la corrélation entre croissance démographique et taux d'accroissement du revenu par tête. Il n'y a pas, encore une fois, une corrélation linéaire statistiquement significative entre les deux taux. Suivant le panorama de l'économie de la RDC que nous avons dressé, les investissements sociaux relatifs à l'éducation, aux soins de santé, à la protection sociale, au logement, aux équipements collectifs et aux infrastructures communautaires de base (eau potable, électricité, routes…) ne s'avèrent pas significativement corrélés avec la croissance démographique. Il en est de même des indicateurs économiques retenus pour décrire l'état de la crise économique (taux annuel du PIB réel, taux d'inflation, la balance commerciale, taux d'épargne…). C'est tellement évident que les besoins sociaux immédiats de la population en croissance n'ont jamais été réellement pris en compte pour peser lourdement sur le processus de développement du pays comme le préconisait le modèle économétrique Coale-Hoover (théorie néomalthusienne). À ce point, pour rester honnête, il faut reconnaître que la recherche de corrélation n'est même pas pertinente. Ce ne sont pas les historiens de la crise économique qui sévit en RDC depuis le lendemain de l'indépendance qui diront le contraire, car il n'y a même pas de mouvement de colinéarité entre la croissance démographique et la crise économique. Il n'y a pas de coïncidence entre le calendrier de la croissance démographique et celui de la croissance de la crise économique, tant les investissements sociaux n'ont jamais préoccupé les différents gouvernements successifs. Comme nous l'avons dit plus haut,*« ils étaient plus soucieux de la stabilité de la monnaie, du règlement de la dette (à 90 % annulée ou allégée), de la maîtrise de l'inflation ou de l'hyperinflation, de la mobilisation des ressources extérieures et de politiques budgétaires macroéconomiques que de la création d'emplois et de l'amélioration des pouvoirs d'achat de la population »*. Tous les efforts étaient concentrés sur la résolution de la crise de la dette (suite aux gros emprunts pour financer les « grands investissements de prestige dont le barrage hydroélectrique d'Inga et la ligne

---

[59] Lire KALONJI NTALAJA, p. 85.

Inga-Shaba, la cité de la voix du Zaïre, la sidérurgie de Maluku, le Centre de commerce international du zaïre [CCIZ[60]] »).

Même dans le cas où les autorités devaient engager les dépenses pour répondre aux besoins sociaux d'une population en croissance, au vu des éléments de la crise économique au lendemain de l'indépendance jusqu'à ce jour, on peut dire que la croissance démographique reste simplement un facteur secondaire pouvant, en temps de crise, accentuer certaines difficultés. Si corrélation il peut y avoir, elle ne peut être que curvillaire. Car il y a plusieurs autres éléments ou facteurs qui entrent en ligne de compte dans le rendement économique décroissant. On ne peut donc soutenir le principe de la causalité unique et incriminer le taux de croissance démographique. Celle-ci n'est pas, suivant l'histoire de la débâcle économique de la RDC, la cause principale de la crise économique qui se vit en RDC depuis 1960.

Conclusion

Pour répondre à la question que nous nous étions posée depuis le début, quant au type de corrélation entre le taux de croissance démographique et le taux de croissance économique en RDC depuis 1960, nous avons fait un parcours simultané de l'évolution démographique et économique. Les explications théoriques des modèles démo-économétriques les plus importants, sur base de techniques de régression statistique, nous ont présenté les différentes analyses explicatives à ce propos. Elles nous ont permis, après analyse profonde de la crise économique qui se vit en RDC depuis l'indépendance, de comprendre deux évidences : premièrement, la non-significativité linéaire de la corrélation entre les deux taux ou la faible significativité des coefficients présumés. Si corrélation il y avait, elle était statistiquement trop faible et trop diversifiée pour être soulignée. Et c'est d'autant plus compréhensible que les gouvernants ne s'étaient jamais préoccupés du bien-être effectif de la population en croissance ; ils n'avaient jamais cherché à financer les secteurs essentiels de la vie sociale censés amorcer le développement durable du pays. *Deuxièmement*, si corrélation il y avait, elle ne pouvait être que *récursive ou sous forme de U, et donc curvillaire*, vu le nombre de facteurs incalculables qui entrent en ligne de compte dans le rendement économique décroissant ou croissant. Partant, *« on ne peut, contre toute rationalité, soutenir le principe de la causalité unique et incriminer simplement le taux de croissance démographique »*. Celle-ci n'est pas, suivant l'histoire de la débâcle économique de la RDC, la cause principale de la crise économique qui sévit dans le pays. Ainsi, reprendre simplement l'hypothèse néomalthusienne définie dans les années 1960, selon laquelle la croissance démographique a des effets

---

[60] S. BAHARANYI NACIYIMBA, « RDC : atteinte du point d'achèvement de l'initiative Pays pauvres très endettés : Enjeux et Perspectives », *Congo-Afrique*, n° 448 (oct. 2010), p. 650.

fortement négatifs sur la croissance économique et appelle à des programmes de réduction drastique de la fécondité, n'est que l'expression d'une idéologie antinataliste qui cache mal ses objectifs. Pour les gouvernants, c'est une fuite en avant que de s'y réfugier afin de ne pas assumer leur grande part de responsabilité dans la débâcle économique.

Bibliographie

Ouvrages

BROCHE H., *Le Miracle économique japonais*, Paris, Calmann Levy, 2e édit., 1971.

CHASTELAND J. C., VERON J. et BARBIERI M.(dir.), *Politiques de développement et croissance démographique rapide en Afrique*, Actes de la Conférence internationale « Développement et croissance rapide : regard sur l'avenir de l'Afrique » (Paris, 2-6 septembre 1991), Paris, INED/CEPED/PUF, 1993.

EKWA BIS ESAL M., *École trahie*, Kinshasa, Édit. CADICEC, 2000.

GRIMAL J. C.et HERZICH G., *La Population du monde*, Paris, Le Monde-Éditions, 1995.

LASSONDE L., *Les Défis de la démographie. Quelle qualité de vie pour le XXIe siècle ?*, Paris, Édit. La Découverte, 1996.

LE BRAS H., *Les Limites de la planète. Mythes de la nature et de la population*, Paris, Flammarion, 1994.

LORIAUX M.(dir.), *Population et développement : une approche globale et systémique*, Louvain-la-Neuve/Paris, Academia Bruylant/L'Harmattan, 1998.

MEADOWS D. H. *et al.*,*Halte à la croissance ?*, Paris, Fayard, 1972.

MIKA MFITZSCHE R. L.-M., *Éthique et démographie*, Paris, L'Harmattan, 2008.

MIKA MFITZSCHE R. L.-M., *Enjeux éthiques de la régulation des naissances en Afrique. Sexualité, fécondité, développement*, 2e édit., Kinshasa, La Confidence, 2013.

[MIKA MFITZSCHE R. L.-M., *Enjeux éthiques de la régulation des naissances en Afrique. Sexualité, fécondité, développement*, 3e édit., Kinshasa, PUCC, 2022.]

Ministère de la Santé (RDC), *Planification familiale. Plan stratégique à vision multisectorielle (2014-2020)*, Kinshasa, Ministère de la Santé, 2014.

Ministère du Plan (RDC), *Rapport national volontaire des objectifs de développement durable*, Kinshasa, Ministère du Plan, mai 2020.

TAPINOS G., BLANCHET D. et HORLACHER D. E. (dir.), *Conséquences de la croissance démographique rapide dans les pays en développement*, Actes du groupe d'experts de l'Institut national d'études démographiques et de la Division de la population des Nations unies (New York, août 1988), Paris, INED, 1991.

VERON J., *Éléments du débat population développement. Les dossiers du CEPED*, n° 9, 1989.

Articles

BAHARANYI NACIYIMB S., « Le budget de l'année 2020marque-t-il l'alternance tant espérée par la population congolaise », *Congo-Afrique*, n° 544 (avril 2020), pp. 331-347.

BLANCHET D., « Estimer l'effet de la croissance démographique sur la croissance économique dans les PVD : problèmes méthodologiques », in TAPINOS G.,

BLANCHE D. et HORLACHER D. E.(dir.), *Conséquences de la croissance démographique rapide dans les pays en développement*, Actes du groupe d'experts de l'Institut national d'études démographiques et de la Division de la population des Nations unies (New York, août 1988), Paris, INED, 1991, pp. 57-84.

DE SAINT-MOULIN L., « La population congolaise : situation et perspectives », *Congo-Afrique*, n° 444 (avril 2010), p. 263-280.

Idem, « Essai d'histoire de la population congolaise », *Congo-Afrique*, n° 217 (septembre 1987), p. 389-407.

EKWA BIS ESAL M., « L'enseignement et le développement en RD Congo, 50 ans après l'indépendance », *Congo-Afrique*, n° 447 (sept. 2010), pp. 579-592.

KALONJI NTALA, « Le miracle économique de l'Asie de l'Est : leçons pour le Zaïre ? En marge du Rapport de la Banque mondiale », *Zaïre-Afrique*, n° 292 (février 1995), pp. 81-89.

Institut national de la statistique/Banque centrale du Congo, « Économie congolaise de 1990 à 2000 », *Congo-Afrique*, n° 375 (mai 2003), pp. 284-289.

Ministère de la Santé (RDC), « Lettre du ministre de la Santé publique », in Ministère de la Santé (RDC), *Planification familiale. Plan stratégique national à vision multisectorielle (2014-2020)*, 1994, pp. 2-3.

MABI MULUMBA E., « Quelles perspectives économiques pour le développement durable de la RD Congo ? », *Congo-Afrique*, n° 538 (octobre 2019), pp. 776-784.

MUHINDUKA DI-KURUBA, « Aperçu de la politique économique zaïroise et perspective », *Zaïre-Afrique*, n° 276 (juin-juillet-août 1993), pp. 333-351.

NLANDU H., « Le financement de l'éducation congolaise : une analyse de la pertinence du budget de l'éducation », in *Afrique et Développement*, n° 1, Nouvelle série, 2019, pp. 229-251.

TSHIMANGA MBUYI CL., « L'économie congolaise de 1990 à 2018. De la décroissance à la croissance », *Afrique et Développement*, n° 1, Nouvelle série, 2019, pp. 12-30.

SIMON J., « There is no low-level fertility and development Trap », *Population Studies*, vol. 34, n° 3(November 1980), p. 476-486.

SUMATA CL., « Essai d'évaluation des contre-performances de la RD Congo dans la réalisation des Objectifs du millénaire pour le développement : Évidences empiriques et analyse prospective », *Afrique et Développement*, n° 1, Nouvelle série, 2019, pp. 57-80.

WERI R., « Les modèles de simulation démo-économique : utilité ou gaspillage ? », in LORIAUX M.(dir.), *Population et développement : une approche globale et systémique*, Louvain-la-Neuve/Paris, Academia Bruylant/L'Harmattan, 1998, pp. 391-423.

SEGERS J., « Panorama de l'évolution de l'économie zaïroise », *Zaïre-Afrique*, n° 117 (août-sept. 1977), p. 397-417.

VERON J., « Théories reliant population, économie et sociétés : du nouveau depuis Malthus ? », in LORIAUX M.(dir.), *Population et développement : une approche globale et systémique*, Louvain-la-Neuve/Paris, Academia Bruylant/L'Harmattan, 1998, pp. 375-390.

Webographie

POURTIER R., « La RDC face au défi démographique », notes de l'Ifri, sept. 2018, site internet [www.Ifri.org], consulté le 15/12/2020.

Évolution du système fiscal congolais de l'indépendance à nos jours

Guy Pascal NGOMA PHANZU

Introduction

Apparue au XIXe siècle en France, chez des auteurs comme P. Leroy-Beaulieu et R. Stourm, reprise au XXe siècle par E. Allix, G. Jèze et H. Lauffenburger, l'expression « système fiscal » est utilisée aujourd'hui par la plupart des fiscalistes pour désigner l'ensemble des impôts appliqués à un moment donné dans un pays déterminé. Il peut paraître excessif de parler de système fiscal dans la mesure où la formule semble impliquer l'existence d'une combinaison harmonieusement et logiquement agencée alors que l'observation des diverses structures fiscales montre qu'elles sont le plus souvent constituées d'éléments épars, plus ou moins cohérents, qui résultent plus d'une sédimentation et d'une juxtaposition que d'une réflexion abstraite.

Reflet de l'état d'une société, traduction de la nature de pouvoir, la structure fiscale d'un pays dépend certes des choix du pouvoir politique mais demeure soumise à l'influence de facteurs sociaux, économiques, psychologiques avec lesquels les gouvernements doivent composer. Pour comprendre le système fiscal de la République démocratique d'aujourd'hui, il faut connaître, dans ses grandes lignes, l'évolution de la fiscalité depuis l'époque coloniale. Cette prise en considération du passé permet de se rendre compte que, derrière la technique fiscale, jouent des influences politiques, sociales et économiques.

Le système fiscal congolais actuel est le fruit d'une lente évolution marquée par deux moments de profonde transformation, l'époque coloniale et l'indépendance du Congo qui est subdivisée en trois grandes périodes : la première République, la deuxième République et la troisième République qui a vu apparaître une fiscalité plus ou moins confortable.

I. La fiscalité pendant l'époque coloniale[1]

La plupart des critiques dirigées contre l'État indépendant du Congo se rattachaient plus ou moins directement à la question des impôts, et notamment de l'impôt en travail, le seul qui grevait les indigènes. Cette question était sans doute la plus importante et la plus complexe, et de la solution de ce problème dépendait la solution de presque tous les autres. Il y avait lieu donc d'examiner d'abord le principe de l'impôt en travail et ensuite l'application qui en aété faite. Justification de l'impôt en travail. Toute production, tout commerce, toute vie, au Congo, n'était en ce temps-là possible, et ne l'était pendant longtemps encore, qu'avec le concours de la main-d'œuvre indigène[2].

Le Blanc, s'il pouvait s'y acclimater, ne parvenait que bien difficilement, sauf peut-être dans quelques régions privilégiées, à supporter le dur labeur du cultivateur et de l'ouvrier. D'autre part, l'indigène, par atavisme et à cause des conditions mêmes du pays, n'avait, en général, aucune disposition au travail. Il ne faisait que ce qui était strictement indispensable à sa subsistance. Or, la fécondité du sol, l'étendue des territoires, le peu de travail qu'exigeait la culture, la clémence du milieu climatérique, tout cela réduisait au minimum la somme d'efforts nécessaires. Quelques branches et quelques feuilles suffisaient à l'abriter ; il n'avait pas ou presque pas de vêtements. Son activité pouvait être tout au plus stimulée par le désir de se procurer des armes, quelques ornements, une femme. Mais une fois ce désir satisfait, il n'avait qu'à se laisser vivre, il était heureux dans son oisiveté. Celles-ci avaient été, pendant plusieurs générations, obligées au travail et avaient fini par en prendre l'habitude ; mais, en règle générale, l'indigène ne demandait qu'à être laissé à son ancienne existence ; aucun appât ne pouvait l'attirer à un travail de quelque importance et d'une certaine durée.

Dès le début, les Européens qui s'étaient installés au Congo s'étaient trouvés, par conséquent, devant la nécessité de réclamer le concours des indigènes et devant l'impossibilité de l'obtenir, tout au moins d'une manière constante et permanente, par le jeu régulier de l'offre et de la demande. Ce n'était que par les efforts des équipes de ses Zanzibarites, toujours renouvelées, que Stanley put frayer le premier chemin entre Vivi et le Pool et lancer les premiers bateaux sur le Haut-Congo.

Toutes ses tentatives pour obtenir l'aide des indigènes restèrent sans effet. Ce n'était que grâce au travail des Sénégalais et des Sierra-Léonais, payés à prix d'or, qu'on a pu construire le chemin de fer des Cataractes. Mais il était évident que ce système, consistant à recourir à la main-d'œuvre étrangère, ne pouvait être qu'exceptionnel ; c'est le pays même qui devait fournir la main-d'œuvre nécessaire à sa vie et à son développement. Ce n'était donc qu'en

---

[1] L'époque coloniale part de 1908 à 1960.

[2] Il sied de noter que pendant cette période, l'impôt n'était pas perçu en numéraire, car les indigènes n'avaient pas d'activités rémunératrices ; l'impôt était donc compensé par les travaux forcés.

faisant du travail une obligation qu'on pouvait amener l'indigène à fournir un travail régulier et qu'on obtenait la main-d'œuvre nécessaire pour mettre en valeur le pays, exploiter ses richesses naturelles, profiter, en un mot, de ses ressources. C'était à ce prix seulement qu'on faisait entrer le Congo dans le mouvement de la civilisation moderne et qu'on soustrayait ses populations à l'état d'abandon et de barbarie dans lequel elles étaient toujours restées. Cet état forme sans doute l'idéal de l'indigène de jadis, mais on concédait qu'il ne pouvait certainement pas être celui des peuples civilisés ni constituer un avenir souhaitable pour la race humaine. Or, le seul moyen légal dont disposait l'État pour obliger les populations au travail était d'en faire un impôt ;et c'est précisément en considération de la nécessité d'assurer à l'État le concours indispensable de la main-d'œuvre indigène qu'un impôt en travail était justifié au Congo. Cet impôt, en outre, remplaçait, vis-à-vis de ces populations, la contrainte qui, dans les pays civilisés, était exercée par les nécessités mêmes de la vie.

Le principe en vertu duquel l'État demandait aux citoyens, dans l'intérêt public, non seulement une contribution en argent ou en nature, mais même un concours personnel, un travail individuel, était admis aussi par les législations européennes. L'obligation du service militaire pesait lourdement sur presque toute la population mâle de l'Europe continentale, et bien des législations reconnaissaient, dans certains cas, à l'État et même aux communes le droit d'imposer aux citoyens des corvées et un concours personnel dans les travaux d'intérêt public. À plus forte raison, cet impôt devait-il être considéré comme légitime dans un jeune État, où tout était à créer, dans un pays neuf, sans autres ressources que celles qu'on peut tirer de la population indigène elle-même. L'impôt en travail était d'ailleurs l'unique impôt possible jadis au Congo, car l'indigène, en règle générale, ne possédait rien au-delà de sa hutte, de ses armes et de quelques plantations strictement nécessaires à sa subsistance[3].

II. Période d'après l'indépendance

II.1.De 1960 à 1969

Pendant cette période, le Congo indépendant n'était pas encore doté de son propre système fiscal bien que la Loi fondamentale du 19 mai 1960 sur les structures du Congo avait prévu des dispositions relatives à l'établissement de l'impôt et à la décentralisation de l'impôt[4].

[3] Rapport d'enquête sur l'État indépendant du Congo du 25 octobre 1905.

[4] Pendant cette période, l'Office colonial de l'impôt a continué à percevoir pour le Congo indépendant les impôts.

Cette Constitution consacrait déjà le principe de la légalité de l'impôt et distinguait la souveraineté fiscale au niveau national de celle au niveau provincial[5].

Il se dégage que cette Constitution n'avait pas prévu sinon n'avait pas nommé les impôts devant relever de la compétence des provinces[6], situation pouvant engendrer un chevauchement ou un conflit de compétences entre l'État central et les provinces ; en sus de cela, la double imposition pouvait s'inviter à table.

En l'absence d'un système fiscal propre, cette période a vu le système colonial continuer à être utilisé à des fins de la perception de l'impôt, et ce, jusqu'en 1969, période de la naissance du système fiscal congolais proprement dit.

II.2.De 1969 à nos jours

Le Congo se dote de ses premières lois en 1969, constituant donc le pilier de son système fiscal.

Les grandes caractéristiques du système fiscal congolais :

II.2.1. Première caractéristique

Ce système s'appuie premièrement sur le Code des impôts. Le Code des impôts est un rassemblement de quatre textes, de base régissant les impôts en RDC, il s'agit :

1re partie : Impôts réels : Ordonnance-loi n° 69/006 du 10/02/1969.

2e partie : Impôts cédulaires sur les revenus : Ordonnance-loi n° 069/009 du 10/02/1969.

3e partie : Impôts sur le chiffre d'affaires : Ordonnance-loi n° 069/058 du 05/2/1969 abrogée et remplacée par l'Ordonnance-loi n° 10/001 du 20 août 2010 portant institution de la taxe sur la valeur ajoutée.

4e partie : Impôts exceptionnels sur les rémunérations des expatriés : Ordonnance-loi n° 069/007 du 10/02/1969.

II.2.2. Deuxième caractéristique

Le système fiscal congolais est déclaratif. Ceci veut dire tout simplement qu'à chaque nature d'impôts correspond une déclaration.

La déclaration : c'est un formulaire par lequel le contribuable informe réglementairement l'administration fiscale du montant de ses revenus pour l'établissement d'un impôt correspondant.

---

[5] Lire les Articles 239 et s. de la Loi fondamentale du 19 mai 1960 relative aux structures du Congo.

[6] À l'instar de la Constitution du 18 février 2006 qui cite nommément les impôts provinciaux en son Article 204.16.

II.2.3. Troisième caractéristique

Le système fiscal congolais est du point de vue des revenus cédulaires.

Chaque catégorie des revenus est imposée d'après les règles particulières d'assiette et un taux d'imposition propre.

On distingue trois cédules différentes :

- les revenus locatifs ;
- les revenus mobiliers ;
- les revenus professionnels.

II.2.4. Quatrième caractéristique

Le système fiscal congolais fait la distinction entre l'imposition des personnes physiques et des personnes morales. Cette distinction réside sur les taux d'imposition :

- Les personnes morales sont imposées d'un taux proportionnel, quelle que soit leur forme. C'est-à-dire un taux unique. Pour le moment, ce taux est de 30 %[7].
- Les personnes physiques sont régies par trois catégories :
  - les personnes physiques soumises à la patente et qui relèvent des activités des entités administratives décentralisées (commune, ville, territoire) ;
  - les personnes physiques imposées selon le forfait : il s'agit des microentreprises ;
  - les personnes physiques soumises au droit commun : ici on applique le barème progressif. L'idée du barème progressif est que celui qui a plus paie plus et celui qui a moins paie moins avec comme prétexte que cela établit la justice sociale (IPR).

II.2.5. Cinquième caractéristique

Le système fiscal congolais applique la territorialité d'impôt ; c'est-à-dire que tous les impôts congolais sont territoriaux. On impose seulement les revenus des sources congolaises (les revenus produits au Congo).

Par le système fiscal, le gouvernement se procure des ressources par l'impôt. L'efficacité d'un système fiscal est mesurée par le coût qu'il impose aux contribuables. Outre le paiement de l'impôt lui-même, les contribuables supportent deux types de coûts, une perte sèche générée par les modifications de comportement induit par l'impôt et le poids des formalités administratives impliquées par le respect de lois fiscales.

L'équité d'un système fiscal est mesurée par la façon dont le fardeau fiscal est réparti sur la population selon le principe de bénéfice.

---

[7] Innovation de la Loi de finances de 2019 pour l'exercice fiscal de 2018 qui a fait passer le taux de 35 % à 30 %.

Dans cette logique, l'équité consiste à faire payer les citoyens en tenant compte de leur capacité contributive ; cela devient donc juste de faire payer plus ceux qui ont le plus important moyen financier pour apprécier l'équité d'un système fiscal.

Dans l'établissement fiscal ou tout système fiscal, les hommes politiques doivent faire face à un choix entre efficacité et justice. Si le débat sur la question fiscale est animé, c'est parce que le monde ne s'accorde pas sur le même sujet.

II.3.Les premiers pas de l'administration fiscale congolaise

Sur proposition du commissaire aux finances, une administration fiscale dotée d'une autonomie administrative et financière est créée le 10 mars 1988 par une ordonnance du chef de l'État. La création de la Direction générale des contributions répondait à un souci d'accroissement de la mobilisation des recettes fiscales.

II.3.1. Création d'une administration fiscale autonome en 1988

Ordonnance n° 88/039 du 10 mars 1988

À partir de la création de la DGC, l'organisation par type d'impôt qui existait déjà dans l'administration des finances a cédé la place à une organisation plus fonctionnelle.

Il s'est avéré indispensable de former des élites et des techniciens de l'impôt. Aussi, dans le respect du statut de la fonction publique, des concours ont été organisés sur toute l'étendue du territoire national pour le recrutement des candidats inspecteur et vérificateur des impôts.

Depuis trois décennies, le rendement du système fiscal de la RDC est resté faible. Cette faiblesse serait attribuée à la baisse de l'activité économique due à la guerre qui a ralenti les investissements et la croissance, des faiblesses inhérentes notamment à l'Administration fiscale elle-même du fait de sa complexité et aux faiblesses des procédures, capacités et moyen de gestion de l'impôt.

Il était dès lors important de simplifier et moderniser le système de la fiscalité indirecte, et introduire une TVA moderne, génératrice des recettes, ce qui fut fait en 2010. Avant de procéder à des réformes du système fiscal, il est apparu impératif d'améliorer les procédures de contrôle et de renforcer les capacités et moyens des services.

La stratégie proposée était fondée sur :

- La maîtrise de la population fiscale. L'identification du contribuable est un préalable à la tenue d'un fichier fiable et essentiel pour l'amélioration du suivi des entreprises et le contrôle.
- La gestion des contribuables par importance des enjeux fiscaux. Les contribuables sont divisés en trois catégories et les structures

administratives de gestion sont adaptées à ces catégories : grand, petit et moyen.

- La simplification des procédures. Les procédures fiscales ainsi que les imprimés doivent être les plus simples possible pour alléger au maximum les démarches administratives des contribuables et minimiser les coûts de gestion.
- Le renforcement du contrôle fiscal et du recouvrement. L'efficacité de l'Administration fiscale dépendra en grande partie de sa capacité à identifier l'assiette fiscale, à contrôler un grand nombre d'entreprises et à recouvrer rapidement l'impôt.

II.3.2. Direction générale des contributions à la Direction générale des impôts[8]

Si la réforme de 1988 a abouti à la création d'une véritable Administration fiscale dotée d'une autonomie administrative et financière, la Direction générale des contributions, elle doit au Décret n° 017/2003 du 2 mars 2003 sa forme actuelle. Il ne s'agit pas d'un simple changement d'appellation par le remplacement du vocable *contribution* par *impôt* mais d'une véritable restructuration et une nouvelle organisation axée « usagers ».

En effet, avec la mise en place de la Direction des grandes entreprises, il est apparu nécessaire de redéfinir les missions de l'administration centrale tout en la renforçant en tant qu'organe d'impulsion.

La DGC comportait trois niveaux d'administration :

- les services centraux qui comprenaient sept directions et deux services ; l'Inspection des services et la Division de l'informatique ;
- les services provinciaux qui comprenaient deux directions urbaines pour l'agglomération de Kinshasa et dix directions provinciales qui couvrent le reste du territoire. Ces directions sont responsables des ressorts fiscaux implantés dans les communes ;
- les services locaux qui sont constitués par les ressorts fiscaux installés au niveau des communes. Les directions urbaines de Kinshasa disposaient chacune de 12 ressorts fiscaux. Les directions provinciales de cinq au maximum.

La structure existante était caractérisée par l'absence d'une véritable administration centrale. Ainsi pour mettre fin à la confusion entre les missions généralement confiées à une administration centrale (mission de conception de la politique fiscale, élaboration de la législation, contrôle de l'application des textes par les services, etc.) et celles qui relèvent de la compétence des services territoriaux (missions opérationnelles), il est apparu nécessaire de restructurer la DGI en créant une vraie administration centrale.

[8] Décret n° 017/2003 du 2 mars 2003.

Cependant, le renforcement des capacités des directions centrales à préparer et à mettre en œuvre des réformes nécessitait qu'un nombre suffisant de cadres qualifiés y soient affectés ; notamment il nécessitait que les tâches de gestion, telles que la gestion des contribuables, soient exclues des fonctions de l'administration centrale afin que celle-ci se consacre utilement aux tâches de conception et d'animation.

D'où la création de la Direction des grandes entreprises, la fusion des directions urbaines et le réaménagement des directions provinciales.

II.3.3. Création de la Direction des grandes entreprises[9]

Le principal objectif de la création de la DGE est l'amélioration de la gestion des entreprises qui procurent l'essentiel des recettes fiscales. Il est donc apparu nécessaire que la DGE soit l'interlocuteur fiscal unique des entreprises publiques et privées de grande taille, quel que soit le secteur d'activités.

Les fonctions de taxation, contrôle et recouvrement jadis exercées par les directions centrales ont été dévolues à la DGE. Cette DGE est structurée en fonction de ses missions.

La centralisation de l'ensemble des missions fiscales sous la responsabilité d'une même autorité est en soi un facteur de modernisation de l'Administration fiscale.

La création d'une nouvelle DGI est consacrée par le Décret n° 017/2003 du 2 mars 2003 portant création de la Direction générale des impôts, tel que modifié à ce jour.

Tout le personnel de la DGC a été déversé dans la nouvelle DGI.

II.3.4. Restauration du terme « impôt » par la Loi n° 005/2003 du 13 mars 2003

Après la refonte des structures et la redéfinition des missions, la question qui s'est posée alors était de savoir s'il fallait garder l'appellation « Contribution » pour désigner l'impôt en RDC.

Le terme *contribution*avait été adopté de manière systématique lors de la réforme de 1969 pour tempérer la charge émotive liée à l'impôt, rattaché, dans l'imaginaire populaire, à la servitude dans laquelle ployaient les populations congolaises pendant la colonisation[10].

Ce terme semblait plutôt avoir produit un effet démobilisateur dans le chef des contribuables, faisant parfois croire qu'aucune contrainte n'était plus attachée aux droits dus au Trésor au titre de contribution.

---

9 Décret n° 017/2003 du 2 mars 2003.

10 Les indigènes devenus des citoyens en 1960 avaient de très mauvais souvenirs de l'impôt avec notamment les travaux forcés et les corvées.

Les impératifs de reconstruction nationale, notamment ceux qui ont été reportés sur les contribuables, requièrent la restauration du caractère obligatoire des droits dus au Trésor.

Il sied également de relever que la Constitution du 18 février 2006 a consacré de nouveau deux souverainetés fiscales lorsqu'elle vient instituer des impôts dits provinciaux, à savoir l'impôt foncier, l'impôt sur les revenus locatifs et l'impôt sur les véhicules[11].

Conclusion

Hormis la situation avant 1969, il sied de dire que la législation fiscale de la République démocratique du Congo est composée de quatre textes de base, à savoir les Ordonnances-lois, n° 69-006 du 10 février 1969 relative à la contribution réelle, n° 69-007 du 10 février 1969 relative à la contribution exceptionnelle sur les rémunérations du personnel expatrié, n° 69-009 du 10 février 1969 relative aux contributions cédulaires sur les revenus et n° 69-058 du 5 décembre 1969 relative à la contribution sur le chiffre d'affaires abrogée et remplacée par l'Ordonnance-loi n° 10/001 du 20 août 2010 portant institution de la taxe sur la valeur ajoutée.

Bien que réunis dans le « Code des contributions », ces textes comportaient, chacun, ses propres dispositions de procédure. Celles-ci étaient éparses, répétitives et complexes d'usage.

Avec les évolutions législatives, certains aspects de ces procédures étaient devenus archaïques et ne permettaient pas une gestion moderne de l'impôt.

La réforme des procédures envisagée visait :

1° l'unification de toutes les procédures dans un texte unique qui constituera ainsi le socle du premier livre des procédures fiscales ;

2° l'institution de la déclaration auto liquidative ;

3° le remplacement du rôle et de l'avertissement extrait rôle par l'Avis de mise en recouvrement (AMR) ;

4° la réduction du délai de rappel de dix à cinq ans ainsi que de la prescription de trente à quinze ans ;

5° l'institution de la procédure d'étalement de paiement ;

6° la sanction par amende de l'exercice d'une activité soumise à l'impôt sans l'obtention dans le délai d'un numéro impôt ; chose qui fut faite dans la Loi n° 004/2003 du 13 mars 2003 portant réformes des procédures fiscales.

---

[11] Lire l'Article 204.16 de la Constitution du 18 février 2006 telle que modifiée par la Loi du 20 janvier 2011 portant révision de certains articles, in JO, n° spécial, 52e année.

Bibliographie

AZAMA LANA, *Droit fiscal zaïrois*, CADICEC, Kinshasa, 1986.

BUABUA WA KAYEMBE, *Traité de droit fiscal zaïrois*, PUZ, Kinshasa, 1993.

COZIAN M., *Précis de fiscalité des entreprises*, Litec, 18e éd., Paris, 1994.

DUVERGER M., *Finances publiques*, PUF, Paris, 1988.

KOLA GONZE R., Droit fiscal, Notes de cours, UPC, 2019-2020.

LEFEBVRE F., *Memento pratique fiscal*, Éditions Francis Lefebvre, Paris, 1985.

MBOKO D'JANDIMA, *Code des impôts*, PUC, Kinshasa, 2007.

MHEL L. et BELTRAME P., *Science et technique fiscales*, PUF, Paris, 1984.

MERCADAL B. et MACQUERON P., *Le Droit des affaires en France*, éd. Francis Lefebvre, Paris, 1992.

TROTABAS et COTTERET J. M., *Droit fiscal*, 7e édition, Dalloz, Paris, 1992.

Rapport général du Colloque

Kodjo NDUKUMA ADJAYI
Professeur à l'UPC et à l'UCC
Président du comité scientifique du Colloque UPC-UCC

À l'occasion des 60 ans de l'indépendance de la République démocratique du Congo (RDC), l'Université catholique du Congo (UCC) et l'Université protestante au Congo (UPC) ont co-organisé un colloque pluridisciplinaire sur le thème « Développement et renaissance de la RDC : perspectives politiques, économiques et socioculturelles ». Les travaux du Colloque se sont déroulés en trois jours : le 16 décembre 2020 à l'UPC et les 17 et 18 décembre 2020, à l'UCC. Avec un total de 26 exposés, 'on a assisté à 8 conférences en plénières et 18 conférences réparties en 3 ateliers, consacrés respectivement aux aspects politiques, économiques et socioculturels.

Le présent rapport général revient sur la philosophie qui a conduit à l'organisation du Colloque (I) et donne l'essentiel du contenu des communications (II) ainsi que les recommandations formulées (III).

Il importe de relever que le Colloque était initialement prévu pour la deuxième semaine du mois de juin 2020. Suite à la pandémie de Covid-19, l'organisation déjà lancée en mars 2020 a finalement pu voir le Colloque se tenir aux dates prérappelées afin d'enregistrer :

Sur le plan protocolaire, à l'ouverture des assises :

- l'adresse de bienvenue du recteur de l'UPC, Mgr révérend Daniel Ngoy Boliya ;
- le mot d'ouverture solennelle du Colloque par le pasteur N'Kwim, au nom du grand chancelier de l'UPC ;
- l'allocution du directeur de Cabinet a.i du Chef de l'État, le professeur Eberande Kolongele ;
- la présentation du Colloque par le co-président du Comité organisateur, le recteur de l'UCC, abbé professeur Léonard Santendi.

Sur le plan scientifique :

- 1 conférence inaugurale ;
- 7 conférences lors de deux séances plénières ;

- 18 conférences dans trois ateliers destinés respectivement aux aspects politiques, économiques et socioculturels.

Sur le plan protocolaire à la clôture :
- le mot de remerciement du recteur de l'UCC ;
- le mot de circonstance de la présidence de la République de la part du conseiller en charge de l'éducation au cabinet du chef de l'État ;
- la clôture solennelle du Colloque par le grand chancelier de l'UCC.

Le présent rapport général fait la synthèse de la philosophie qui a conduit à l'organisation du Colloque (I) ainsi que l'essentiel de ce qu'a été le contenu des communications (II) avec les recommandations formulées dans ce cadre (III).

I. La philosophie du colloque

La République démocratique du Congo se préparait à célébrer ses 60 ans d'indépendance. Le peuple congolais tout entier est appelé à mobiliser ses énergies en vue de l'instauration d'un nouvel ordre social susceptible de répondre à ses aspirations les plus profondes. Devant cette tâche, les forces intellectuelles ont une responsabilité historique pour mettre en lumière les acquis de ces soixante ans d'indépendance, relever les dérapages qui ont émaillé notre parcours, et dégager de nouvelles perspectives pour le développement intégral et la renaissance du pays.

C'est pour répondre à cette exigence que l'Université catholique du Congo (UCC) et l'Université protestante au Congo (UPC) ont eu à organiser ce colloque sur le thème : « Développement et renaissance de la RD Congo : Perspectives politiques, économiques et socioculturelles ».

L'objectif majeur est de dresser un bilan et dessiner des perspectives aux plans politique, économique et socioculturel. Un regard superficiel et une lecture hâtive du parcours de la RDC font le gros plan sur l'accumulation des échecs et des erreurs. Quel bilan faire scientifiquement de ces années de la gestion politique, économique, socioculturelle et religieuse du Congo par les Congolais(es) ? Quel Congo léguer à la postérité ? Quelle est la politique de développement qui inspire et coordonne la gestion publique et les activités quotidiennes ? Comment l'Université congolaise pourra-t-elle devenir un outil efficace au service de la renaissance de la RDC ? Autant de questions sur lesquelles les différentes conférences ont porté leur regard critique et proposé une réflexion stimulante.

Après évaluation et réception, par le comité scientifique, des projets de communication de la part des enseignants-chercheurs de l'UCC, de l'UPC et d'autres institutions, le Comité organisateur a retenu le programme du Colloque dont le présent rapport restitue l'économie jour par jour et activité par activité.

II. Le déroulement du Colloque

II.1. Mercredi 16 décembre 2020 à l'UPC

II.1.1. Cérémonie d'ouverture en matinée du 16 décembre

Sous la modération du professeur Célestin Dimandja de l'UCC, les activités suivantes ont donné lieu au contenu ci-après :

a) Prière d'ouverture par l'aumônier de l'UPC, le pasteur Mboyo Ibeka.
b) Adresse de bienvenue du recteur de l'UPC : Prof. Mgr Daniel Ngoy Boliya a souligné qu'il y a 60 ans, les pères fondateurs de notre indépendance ont lancé le credo : « Par le labeur, nous bâtirons un pays plus beau qu'avant dans la paix ». Plus qu'un défi, ce fut un engagement à tenir. Sommes-nous parvenus à transformer ce rêve en réalité ?, a-t-il pu partager l'interrogation pour les spécialistes du Colloque. Nous, Congolais, avons-nous suffisamment travaillé ? Qu'a-t-il réellement manqué à nos actes collectifs au quotidien pour réussir notre devoir citoyen ?
c) Ouverture solennelle du Colloque par le pasteur N'Kwim : celui-ci s'est exprimé au nom du grand chancelier UPC, Son Excellence monsieur le président de l'Église du Christ au Congo, le révérend Dr André Bonkundoa Bo Likabe, avec ses souhaits de plein succès à ce Colloque pluridisciplinaire avant de déclarer ouvertes ses assises.
d) Mot de circonstance du ministre de l'Enseignement supérieur et universitaire, Son Excellence Monsieur Thomas Luhaka Losendjola a solennellement dit que la RDC attend de ses universités de nouveaux paradigmes pour baliser le chemin de son avenir, des théories de changement éprouvées après l'épuisement des théories importées que Me savant congolais Valentin Yves Mudimbe a dénoncées sous le terme de la bibliothèque coloniale. Et d'ajouter que : « c'est à vous, universitaires congolais, de mettre à la disposition des décideurs ces idées audacieuses et novatrices ».
e) Allocution de la présidence de la République, par le directeur de Cabinet du chef de l'État : le professeur Eberande Kolongele a résumé en deux mots-clés les vues du chef de l'État sur le grand événement de la pensée rétrospective et prospective organisée par l'UPC et l'UCC à l'occasion des 60 ans de l'indépendance : la pensée (du verbe penser) et le pansement (du verbe panser). Ce temps fort a été porté par l'anecdote de l'esclave nourri par son geôlier en échange d'un travail corvéable.

   Cet esclave s'étant affranchi de son joug se réjouit de sa liberté mais sans pouvoir justifier à ses propres enfants les avantages d'avant la liberté et d'après celle-ci en termes du confort de l'esclave qu'il fut. Cet esclave est tenté de revenir vers son geôlier en soulevant la question de savoir si l'indépendance était une bonne chose et en répondant tout de suite que cela l'était. Quels ingrédients pour que l'indépendance de la RD Congo devienne plénière et pas seulement le Tcha-tcha-tcha ? Comment l'intellectuel congolais panse-t-il cette plaie ? Est-ce que le côté cosmétique est à abandonner pour aller du côté utile ? « J'aime le Congo », a-t-il dit en se mettant à la place de tout Congolais, pour inviter à regarder derrière afin de nous dire : « ai-je contribué à l'indépendance plénière de la République par ma technique, par ma connaissance ? » Avant de conclure que le savoir n'accepte pas ma fatalité ni la futilité.

f) Présentation du Colloque, par le recteur de l'UCC : l'abbé recteur Léonard Santedi, co-président du Comité d'organisation, a circonscrit en 10 blocs capitulaires son exposé, en mettant notamment en exergue les aspects suivants :
   - Pour construire cet avenir de la RDC, le peuple congolais tout entier est appelé à mobiliser ses énergies créatrices, innovatrices en vue de l'instauration du nouvel ordre social susceptible de répondre à ses aspirations les plus profondes. Devant cette tâche, les forces intellectuelles [...], les universités en particulier ont une responsabilité historique. Envisagée à cette lumière, la science est un moyen d'empêcher le fatalisme de l'avenir. Celui-ci n'est plus un destin à subir, mais un projet à réaliser, une tâche à accomplir, un défi à relever. Quel bilan dresser scientifiquement de ces soixante dernières années de la gestion politique, économique, socioculturelle et religieuse du Congo par les Congolais(es) ?
   - Pour répondre à ces questions lancinantes dans une approche évaluative et offrir des perspectives meilleures, les organisateurs de ce colloque placé sous le haut patronage de SEM le président de la République. L'attelage des conférences présente une architectonique de toute beauté.

g) Conférence inaugurale donnée par le professeur Isidore Ndaywelsur le thème « Vivre le devenir du Congo : un regard prospectif » :
   Quatre séries de propositions se sont dégagées de la conférence inaugurale :
   1° Maîtriser des données relatives à la démographie en vue d'une politique prévisionnelle ;
   2° Privilégier des actions de transformation de nos potentialités en réalité : pour autant, les revenus miniers devraient rendre possible la mise en valeur du potentiel hydroélectrique, hydraulique et agricole de la RD Congo ;
   3° Éduquer les hommes et les femmes pour concrétiser la mise en œuvre des potentialités ;
   4° Revoir l'organisation du pays en vue de son développement.

En fin de matinée du mercredi 16 décembre 2020, une photo de famille a été prise avant la pause-déjeuner.

II.1.2.Conférences en ateliers l'après-midi du mercredi 16 décembre (dans trois salles)

Les conférences spécifiques ont eu lieu simultanément dans trois salles de l'Université protestante au Congo, avec à chaque fois devant un public en bon nombre et en interaction soutenue avec les conférenciers.

Dans la salle d'atelier I

Sous la modération du professeur Philémon Mwamba, les trois conférences sur les perspectives politiques ont connu les interventions suivantes :

a) Abordant le thème « Penser et/ou repenser la souveraineté de la RDC », la conférence du professeur Mabaka Mukwabuyika a eu pour objet de démontrer que la République démocratique du Congo n'est pas un État « souverain », si ce n'est en apparence. Autrement dit, la souveraineté de la RD Congo serait fictive, un trompe-l'œil juridico-politique. Pour ce faire, il s'est appuyé sur quelques indicateurs objectivement observables de manque de souveraineté : la faiblesse de la monnaie nationale face aux dollars américains, la porosité des frontières nationales, les appuis permanents des bailleurs de fonds au budget de l'État…

b) Abordant le thème « Démocrate sans démocratie ? Difficile odyssée de la cohérence en politique », la conférence du professeur abbé Richard Ongendangenda Muyapense que la démocratie en tant que forme constitutionnelle et état d'esprit requiert un effort certain d'apprentissage, une sérieuse instruction et une vigilante culture des valeurs et normes que le démocratie elle-même promeut. Il rappelle l'exigence d'une instruction démocratique, décrypte les enjeux de la rationalité démocratique et tente de définir l'être démocratique authentique.

c) Abordant le thème « La RDC, Histoire de prédation des origines à ce jour », la conférence du professeur Héritier Mambi Tunga-bau a souligné avec force que l'histoire économique et politique de la République démocratique du Congo se construit sur fond de la prédation des ressources sur le plan économique, avec son pendant sur le plan politique, la « kleptocratie ». Le Congo-Kinshasa n'a jamais eu une direction politique qui se soit occupée de son développement humain et durable. La prédation, c'est ce système économique fondé sur le pillage des ressources matérielles, financières, naturelles, humaines, etc. Aussi, les origines de la RD Congo, ce n'est pas le jeudi 30 juin 1960, comme un mensonge devenu officiel le repend à travers l'Article 1 alinéa 1 de la Constitution du pays : « La RD Congo est, dans ses frontières du 30 juin 1960, un État de droit, indépendant, uni, indivisible, social, démocratique et laïc ». Ses origines, c'est plutôt le 1er août 1885. Et même avant 1885, depuis le XVIe siècle jusqu'au XIXe siècle, l'Afrique centrale dont la RD Congo avait connu une longue période de prédation de ses ressources humaines à travers la traite négrière des esclaves.

S'en sont suivis des débats et recommandations, avant la fin de l'atelier I du mercredi 16 décembre 2022 à 16 heures 30.

Dans la salle d'atelier II du mercredi 16 décembre

Sous la modération de la professeure Dédé Aliango, les trois conférences sur les perspectives économiques ont connu les interventions suivantes :

a) Abordant le thème « La PME en RDC. Son expansion et sa visibilité », la conférence du professeur Edgard Makunza Keke a permis de mettre en lumière les notions clés sur les PME/PMI. En effet, celles-ci sont créatrices de richesse dans une société par le canal de la valorisation et de l'utilisation des ressources locales. Elles jouent ainsi le rôle de moteur de l'économie. Toutefois, elles restent encore fortement marginalisées dans notre pays, la RDC.

En fait, afin de générer de manière optimale le développement durable de notre économie à travers les PME et les PMI, il faudrait, pour le professeur Makunza :

- favoriser un changement d'habitude de consommation, en faveur du « consommer local » ;
- améliorer le système bancaire et la fourniture en énergie dans les milieux ruraux pour transformer et/ou conserver des produits agricoles ;
- encourager la sous-traitance dans le domaine de l'exploitation des ressources naturelles ;
- mettre en place un fonds de garantie et promouvoir la pratique des moyens de financement alternatif ;
- soutenir les initiatives des jeunes dans les secteurs porteurs de la croissance économique et à forte intensité de la main-d'œuvre ;
- encourager les promoteurs des projets et les responsables des PME/PMI à suivre des formations continues et nouer des partenariats d'affaires entre opérateurs ;
- soutenir le développement des PME/PMI ayant des effets d'entraînement sur tous les autres secteurs de la vie nationale.

b) Abordant le thème « La politisation des entreprises du secteur public en RDC : quelles leçons de management, 60 ans après l'indépendance », la conférence du professeur Patrick Bakengelaa permis de lever toute équivoque ou ambiguïté sur les raisons de la non-performance des entreprises publiques en RDC. En effet, les entreprises publiques sont assimilées en RDC à des « canards boiteux », étant donné leurs médiocres performances. Toutefois, comparativement aux évidences recueillies dans les pays d'Europe, il en ressort que les entreprises publiques sont parmi les plus performantes avec une technologie à la pointe et sont parfois cotées en bourse. Sur base de ce qui précède, il est clair que cette idée de penser que les entreprises publiques sont moins efficaces n'est pas une bonne idée, car sous d'autres cieux celles-ci font de très bonnes performances économiques et financières.

En effet, la décadence des entreprises publiques en RDC est essentiellement due au phénomène de « politisation » des entreprises publiques. Ce qui se manifeste par le partage des postes au sein des entreprises publiques sur base d'une appartenance à un même parti politique. Cela crée ainsi une forme de redevance entre la personne ainsi nommée et son parti politique.

Afin de lutter contre cette politisation au sein des entreprises publiques, il sied de mettre en place un management plus efficace axé sur une nouvelle façon de penser l'entreprise publique en RDC en y intégrant de nouvelles dimensions propres à son contexte.

c) Abordant le thème « L'entreprise publique congolaise à l'épreuve de l'indépendance », la conférence du professeur Justin Okanaa permis de relever qu'après 60 ans d'indépendance, la majorité des entreprises publiques sont incapables de réaliser leur objet social en RDC. N'impliquant pas de fait que les entreprises privées y arrivent sans problème.

Le professeur Okana a souligné que l'indépendance devrait être comprise comme un moment favorable où les nationaux saisissent l'opportunité de prendre en main les entreprises de leurs pays afin de mettre en avant leur génie managérial. Malheureusement, cela n'a pas été le cas pour la République démocratique du Congo.

Ainsi, après l'indépendance et fort de l'héritage colonial, il s'en est suivi plusieurs réformes des entreprises visant à améliorer l'efficacité et la performance des entreprises publiques. Le bilan est bien amer : aucun objectif n'a été atteint ! L'État a contribué à la régression des activités économiques par une mauvaise gestion du cadre macroéconomique et par une mauvaise gestion des entreprises publiques. Cela est manifeste à travers le temps par une mauvaise désignation des gestionnaires sur des bases politiques.

Afin de redorer l'entreprise publique, il sied de mettre en place des institutions publiques fortes sur base d'un bon leadership.

S'en sont suivis des débats et recommandations, avant la fin de l'atelier II du mercredi 16 décembre 2020 à 16 heures 30.

Dans la salle d'atelier III du mercredi 16 décembre

Sous la modération du professeur François Yumba, les trois conférences sur les perspectives socioculturelles ont connu les interventions ci-dessous rapportés

a) Abordant le thème « Une éthique pour le nouvel homme congolais : contribution à l'émergence d'une nouvelle société africaine », la conférence du professeur Sébastien Kalombo a mis l'accent sur l'enjeu de communication des valeurs et des dynamiques de sens pour fertiliser l'existence communautaire. Il milite pour l'émergence de la RD Congo, de l'Afrique, par la promotion de l'éthique du volontarisme et d'action de résurrection, décidée au plus profond des énergies vitales d'un peuple, pour le nouvel homme congolais, pour le nouvel homme sur le continent africain, au service de la communauté humaine, acteur principal au cœur de la dynamique de l'imaginaire sociale.

b) Abordant le thème « Éducation, facteur des puissances politiques et économiques », la conférence du professeur Hippolyte Mimbu a permis de découvrir qu'il existe des facteurs qui sont à la base de l'émergence d'une nation. Parmi ces facteurs, l'éducation occupe une place de choix. Si nous sommes d'avis que c'est l'intelligence qui guide le monde, il y a donc nécessité de l'éduquer. La RDC a tous les potentiels pour s'acquitter merveilleusement bien de cette noble tâche. Car son patrimoine culturel n'est pas pauvre. Cette éducation aux valeurs doit passer par l'argumentation ou le discours et par l'imprégnation. Pour y parvenir, le Congolais devraitdonc tenir compte de sa démographie qui est une force, de sa souveraineté scientifique qui a été détruite par la colonisation.

c) Abordant le thème « L'État congolais et la politique de la recherche scientifique », la conférence du chef des travaux André Lobo a permis d'affirmer que la recherche scientifique n'est pas l'ennemie de la stratégie de l'action gouvernementale pour que les politiques congolais y soient hostiles. Il est donc paradoxal que la RDC soit riche en ressources naturelles et humaines, mais qu'elle soit en même temps citée parmi les pays pauvres. Parmi les raisons qui sont à la base de cette anomalie, l'orateur révèle que le gouvernement ignore pratiquement le rôle de la recherche scientifique pour résoudre les problèmes réels de la société. Par ailleurs, il est aussi anormal que les scientifiques soient insensibles par rapport à tous les appels de notre société. La recherche scientifique doit être cette lumière qui éclaire l'action politique. Car gouverner c'est prévoir, dit-on.

S'en sont suivis des débats et recommandations, avant la fin de l'atelier III du mercredi 16 décembre 2020 à 16 heures 30.

II.2. Jeudi 17 décembre 2020 à l'UCC-Limete

II.3.1.Conférence plénière du jeudi 17 décembre

Sous la modération du professeur Dr Mampunza, secrétaire général académique de l'UPC, la conférence plénière s'est tenue l'avant-midi, dans l'amphithéâtre de l'UCC, avec les communications des conférenciers, ci-dessous rapportée.

a) La conférence du professeur Dr Jean-Jacques Muyembe, au sujet des « 60 ans après l'indépendance, quel bilan et quelles perspectives dans la lutte contre les maladies émergentes et réémergentes ».

b) La conférence du professeur Thomas Munayi, portant sur « Les véritables enjeux des différents découpages territoriaux dans le Congo indépendant 1960-2015 », a permis pour l'essentiel de noter que le découpage territorial d'un pays aux dimensions continentales comme le Congo est nécessaire en vue d'en faciliter l'administration, rapprocher les administrateurs des administrés. Deux constantes ont accompagné ce découpage territorial depuis 1887, année où fut décidée la division du pays, en de toutes premières circonscriptions appelées districts. L'exposé a porté sur :
   - les enjeux des découpages du pays en plusieurs provinces sous la première et la deuxième République (1960-1997), non seulement perçus en termes d'aspirations identitaires sous la 1re République (1960-1965), mais aussi d'après l'arbitraire du processus de transformation des districts en provinces sous la 2e République (1965-1997) ;
   - l'installation brusquée des nouvelles provinces en 2015 une opportunité d'un renvoi sine die élections prévues en 2016 ;
   - l'évaluation des résultats de différents découpages du pays en provinces, vue tout simplement comme la multiplication du nombre des provinces n'ayant pas apporté les résultats qu'on était en droit d'attendre.

   Après l'entracte des débats et de changement de panélistes, sous la même modération, les travaux se sont poursuivis en plénières avec les conférences ci-dessous rapportées.

c) La conférence du professeur Jean Onaotsho aura attiré l'attention sur « Les dérives et défis politiques congolais ».

d) La conférence du professeur Mabi Mulumba, au sujet de « La politique économique de la RDC depuis l'indépendance et les perspectives d'un développement durable », a permis de procéder à une analyse du contexte historique pour mieux décliner la politique économique de la RD Congo à partir de la décennie précédant l'accession du pays à l'indépendance.

Sa démarche intellectuelle a conduit à un inventaire des défis économiques à relever pour engager la RD Congo dans un processus de développement durable, avec les principales articulations ci-après :

1° L'état de la production durant la décennie précédant l'accession du Congo à l'indépendance ;

2° Les options fondamentales et la politique économique après 1960 :
   - la politique économique de la 2e République et l'indépendance économique du pays ;
   - le résultat de cette politique économique censée renforcer l'indépendance économique du pays ;

3° Le programme d'ajustement structurel et la relance de l'économie ;

4° Situation prévalant avant l'entrée de la RDC en programme avec le FMI ;

5° État des lieux sur la politique économique du gouvernement après la reprise de la coopération avec les institutions de Bretton Woods ;

6° Les défis à relever par la RDC pour amorcer la trajectoire d'un développement durable.

En conclusion de son exposé, le professeur Mabi s'est associé aux propos interpellateurs de Georges Wolf et Fabrice Lusinde(« Les questions géospatiales et infrastructures », *Résilience d'un géant africain*, Banque mondiale, 2012, p. 4) en ces termes : « La RD Congo s'est reposée (dans la détermination de ses priorités) sur les analyses et les études réalisées par les bailleurs de fonds mais n'a pas forcément fait valoir son propre point de vue. La RD Congo doit avoir une vision de son propre développement qu'elle doit exprimer à travers un plan stratégique et un processus de définition de ses priorités en fonction des besoins identifiés par les différents acteurs de la société congolaise ».

L'étape subséquente des débats et recommandations a permis de clore les activités de la matinée.

II.3.2. Conférences en ateliers l'après-midi du jeudi 17 décembre 2020 (dans trois salles)

Les conférences spécifiques ont eu lieu simultanément dans différentes salles de l'Université catholique au Congo avec à chaque fois un public, une attitude participative très remarquée de la part de l'assistance.

Dans la salle d'atelier I du jeudi 17 décembre

Sous la modération du professeur Baruani Saleh, les trois conférences sur les perspectives politiques ont connu les interventions ci-dessous rapportées.

a) Abordant le thème « Penser la renaissance de la RDC à partir de ses crises », la conférence du professeur Ghislain Tshikendwa, qu'elle soit politique, économique, sentimentale ou sanitaire, le professeur Père

Ghislain Tshikendwa Matadi estime que toute crise, comme c'est le cas aujourd'hui de la crise sanitaire provoquée par la pandémie de coronavirus, peut s'offrir comme une rare occasion de renaissance à moins d'y consacrer l'intelligence et le temps nécessaire pour en tirer, de manière lucide et courageuse, des leçons salutaires.

b) Abordant le thème « Des télécoms coloniales à la société de l'information en RDC », la conférence du professeur Kodjo Ndukuma a brossé en large traits l'histoire numérique de la République démocratique du Congo. L'orateur a présenté le parcours réel ainsi que l'évolution des enjeux de domination stratégiques, géostratégiques, géopolitiques, sécuritaires, voire militaires des télécommunications coloniales à la société de l'information de nos jours. Sa trame de raisonnement a démontré que dès les origines, les télécommunications, avec le télégraphe de Chappe en 1794, le téléphone de Graham Bell en 1876 et l'Internet des Américains depuis les années 1940, onttoujours été au service des puissances sur le terrain militaire et de la logique stratégique. La RDC a eu l'occasion de trois lois : l'Ordonnance législative d'août 1940 sur les télécoms, la Loi-cadre d'octobre 2002 sur les télécoms en RD Congo et, tout récemment promulguée, la Loi du 25 novembre 2020 relative aux télécoms et aux TIC. Les efforts de législations doivent tendre à combler le retard de la RD Congo face à la société de l'information, née de la révolution numérique.

c) Abordant le thème « Quelles pistes et bases de requalification de la communication d'État en RDC, 60 ans après », la conférence du professeur Aimé Kayembe a livré quelques pistes et bases de requalification de la communication d'État en République démocratique du Congo. Il a évoqué la faible valeur et qualité de la communication d'État, car, selon lui, depar sa position géostratégique et géopolitique, la RD Congo ne pouvait que développer une communication de puissance. La présidence de la RD Congo à la tête de l'Union africaine en février 2021 pourrait se présenter comme une opportunité unique pour requalifier la communication d'État. Pourquoi ne pas en profiter pour asseoir une communication de puissance ?

Il s'en est suivi des débats et recommandations, avant la fin de l'atelier I du jeudi 17 décembre 2020 à 16 heures 30.

Dans la salle d'atelier II du jeudi 17 décembre

Sous la modération de la professeure Claudine Tshimanga, les trois conférences sur les perspectives économiques ont connu les interventions suivantes :

a) Abordant le thème « Commerce extérieur et performance économique en RD Congo : Quelques enseignements d'une petite économie exportatrice des ressources naturelles », la conférence du professeur Sumata a permis de noter le lien existant entre le commerce extérieur et la performance économique dans une petite économie exportatrice des ressources naturelles. Sur base de la controverse existante sur l'efficacité du commerce extérieur sur l'économie par rapport à son niveau de développement. L'estimation à l'aide de la Méthode de moment généralisé fondée sur le modèle de Solow augmentée sur base des réalités de l'économie de la RDC a permis de mettre en évidence que le commerce extérieur semble avoir été productif en RD Congo de 1980 à 2018. Mais ces effets sont faiblement significatifs, à cause notamment de la non-diversification des exportations et aussi sa forte dépendance au secteur primaire.

Ainsi en vue d'améliorer l'influence du secteur extérieur en RDC, a-t-il proposé de :

- diversifier l'économie congolaise surtout du point de vue des exportations ;
- augmenter la valeur ajoutée dans les produits exportés par une meilleure industrialisation ;
- augmenter la production intérieure afin de réduire significativement la dépendance de l'économie vis-à-vis de l'extérieur.

b) Abordant le thème de « Réflexion sur l'évolution du système fiscal congolais. De la colonisation belge à nos jours et perspectives d'avenir », la conférence du doctorant et CT Guy Ngoma a permis de relever que l'impôt est la source principale des recettes d'un État et que la République démocratique du Congo n'est pas soustraite de ce qui paraît être une évidence. Il a eu lieu de relever quelques aspects du système fiscal qui constituent des obstacles à l'éclosion de la fiscalité comme béquille du développement économique de la RDC, c'est le cas notamment des faiblesses du système déclaratif favorisant à cet effet la fraude fiscale, l'application du principe de la territorialité réelle qui constitue un manque à gagner pour les revenus réalisés par les Congolais résidant à l'étranger, la faible existence des conventions fiscales portant « élimination des doubles impositions internationales » avec des pays en partenariat commercial.

Fort de son analyse faite du système fiscal congolais au regard de son évolution dans le temps, il sied de proposer ce qui suit :

- un pacte social solide, basé sur la confiance entre le gouvernement et le contribuable ;
- une technologie innovante pour intégrer le secteur informel.

En perspectives, il faudrait selon l'orateur :

- l'uniformisation des administrations fiscales locales avec la décentralisation de certains impôts ;
- la digitalisation des techniques fiscales de perception des droits, impôts et taxes devant renforcer des mécanismes de lutte contre la corruption et la fraude fiscale ;
- une bonne justice fiscale pouvant départager avec impartialité les contribuables et l'Administration publique ;
- le renforcement de la confiance fiscale à travers la morale fiscale en veillant sur la finalité réelle et la légitimité du système fiscal qu'est le financement des besoins d'intérêt général.

c) Abordant le thème de la « Pression démographique et développement en RDC. Corrélation linéaire ou curvillaire ? », la conférence du professeur Mika a permis de rappeler l'existence de plusieurs débats autour de la malédiction de Malthus. Il existe en effet trois modèles économétriques, le modèle néomalthusien de Coal-Hoover qui a abordé de la trappe malthusienne : la croissance démographique bloque le processus de développement ; le modèle anti malthusien de E. Boserup qui met l'accent sur la trappe de faible densité et montre comment la croissance démographique est un facteur de développement ; et le modèle non malthusien de S. Kuznets qui affirme qu'il n'y a pas de corrélation linéaire significative entre croissance démographique et croissance économique.

Le conférencier a aussi mis en lumière en RDC du point de vue économique le fait que :

- la crise est avant tout une question de mauvais choix et décisions économiques, comme de l'instabilité politique ;
- la crise n'est pas du tout le fait de la croissance démographique, d'autant plus que les besoins dits « improductifs » n'ont jamais été financés (éducation, santé, habitat et services d'assainissement) ;
- si la croissance démographique peut être un frein ou un atout, vu l'expérience de l'Asie, en RDC la corrélation n'a jamais été pratiquement établie ;
- et ce n'est pas la baisse de la fécondité qui fera développer automatiquement le pays.

Il s'en est suivi des débats et recommandations, avant la fin de l'atelier II du jeudi 17 décembre 2022 à 16 heures 30.

Dans la salle d'atelier III du jeudi 17 décembre

Sous la modération de madame la professeure Esther N'Landu, les trois conférences sur les perspectives économiques ont connu les interventions suivantes :

a) Abordant le thème de l'« Éducation théologique protestante, évaluation et perspectives », la conférence de madame la professeure Liz Vibila a permis de noter que l'éducation théologique protestante a évolué en viabilité, en ce qu'elle a évolué du modèle calqué sur son départ missionnaire en répondant aux préoccupations de notre société actuelle. Elle développe aujourd'hui les compétences des étudiants qui doivent passer du psittacisme à l'inventivité. Cette approche offre aux étudiants non seulement l'acquisition des connaissances, mais aussi et surtout la capacité de résister aux antivaleurs par la qualité de leurs vies. Pour ce faire, cette éducation théologique protestante ne s'est pas dédouanée de l'exigence de sa contextualisation, gage de la réception d'un discours théologique crédible et audible.
b) Abordant le thème de « Changer ou restaurer la RD Congo : Une tâche pour l'Église », la conférence du professeur Augustin Bita a permis de noter que le rêve de tout Congolais est celui d'un avenir plus beau qu'avant. Il suffit de lire sa Constitution et d'écouter son hymne national pour s'en convaincre. 60 ans après, son accession à la souveraineté nationale et internationale semble être irréalisable. C'est dans ce contexte de désespoir que l'Église doit prendre position pour restaurer notre beau pays. Entant que *« mater et magistra »*, l'Église doit résolument s'engager à éduquer, à former à la culture des valeurs, à accompagner tous les hommes à leur réalisation, à cohabiter avec le peuple pour écouter, voir et vivre les réalités du Congolais et enfin, interpeller et redresser quand il le faut.
c) Abordant le thème « De la transformation de l'éducation à l'éducation de la transformation en RDC, une approche missiologique », la conférence du professeur Lygunda Fohle a permis de noter que le décollage de la RDC est conditionné par le passage de la réactivité à la pro-activité dans son système éducatif. Pour en arriver là, il faut envisager une éducation qui vise la cohésion entre l'individu et la société qui sont en interaction permanente. L'enseignement universitaire en RDC doit quitter le stade de production des répétiteurs, des quémandeurs d'emplois pour former les créateurs d'emplois. Pour gagner ce pari, il faudrait inclure dans toutes les facultés, les matières sur le leadership, management, entrepreneuriat, NTIC, éthique, etc.

Il s'en est suivi des débats et recommandations, avant la fin des travaux de la journée à 16 heures 30.

II.3. Vendredi 18 décembre 2020 à l'UCC-Limete

La journée de vendredi a connu deux moments importants : les conférences en plénière la matinée, et la cérémonie de clôture solennelle dans l'après-midi.

II.3.1.Conférences plénières du vendredi 18 décembre

Sous la modération du professeur Dominique Mwenze Nkingi, de l'UCC, la séance en plénière s'est tenue dans l'amphithéâtre de l'UCC, avec les communications suivantes :

a) La conférence du professeur Esambo sur la « RDC, une Constitution pour quoi faire », a permis de structurer l'essentiel de son point de vue en quatre points, avant la conclusion suivant laquelle « la Constitution de la RD Congo est utile malgré ses attaques subies » :

1° Remarques préliminaires autour de trois points :
- l'utilité d'une Constitution,
- le nombre de Constitutions que nous avons eues dans notre pays,
- la question du reflet de nos réalités dans nos Constitutions.

2° Une Constitution : pour quoi faire ?
- Elle contient des valeurs partagées ;
- il n'existe pas d'État moderne qui ne fonctionne en marge d'une Constitution, d'un référentiel ;
- tous les États n'ont pas la même Constitution ;
- la RD Congo a été régie par plus de dix Constitutions dans son histoire, avec le besoin d'en comprendre le pourquoi.

3° Catégories des constitutions, à savoir :
- Constitutions octroyées où les Congolais n'ont pas apporté leur contribution, notamment la Loi fondamentale du 19 mai 1960 qui comportait des « dispositions conflictogènes », en l'occurrence les articles conférant des pouvoirs excessifs au chef de l'État ;
- Constitutions issues des accords et compromis politiques, notamment en novembre 1992, en 199 et en 2003 ;
- Constitutions soumises à l'approbation du peuple, comme celles de 1964 et de 2006, qui furent rédigées par des non-élus.

4° Constat scientifique :
- le Congo a vécu avec des Constitutions sans référentiels, en manque de valeurs protégées ;
- la Constitution au service de l'État et du pouvoir ;
- la Constitution est soumise aux contingences politiques ;
- le Congo a vécu des Constitutions de crise et de gestion des crises ;

- la technique de l'ingénierie constitutionnelle a fait des juxtapositions d'articles sans toute la maîtrise nécessaire des concepts opératoires ;
- la responsabilité du constat est partagée entre politiciens et intellectuels.

b) La conférence du professeur Lututala sur les « 60 ans de l'Université congolaise : une quête permanente de notoriété et de reconnaissance sociopolitique », a permis d'élucider des concepts et de donner des réponses autour des questions soulevées dans sa démarche :

1° Élucidation des concepts
- Quête permanente : être à la recherche de quelque chose traduisant une situation de non-accomplissement, d'insatisfaction ou de mal fonctionnement ;
- Notoriété : célébrité, réputation ;
- Reconnaissance sociologique : droit à une meilleure considération en rapport avec son importance, les missions qu'une personne remplit.

2° Questionnement
- Pourquoi les universités sont-elles en quête de notoriété ?
- Pourquoi ont-elles perdu leur notoriété ?
- Comment font-elles ou devraient-elles faire pour leur notoriété ?

3° Quelques réponses découlant de l'observation scientifique
- C'est parce que l'Université était née dans un contexte de réticence et de méfiance que celles-ci se poursuivent encore, avec les quolibets vulgaires à l'encontre de l'université comme : « colline expirée », « bato ya ba sciences », « économistes de chambre », « république des professeurs », « bato ya ba logique ».
- Au sujet des conflits permanents avec les pouvoirs publics, l'orateur a aligné des faits sur les revendications universitaires (estudiantines) de 1958 à 1991 en soulignant quelques faits, à titre d'exemple : le souci du pouvoir politique de dominer l'Université, la considération de l'Université comme foyer d'opposition politique, la politisation de l'Université, le prix payé par l'Université pour sa résistance contre le pouvoir.
- Le fait est que l'Université congolaise remplit difficilement et mal ses triples missions avec un constat de faibles performances en ce qui concerne l'enseignement et la recherche.

4° Huit axes de relèvement à privilégier, à savoir :
- réformes des programmes en profondeur,
- imposition de l'assurance-qualité,
- grande liberté académique,
- révision du système managérial,

- meilleure prise en charge par l'État,
- adaptation des infrastructures à la demande,
- redynamisation de la recherche,
- volonté politique de doter la RDCongo d'une université telle université.

c) La conférence du professeur Banyaku sur « les crises institutionnelles en RDC, de 1960 à nos jours » a été lue par un de ses délégués du fait de l'indisponibilité excusée du conférencier à prendre part à la séance et l'intégralité de son texte est à publier dans les Actes du Colloque.

d) La conférence du professeur Musibono au sujet du « Rôle de l'Université congolaise dans le développement de la RDC avec un environnement opulent et une population indigente » a permis pour l'essentiel de noter le paradoxe révoltant entre une richesse excessive de l'environnement de la RD Congo et l'indigence de sa population. Partant de ce constat de disparités, le conférencier a présenté un état de situation avant de proposer des pistes de sortie du pays des marasmes.

1° Disparités entre universités congolaises et étrangères ?

- Ailleurs, les budgets de grandes universités avoisinent le milliard de dollars et plus.
- Nos universités ne disposent pas de laboratoires de pointe.
- Nos universités fonctionnent avec un personnel enseignant dont les qualifications en présence ne sont pas suffisantes. Nos bibliothèques sont pleines de documents dont les données sont tournées vers l'extérieur.
- Les universités congolaises passent le clair de leur temps à la survie et démissionnent faute de moyens, sachant que l'argent est le nerf de la guerre et le frein à la réflexion.

2° Comment sortir le pays des marasmes ?

- L'Université doit avoir confiance en elle-même et être consciente de son rôle.
- L'Université doit être portée par la population et non se reposer sur des aides ponctuelles ou dépendre de l'humanitaire.
- Les chercheurs doivent être à l'abri des besoins avec un minimum garanti.
- Il faut exploiter l'héritage culturel et penser le développement à partir de lui.
- Si le rôle de l'État reste de subventionner les universités, celles-ci doivent néanmoins avoir foi en elles-mêmes pour convaincre ses partenaires.
- L'Université doit également réfléchir sur sa contribution à la gestion des crises.

II.3.2. Cérémonie de clôture

Dans l'après-midi, à l'Université catholique au Congo, sous la modération du professeur Dr Mampunza, secrétaire général académique de l'Université protestante au Congo, a eu lieu la cérémonie de clôture solennelle de ce premier Colloque interuniversitaire qu'organisent les deux universités.

La cérémonie a été rehaussée de la présence de Son Éminence Fridolin Cardinal Ambongo, archevêque de Kinshasa et de monsieur le conseiller principal en charge de l'Éducation au Cabinet du chef de l'État sous le haut patronage de qui a été placé le premier Colloque UPC/UCC.

Après l'exécution de l'hymne national suivi des hymnes de l'UCC et de l'UPC, le secrétariat scientifique, représenté par son coordonnateur Kodjo Ndukuma, professeur associé à l'UCC et à l'UPC, a donné lecture du rapport général en vue de son adoption ainsi que des recommandations du Colloque.

Par la suite, le recteur de l'UCC, l'abbé recteur Léonard Santedi a adressé son mot de remerciement à l'assistance, avant que le conseiller principal du chef de l'État en charge de l'Éducation délivre le mot de circonstance de la présidence de la République, dans lequel il a loué l'engagement de l'Église catholique ainsi que de l'Église du Christ au Congo dans leurs missions évangéliques et de formation avant et après l'indépendance.

Demandant, par ailleurs, la parole, le ministre de l'Enseignement supérieur et universitaire, SEM Thomas Luhaka a tenu à féliciter l'initiative du Colloque. Il a formulé aux deux principales universités confessionnelles la recommandation de voir se poursuivre au niveau de leurs formations universitaires leur action de formation intégrale dont le mérite s'en ressent dans l'enseignement primaire et secondaire. L'atout majeur des églises est la culture des valeurs, leurs universités qui relèvent de leurs missions évangélisatrices ont la responsabilité de former des hommes épris des valeurs. C'est le chaînon manquant dans l'éducation des cadres pour le pays. Le constat du ministre portait sur l'acquisition des valeurs sociales qui font toute la différence entre l'intellectuel congolais dans son propre pays qu'il ne sait pas encore transformer positivement et la part de développement apportée par les intellectuels dans les pays plus avancés.

En outre, les deux grandes universités confessionnelles de la RD Congo, UPC et UCC, ont signé entre elles un Accord de coopération, devant l'assistance au Colloque et en présence des autorités de l'État et de l'Église, l'UCC étant représentée par l'abbé recteur Léonard Santedi et l'UPC par son secrétaire général académique, professeur Dr Mampunza, agissant par délégation du recteur professeur Mgr révérend Daniel Ngoy Boliya.

Enfin, la clôture solennelle du colloque est sous les bénédictions du grand chancelier de l'UCC, Son Éminence Fridolin Cardinal Ambongo, archevêque de Kinshasa. Dans son adresse, le grand chancelier a rappelé que les Pères de l'indépendance ont rêvé d'un Congo plus beau qu'avant. 60 ans après, la RD Congo a besoin d'un grand rêve, d'une nouvelle vision, d'un grand souffle. Il a souligné que l'un des mérites de ce colloque est donc d'avoir démontré qu'il est possible d'assurer la grandeur et la prospérité de la RD Congo. Mais que reste-t-il encore à faire ? C'est simplement le passage à l'acte. C'est pourquoi en sa qualité de pasteur, au nom de la CENCO et à la suite du pape François, il a appelé les participants au Colloque à :

- contribuer activement aux efforts de la recherche mondiale visant à « apporter des changements effectifs aux paradigmes et systèmes qui mettent en danger la vie de l'humanité » ;
- penser (réfléchir) « courageusement en dehors des sentiers battus ». Les universités congolaises doivent « faire preuve de courage dans l'innovation, d'essayer de nouvelles solutions et d'oser de nouvelles voies ».

Ainsi a pris fin à 16 heures 30 le vendredi 18 décembre 2020 à l'UCC le Colloque pluridisciplinaire organisé conjointement par l'UPC et l'UCC à l'occasion des 60 ans de l'indépendance de notre pays sur le thème général : « Développement et renaissance de la RD Congo : perspectives politiques, économiques et socioculturelles », sous le haut patronage du président de la République, Son Excellence M. Félix-Antoine Tshisekedi Tshilombo.

III. Les recommandations

Le Colloque UCC/UCC a permis de formuler les recommandations suivantes, à l'orée des 60 ans d'indépendances de la RD Congo :

III.1. Au gouvernement congolais

- Rendre publics les travaux préparatoires de la Constitution du 18 février 2006.
- Augmenter effectivement la part du budget national alloué à l'Éducation et veiller à son exécution efficace et efficiente.
- Veiller à l'application stricte de la loi-cadre de l'enseignement national.
- Actualiser et « contextualiser » les programmes scolaire et universitaire.
- Mettre en place le cadre conceptuel et opératoire de la recherche scientifique composé des experts indépendants.
- Créer une inspection de recherche scientifique.
- Intégrer le cours de leadership dans toutes les facultés.
- Mettre fin à la marchandisation des diplômes d'État.
- Créer une loi contraignant tous les mandataires publics à consulter la recherche scientifique.
- Allouer un budget conséquent au ministère de la Recherche scientifique.

III.2. Aux universités (UCC/UPC)

- Créer une cellule de recherche (soit par université soit à travers un forum réunissant les deux universités).
- Éviter la vente anarchique des syllabus et des travaux pratiques.
- Engager les acteurs politiques et les intellectuels dans la voie du changement démocratique, c'est-à-dire en passant de la démocratie indirecte partisane à l'occidentale actuelle vers une nouvelle démocratie directe communautaire.
- Que nos deux universités soient réellement des lieux de production du savoir.
- Que les étudiants évitent la loi du moindre effort.

Fait à Kinshasa, le 18 décembre 2020.
Pour le comité scientifique

Présentation des auteurs

VOLUME I
PERSPECTIVES POLITIQUES

60 ans après, quel bilan pour le vouloir vivre ensemble en RDC ?
Professeur docteur Philémon MuambaMumbunda
Docteur en sciences politiques et administratives de l'Université de Kinshasa
Doyen de la Faculté de sciences politiques
Université catholique du Congo

66 ans de l'Université,
Une quête permanente de notoriété et de reconnaissance sociopolitique
Bernard Lututala Mumpasi
Démographe
Professeur ordinaire, Université de Kinshasa

Les crises politiques en RD Congo de 1960 à nos jours
Eugène Banyaku Luape Epotu
Professeur ordinaire
Ancien juge à la Cour constitutionnelle

Dérives et défis politiques congolais
Regard rétroprospectif pour la renaissance de la RDCongo
Jean Onaotsho Kawende
Professeur des universités
Secrétaire général académique de l'Université catholique du Congo

Des télécoms précoloniales à la société contemporaine de l'information en RDC
Une histoire d'antan et de notre temps
Kodjo Ndukuma Adjayi
Spécialiste en droit (public) comparé et en droit du numérique
Docteur en sciences juridiques de l'Université Paris 1 Panthéon Sorbonne
Professeur à l'Université protestante au Congo
Professeur à l'Université catholique du Congo
Vice-doyen en charge de la recherche à l'UPC
kndukuma@hotmail.fr

La gouvernance éthique dans un État éthique : préalable pour le développement socioéconomique de la RDC
Lopaka Lodi Jean-Pierre
Ancien boursier de VLIR-UOS, Jean-Pierre LopakaLodiest docteur en économie et développement de l'Université catholique du Congo (UCC) depuis 2017. Il est professeur associé à la Faculté d'économie et développement de la même université et à l'Institut supérieur pédagogique de la Gombe (ISP-Gombe). Il assume les fonctions de directeur de services de diffusion des publications de l'UCC et, en même temps, celles de conseiller financier du président de l'Assemblée provinciale de Kinshasa depuis 2019.

Démocrates sans démocratie ?
Difficile odyssée de la cohérence en politique
Richard Ongendangenda Muya
Professeur d'université

Les enjeux des différents découpagesdu Congo-Kinshasa en provincesdepuis l'accession du pays à l'indépendance(1960-2020)
Thomas MunayiMuntu-Monji
Professeur émérite

VOLUME II
PERSPECTIVES ÉCONOMIQUES

Du paysannat indigène au mouvement paysan
Essai d'analyse historico-systémique de l'évolution de l'encadrement agricole et de l'organisation rurale en RD Congo
Grégoire Ngalamulume Tshiebue
Institut supérieur de développement rural, ISDR-Tshibashi et Université catholique du Congo, UCC (gregoire.ngalamulume@gmail.com)

Environnement et biodiversité en RD Congo :Perspectives pour le développement
Sinaseli Tshibwabwa
Biodiversité des poissons d'eau douce d'Afrique & Écotechnologie des eaux continentales
Responsable de l'Observatoire des ressources africaines en eau douce de l'INADEP-Europe
Directeur du Centre Congo-C.R.I.T.E.R.E.-B.
Professeur aux Départements de biologie et techniques appliquées &sciences/ISP-Gombe Kinshasa.
Courriels : sinaseli@hotmail.com ; longeshas2014@gmail.com
Claudine Tshimanga Mbuyi
Coordonnatrice de l'Observatoire des politiques économiques et de développement humain (OPEDH)
Responsable adjoint de la Cellule de coopération
Secrétaire académique à l'Université catholique du Congo
Professeure à la Faculté d'économie et de développement/Université catholique du Congo (Courriel : claudine.tshimanga@ucc.ac.cd)
Professeure à l'UPN (Courriel : priva_tshimanga@yahoo.fr)

Ndiadia Kabongo
Expert en contrôle et gestion de la police des parcs, eaux et forêts
Consultant en environnement et développement durable
Chargé de recherche scientifique à l'Observatoire des ressources africaines en eau douce de l'INADEP-Europe
Secrétaire du Centre Congo-C.R.I.T.E.R.E.-B. Courriel : kabajila@gmail.com

La politique économique de la RDC : depuis l'indépendance et perspectives d'un développement durable
Evariste Mabi Mulumba
Professeur ordinaire
Ancien Premier ministre de la RD Congo

La propriété des coopératives d'épargne et de crédit congolaises : configuration et ruptures
Dédé Aliango Marachto
Université protestante au Congo
Centre de recherche interdisciplinaire en développement : économie, santé et société (CRIDESS)

Commerce extérieur et performance économique en RD Congo :
Quelle leçon pour une petite économie exportatrice des ressources naturelles ?
Claude Sumata
Professeur des universités
Professeur ordinaire, Faculté d'économie et développement
Dieumerci Zumbu
Professeur associé, Département des sciences économiques, UPC
Léonin Nkongo
Professeur associé, Département des sciences économiques

La PME en RDC, son expansion et sa visibilité
Edgard Makunza Keke
Professeur des universités

RD Congo : Histoire de la prédation, des origines à ces jours
Héritier Mambi Tunga–Bau
Professeur des universités

L'entreprise publique congolaiseà l'épreuve de l'indépendance
Justin Okana N'siawi Lebun
Professeur des universités

Entreprises publiques en République démocratique du Congo et recrutement des dirigeants :
Quelles leçons de management 60 ans après l'indépendance ?
Patrick Bakengela Shamba
Professeur à l'Université protestante au Congo
Directeur du master en microfinance

Pression démographique et développement en RDC
Corrélation linéaire ou curvillaire ?
Ruffin L.-M. Mika Mfitzsche
Professeur à l'Université catholique du Congo

Évolution du système fiscal congolais de l'indépendance à nos jours
Guy Pascal Ngoma Phanzu
Chef des travaux à l'Université protestante au Congo
Docteur en droit de l'UNIKIN

VOLUME III
PERSPECTIVES SOCIOCULTURELLES

Penser la renaissance de la RD Congo à partir de ses crises
Cas de la crise 1960-1965
Ghislain Tshikendwa Matadi
Professeur des universités

Vivre le devenir du Congo
Professeur Isidore Ndaywel è Nziem
Soixante ans de l'indépendance du Congo-Kinshasa
Historien congolais, professeur émérite de l'Université de Kinshasa

Le rôle de l'Université congolaise dans le développement de la RDC, noyée dans un environnement naturel opulent avec une population indigente
Dieudonné Musibono Eyul'anki
Professeur ordinaire à l'UNIKIN, Facultés des sciences
Recteur de l'Université Saint-Dominique, Kinshasa Limete

De la transformation de l'éducationà l'éducation de transformation en RD Congo : une approche missiologique
Professeur Fohle Lygunda li-M

L'éducation, facteur de la puissance politique et économique des nations ? Pourquoi les mesures destinées au redressement et à l'amélioration de la qualité de l'enseignement n'ont pas été appliquées ?
Hyppolite Mimbu
Professeur à l'Université catholique du Congo

Éducation théologique protestante : évaluation et perspectives
Liz Vibila
Professeur à l'Université protestante au Congo

L'impact de l'informatique dans le développement durable de la RD Congo : cas de la gestion informatisée de la population
Sr Odette Sangupamba
Professeur à l'Université catholique du Congo
Secrétaire académique en Faculté des sciences informatiques

Une éthique pour le nouvel Homme congolais :
Contribution à l'émergence d'une nouvelle société africaine
Professeur Sébastien Kalombo Kapuku
Université protestante au Congo (UPC)
Vice-doyen en charge de la recherche en Faculté de théologie

L'État congolais et la consommation de la recherche scientifique : contribution à l'étude des fondements juridiques
André Lobo Kwete
Chef des travaux à l'Université protestante au Congo
Doctorant à l'UNIKIN

Les apologistes des premiers siècles sont-ils ennemis des césars ? Retour aux origines, sur un incontournable filigrane d'Église et État
Esther N'Landu Moyo
Professeur de théologie à l'Université protestante au Congo
Assistant du Secrétaire général académique de l'Université protestante au Congo

TABLE DES MATIÈRES

Structures éditoriales du groupe L'Harmattan

L'Harmattan Italie
Via degli Artisti, 15
10124 Torino
harmattan.italia@gmail.com

L'Harmattan Hongrie
Kossuth l. u. 14-16.
1053 Budapest
harmattan@harmattan.hu

L'Harmattan Sénégal
10 VDN en face Mermoz
BP 45034 Dakar-Fann
senharmattan@gmail.com

L'Harmattan Cameroun
TSINGA/FECAFOOT
BP 11486 Yaoundé
inkoukam@gmail.com

L'Harmattan Burkina Faso
Achille Somé – tengnule@hotmail.fr

L'Harmattan Guinée
Almamya, rue KA 028 OKB Agency
BP 3470 Conakry
harmattanguinee@yahoo.fr

L'Harmattan RDC
185, avenue Nyangwe
Commune de Lingwala – Kinshasa
matangilamusadila@yahoo.fr

L'Harmattan Congo
219, avenue Nelson Mandela
BP 2874 Brazzaville
harmattan.congo@yahoo.fr

L'Harmattan Mali
ACI 2000 - Immeuble Mgr Jean Marie Cisse
Bureau 10
BP 145 Bamako-Mali
mali@harmattan.fr

L'Harmattan Togo
Djidjole – Lomé
Maison Amela
face EPP BATOME
ddamela@aol.com

L'Harmattan Côte d'Ivoire
Résidence Karl – Cité des Arts
Abidjan-Cocody
03 BP 1588 Abidjan
espace_harmattan.ci@hotmail.fr

Nos librairies en France

Librairie internationale
16, rue des Écoles
75005 Paris
librairie.internationale@harmattan.fr
01 40 46 79 11
www.librairieharmattan.com

Librairie des savoirs
21, rue des Écoles
75005 Paris
librairie.sh@harmattan.fr
01 46 34 13 71
www.librairieharmattansh.com

Librairie Le Lucernaire
53, rue Notre-Dame-des-Champs
75006 Paris
librairie@lucernaire.fr
01 42 22 67 13

www.ingramcontent.com/pod-product-compliance
Lightning Source LLC
LaVergne TN
LVHW011006061026
849535LV00006B/1739
* 9 7 8 2 1 4 0 2 5 9 6 2 3 *